宋韵文化

第二辑

杭州市社会科学院 编

图书在版编目(CIP)数据

宋韵文化. 第二辑 / 杭州市社会科学院编. —上海：上海古籍出版社，2023.4

ISBN 978-7-5732-0667-1

Ⅰ. ①宋… Ⅱ. ①杭… Ⅲ. ①中国历史-宋代-文集 Ⅳ. ①K244.07-53

中国国家版本馆CIP数据核字(2023)第057570号

主　编　何善蒙

执行主编　叶　达

宋韵文化（第二辑）

杭州市社会科学院　编

上海古籍出版社出版发行

(上海市闵行区号景路159弄1-5号A座5F　邮政编码201101)

（1）网址：www.guji.com.cn
（2）E-mail: guji1@guji.com.cn
（3）易文网网址：www.ewen.co

上海颛辉印刷厂有限公司印刷

开本 700×1000　1/16　印张 14.75　插页 2　字数 240,000
2023年4月第1版　2023年4月第1次印刷
ISBN 978-7-5732-0667-1
K·3359　定价：68.00元
如有质量问题，请与承印公司联系

目 录

【程朱理学研究】

朱子"玉山讲义"的哲学建构 ……………………… 徐福来　张新国（ 1 ）
朱王工夫论的结构差异
　　——兼谈朱陆之争……………………………………… 傅锡洪（ 14 ）
克己与主敬：朱子晚年的工夫抉择 ……………………… 焦德明（ 28 ）
朱子后学融合儒道的政治动因与思想脉络
　　——以真德秀的青词写作活动为核心………… 周　密　徐东舜（ 45 ）
因敬明诚　贯通天人
　　——思孟程朱一系之哲学特色…………………………… 程永凯（ 58 ）

【心学、气学与蕺山学研究】

"有过"还是"无过"
　　——王阳明圣人有过无过辨析………………………………… 杨　谦（ 71 ）
以感论性：张载的气学体用论及其内在困境 …………… 段重阳（ 87 ）
张载对汉儒性命论的反省与建构………………………… 孙德仁（101）
蕺山学的特色与宋明理学"三系论"之划分 ……………… 徐　波（113）

一脉贯注　方见精神
　　——刘宗周对王阳明"致良知"思想解读的"正"与"误"
　　……………………………………………………………俞秀玲（129）

【政治学、史学与文学研究】

封建之义的解构与重构
　　——以柳宗元和张载为中心……………………………陈佩辉（146）
北宋《春秋》学"尊王"思潮下的程颐经权思想探析…………彭　鹏（159）
宋以来道学人士的心疾问题考论……………………………袁鑫焱（173）
蜀中二李的易学与史学………………………………………谢　辉（187）
"宋人选宋诗"中的理学与诗学
　　——从《南岳倡酬集》到《濂洛风雅》………………李旭阳（204）
唐宋文学"不迁"接受史与苏轼《前赤壁赋》药病对治新论
　　……………………………………………………………杨本华（218）

程朱理学研究

朱子"玉山讲义"的哲学建构[*]

徐福来　张新国

（南昌大学哲学系）

内容摘要：以"爱之理,心之德"训仁,是朱子仁学的核心内容,也是理解朱子新儒学思想的重要线索。朱子早年比较注重从"理"即"天理"来阐释仁,这与伊川先生注重从性理把握"仁"密切相关。朱子中年的仁学视域更为广阔,注重从理与气相结合的维度尤其是以"天地之心"来阐发"仁",广义的"心之德"也有天心、天之德的意义。朱子晚年的仁说思想呈现出更为系统性的哲学建构。《答陈器之(问〈玉山讲义〉)》是朱子《玉山讲义》的改本,其以"太极体性论""四端感应论"与"天地之化论"系统展现了其思想规模。以仁论思想视之,显示了朱子融人德与天德为一体的、融宇宙论、本体论、工夫论与境界论为一体的、融本体、主体与实体为一体的仁体论思想。

关键词：玉山讲义；仁论；太极；四端；感应

南宋绍熙五年（1194）,宋宁宗继位,65岁的朱熹被枢密院事赵汝愚举荐为"焕章阁待制兼侍讲"。朱子很重视此次侍讲,但才经一月余,宁宗皇帝就托辞以"悯卿耄艾"将朱子赶出了京师。同年11月11日,朱子返回福建途经江西玉山,应县宰司马光后裔司马迈之请讲学于县庠。朱子嘉赞司马迈承流宣化、兴学诲人之善,虽心情沉郁,仍以宾坐与在场的师友交流。后

---

[*] 本文系国家社会科学基金项目"梁漱溟思想研究"（16BZX051）、国家社科基金青年项目"永嘉朱子学研究"（18CZX033）成果。

司马迈石刻讲义并呈于朱子,朱子感觉问答俱不痛快,于是在给学生陈埴的信中系统阐扬了其最新哲学思想。以往学者多注意到此文献的重要性,钱穆先生对此提揭尤为深入,认为朱子以"仁"绾合了"天与人,心与理,宇宙界与人生界"①,其他学者多只是列举出朱子在这篇文献中涉及朱子早年的相关思想。而总体上说,尚没有从结构上完整分析朱子在这一重要文献中所反映的晚年哲学思想建构。

一、《玉山讲义》义疏

司马迈石刻的《玉山讲义》是当时朱子与在座的师友问答的实录。从后来看,朱子对相关的议题还是较为肯定的,只是他认为当时囿于问答的情景,有些重要问题还未能讨论清楚,特别是朱子认为自己尚未将观点彻底阐明。于是,当学生陈埴问起《玉山讲义》时,朱子就在《答陈器之(问〈玉山讲义〉)》中完整彻底地阐发了自己的思想。我们将《玉山讲义》与《答陈器之(问〈玉山讲义〉)》合称为"玉山讲义"。

《玉山讲义》记载当时有程珙起而请问朱子曰:"《论语》多是说仁,《孟子》却兼说仁义。意者夫子说元气,孟子说阴阳;仁恐是体,义恐是用?"(《文集》卷七十四)②程珙的问题是,《论语》中多只说仁,《孟子》说仁亦且说义,能不能说孔子是在元气的意义上讲而孟子是在阴阳的意义上讲的,以及能否以体说仁与以用说义?应当说程珙的说法符合汉唐以来思想家以理气体用说仁义的总的思想动向。朱子曰:

> 孔孟之言,有同有异,固所当讲。然今且当理会何者为仁、何者为义,晓此两字义理分明,方于自己分上有用力处,然后孔孟之言有同异处可得而论;如其不晓,自己分上元无工夫,说得虽工,何益于事!且道如何说个"仁""义"二字底道理。(《文集》卷七十四)③

---

① 钱穆:《朱子新学案》第1册,九州出版社,2011年,第77页。
② (宋)朱熹:《朱子全书》第24册,上海古籍出版社、安徽教育出版社,2010年,第3588页。
③ (宋)朱熹:《朱子全书》第24册,第3588页。

在朱子看来，孔孟相传，言各不同，后世学者不仅要明辨相关概念、范畴的意义，亦且需要明辨这些范畴的意谓。换言之，朱子主张学者经典诠释应与学者自身的道德修养、伦理实践关联起来。他认为学者应当考究的不仅是经典理论的意思，更应该追索圣贤立言之意，学者明了这一点也就能够领会经典学习的真正目的了。朱子接着说：

> 大凡天之生物，各付一性；性非有物，只是一个道理之在我者耳。故性之所以为体，只是"仁义礼智信"五字。天下道理，不出于此。韩文公云："人之所以为性者五。"其说最为得之，却为后世之言性者多杂佛老而言，所以将性字作知觉心意看了，非圣贤所说性字本指也。五者之中，所谓信者，是个真实无妄底道理，如仁义礼智，皆真实而无妄者也，故信字更不须说。只仁义礼智四字，于中各有分别，不可不辨。盖仁则是个温和慈爱底道理，义则是个断制裁割底道理，礼则是个恭敬撙节底道理，智则是个分别是非底道理。凡此四者，具于人心，乃是性之本体，方其未发，漠然无形象之可见；及其发而为用，则仁者为恻隐、义者为羞恶、礼者为恭敬、智者为是非，随事发见，各有苗脉，不相殽乱，所谓情也。故孟子曰："恻隐之心，仁之端也；羞恶之心，义之端也；恭敬之心，礼之端也；是非之心，智之端也。"谓之"端"者，犹有物在中而不可见，必因其端绪发见于外，然后可得而寻也。盖一心之中，仁义礼智各有界限，而其性情体用又自各有分别，须是见得分明，然后就此四者之中，又自见得"仁义"两字是个大界限，如天地造化、四序流行，而其实不过于一阴一阳而已。（《文集》卷七十四）[1]

在朱子看来，包含人性在内的物性是宇宙自然赋予的，性即一物成为其本身的内在本质。简言之，物性即物之理，人性即人之理。在朱子思想中，仁义礼智信实际上构成了人性之理的主体元素。他主张从"实理"上而不满于

---

[1] （宋）朱熹：《朱子全书》第24册，第3588页。

佛老二氏只是从"知觉"上理解和诠释"性"。朱子说"信"说的是人性中仁义礼智的道理的真实性与实在性。这一前提作为信念内在地包含在人性之德中。故而，说人性中德性之大者，可直言仁义礼智四者足矣。朱子说，以道理视之，仁就是温和慈爱，义就是裁断宰执，礼就是恭敬节文，知就是分辨是非。朱子指出，仁义礼智是人心中性的本来体段。人心未发时，性体已具，漠然浑然，无声无形不可见；到了人心已发之时，则随感而应，当于仁则为恻隐之情，当于义则为羞恶之情，当于礼则为恭敬之情，当于智则为是非之情。朱子以"端绪"来释孟子讲的四端的"端"，正源于朱子这里讲的心性情三者之关系。可见，这里朱子以体用释性情。另外，朱子还以天道之阴阳来把握人德之之仁义。这里朱子已初步拈出其性情体用论与仁义阴阳论。朱子继续说道：

> 于此见得分明，然后就此又自见得"仁"字是个生底意思，通贯周流于四者之中。仁固仁之本体也，义则仁之断制也，礼则仁之节文也，智则仁之分别也。正如春之生气，贯彻四时：春则生之生也，夏则生之长也，秋则生之收也，冬则生之藏也。故程子谓"四德之元，犹五常之仁。偏言则一事，专言则包四者"，正谓此也。孔子只言"仁"，以其专言者言之也，故但言仁，而仁义礼智皆在其中。孟子兼言义，以其偏言者言之也，然亦不是于孔子所言之外添入一个义字，但于一理之中分别出来耳；其又兼言礼智，亦是如此，盖礼又是仁之著，智又是义之藏，而仁之一字，未尝不流行乎四者之中也。若论体用，亦有两说。盖以仁存于心而义形于外言之，则曰"仁，人心也；义，人路也"，而以仁义相为体用；若以仁对恻隐、义对羞恶而言，则就其一理之中，又以未发、已发相为体用。若认得熟、看得透，则玲珑穿穴，纵横颠倒，无处不通；而日用之间，行著习察，无不是着功夫处矣。（《文集》卷七十四）[1]

朱子认为，仁是四德之本体，仁贯通于义、礼、智之中，义、礼、智是仁的存在

---

[1] （宋）朱熹：《朱子全书》第24册，第3588页。

形式。他将这种仁与义、礼、智的关系相比于自然四季中春天与夏、秋、冬的关系。朱子继承伊川先生的理论，认为孔子是在综合的意义上讲仁，孟子是在分析的意义上讲仁的。朱子阐释认为，礼是对仁的展现，智德之中有义存焉。礼与仁的这种讲法在儒学中是常见的，但提出智中藏义是朱子度越前人的新讲法，值得充分重视。其实从思想实质上讲，这是可以理解的，因为智中藏义，说的是儒学的一项学问精神，即道德理性或曰实践理性对于理论理性的优先性和主导型，换言之认为在人类理性中道德的部分统帅纯粹认知的部分。这种思想作为一种底色弥漫在儒学史之中，对于儒学史不言自明的。朱子明白说出这一点，其把握是精准的。应当说，在朱子思想中，理即天理具有逻辑的优先性，但这绝不是说朱子不注重对"气"的阐释，也只有在气的意义上，朱子才能更加完善地阐释相关概念，正像这里朱子以"生"解仁一样，他将仁阐释为贯通于义礼智诸德的道理。进而，朱子还将仁把握为天道的生生不息，他以春夏秋冬四季为视域才理解仁德是宇宙自然的内在机制。可以说，朱子是在存有论的意义上来阐释仁的，更是价值观以及与之相关的工夫实践的意义上来阐释仁的。

二、《答陈器之(问〈玉山讲义〉)》义疏

在《答陈器之(问〈玉山讲义〉)》中，朱子融合了其思想成熟之后的主要理论，尤其是反映其思想建构的典范性作品，如《太极解义》《西铭解》中的太极阴阳论、太极体性论、理一分殊论，《仁说》中的天地之心论、道德情感论及其相关的修养工夫理论，可以说几近囊括了朱子哲学理论的全部要素。要而言之，我们可以"太极体性论""四端感应论"与"天地之化论"来大致概括朱子"玉山讲义"的哲学建构。朱子曰：

> 性是太极浑然之体，本不可以名字言。但其中含具万理，而纲理之大者有四，故命之曰仁、义、礼、智。孔门未尝备言，至孟子而始备言之者，盖孔子时性善之理素明，虽不详著其条而说自具。至孟子时，异端蜂起，往往以性为不善。孟子惧是理之不明而思有以明之，苟但曰浑然

全体,则恐其如无星之秤,无寸之尺,终不足以晓天下。于是别而言之,界为四破,而四端之说于是而立。(《文集》卷五十八)①

朱子这一节由性说到四端之心亦即道德情感的确立,而开篇便将性即作为人之为人的本质、理性放在天地宇宙终极之理即太极的框架内来勘定。这就将人的本质与天地宇宙的本质关联在一起。在他看来,太极是对天地自然之理的总概括。从其理一分殊的视域观之,太极是一,性是多,在天地为太极,在人则为性,即在朱子看来"人与万物并生于天地之间,是禀赋了天地之气才有其形体,禀赋了天地之理才有其本性"②。人之性含括、禀赋了太极之理的全体,无少亏欠。这就点明人性的本体是纯善无恶的,也隐微地点明恶的人性不是本体之性上有缺失。与程子一样,朱子认为孔门仁学发展到孟子的"仁义礼智"理论渐趋完备。当然,程朱并不认为孟子的学说为孔门仁学增加了什么,毋宁说孟子只是将孔门仁学做了必要的分析,即由一个仁裂变而为仁义礼智。在朱子看来,孟子之所以有此种贡献,在于世道即社会道德环境的变迁。具体来说,在孟子思想预设中,有一个圣人时代,他认为孔子正处于这个道德之理亦即性善之理普遍流行的时代,虽然没有严密的教化系统,人们往往能够顺理而为。朱子说到了孟子的时代,以人性为不善的异端学说纷纷扬扬世间,孟子唯恐人性本善的道理不明于人心,就思考明人之本心的方法。在这一背景下,如果还是像孔子一样以仁、即人之本心整体性地说于人,就难免过于混沦,这也就不能起到让世人明白人性本善且因而行善的教化作用。于是孟子将孔子的仁解析为仁、义、礼、智四重德性之维。在朱子看来,这就是孟子四端说即恻隐之心、羞恶之心、辞让之心与是非之心理论的由来,亦即"四德是体,四端是用,用是体的表现和显露"③。四端属心,也是根于性的情即关联宇宙的道德情感,既是道德情感,便有情

---

① (宋)朱熹:《朱子全书》第23册,第2778页。
② 张新国:《朱子〈西铭解〉的哲学建构》,《福建师范大学学报(哲学社会科学版)》2019年第1期。
③ 陈来:《有无之境——王阳明哲学的精神》,北京大学出版社,2013年,第202页。

感未发与发的问题,故朱子说:

> 盖四端之未发也,虽寂然不动,而其中自有条理,自有间架,不是儱侗都无一物。所以外边感,中间便应。如赤子入井之事感,则仁之理便应,而恻隐之心于是乎形。如过庙过朝之事感,则礼之理便应,而恭敬之心于是乎形。盖由其中间众理浑具,各各分明,故外边所遇随感而应,所以四端之发各有面貌之不同。是以孟子析而为四,以示学者,使知浑然全体之中而粲然有条若此,则性之善可知矣。
>
> 然四端之未发也,所谓浑然全体,无声臭之可言,无形象之可见,何以知其粲然有条如此?盖是理之可验,乃依然就他发处验得。凡物必有本根,性之理虽无形,而端的之发最可验。故由其恻隐所以必知其有仁,由其羞恶所以必知其有义,由其恭敬所以必知其有礼,由其是非所以必知其有智。使其本无是理于内,则何以有是端于外?由其有是端于外,所以必知有是理于内而不可诬也。故孟子言"乃若其情,则可以为善矣,乃所谓善也",是则孟子之言性善,盖亦遡其情而逆知之耳。(《文集》卷五十八)

朱子的意思是,仁义礼智作为人性中纲领性的四德没有发见于外的时候,是寞然寂静、浑然整全的,而这个浑一的德性自身是有其固有的义理结构的,而非混沌一团,朱子认为这是人心能够调用人的德性的不同元素来回应外事外物的根本原因。他举例子说,就像孺子快要跌入枯井的事感动人心,便有人心中仁的道理予以回应,恻隐之情就发之外了。同理,如果有过庙过朝的事,人心中礼的道理就会回应之,于是恭敬之情就会发之于外。在朱子看来,人心中包含条理井然的德性是人心能够恰当适宜地回应外事外物的内在原因。他认为这是孟子将孔子讲的"仁"分析为四德的原因,孟子意在使学者明白人性中美德各要素井然有序、应接事物无爽失因而人之本性是善的道理。

那么,人的四端之心没有发之于外的时候,人的德性是浑然一体、寂然不动的,无声响、无气味、无形象,亦即不能通过人的感官经验加以把握的,其内在本有的状态是井然有秩序的这一讯息被获知的途径,在于通过人性中的道理随事随物发见于外的状态。朱子指出,任何事物都有其内在固有的根源,人性中的道理虽然没有形象,但四端之心作为情的显发于外的样式与状态正可以作为人们判定人性之理的内容的依据和验证,所以由恻隐之心则可知道人性之仁,由羞恶之心则可知道人性之义,由恭敬之心则可知道人性之礼以及由是非之心可知道人性之智。在朱子看来,如果本来没有人性的仁义礼智在其内,四端之心发见于外的根据又在哪里呢?朱子肯定到,孟子所说的人性本善,正是由人的外在的道德情感来逆推和追溯良善的性的。总之,朱子认为,四端之心的同异彰显了仁义礼智四德之间的同异关系,故而朱子接着指出:

> 仁、义、礼、智既知得界限分晓,又须知四者之中仁义是个对立底关键。盖仁,仁也,而礼则仁之著;义,义也,而智则义之藏。犹春、夏、秋、冬虽为四时,然春、夏皆阳之属也,秋、冬皆阴之属也。故曰:"立天之道,曰阴与阳;立地之道,曰柔与刚;立人之道,曰仁与义。"是知天地之道不两则不能以立,故端虽有四而立之者则两耳。仁义虽对立而成两,然仁实贯通乎四者之中。盖偏言则一事,专言则包四者。故仁者,仁之本体;礼者,仁之节文;义者,仁之断制;智者,仁之分别。犹春、夏、秋、冬虽不同,而同出乎春。春则春之生也,夏则春之长也,秋则春之成也,冬则春之藏也。自四而两,自两而一,则统之有宗,会之有元矣。故曰五行一阴阳,阴阳一太极,是天地之理固然也。(《文集》卷五十八)①

宋明理学家均认为天地之道是二而一和一而二的,张载曾说"一故神,两故化"(《参两篇第二》)②,他还说"两不立则一不可见,一不可见则两之用息"(《太和篇第一》)③。一即整体,神言其妙用万物不测之能效;二即这一整体

---

① (宋)朱熹:《朱子全书》第 23 册,第 2779 页。
② (宋)张载:《张载集·正蒙》,章锡琛点校,中华书局,1978 年,第 10 页。
③ (宋)张载:《张载集·正蒙》,第 9 页。

的内部对待力量。一与神言其体,两与化言其用,体用思想是理学家的一条认识论的共识。正如有学者指出的:"在张载思想体系中,这个逻辑还是很清晰的,神与化、虚与气、一与两,皆为体用关系。"①具体到朱子,他不只是沿袭天地之道的体用关系学说,而是创造性地开发出这个体用的体的实际内涵和用的具体方式。后世可以不同意朱子的阐释,但很难绕过朱子的阐释,也更应当把握朱子阐释道体的视域和思路。朱子将天道与人道关联起来阐释认为,仁义礼智四德在人性中不是抽象地相对,其对待是具体的对待,即正像天道的春夏秋冬四时一样。朱子认为,仁义在四德之中是对立的关键,意思是仁义的对待是四德内部对待模式的集中机制。他说仁是仁的本体,礼是对仁的体现和表现,这一说法符合孔子以来对仁与礼的关系的理解和诠释;他又说智藏于义,即在朱子的思想中,义者宜也,即应当,作为价值法则、规范原则的义不是独断的,而是具有合理性的,即符合是非准则的,或者说朱子将智主要诠释为价值性的。换言之,朱子主张以价值法则主宰知识探求,似乎也可以说在朱子看来,道德理性是理性的基础和关键。朱子以四季中春夏属阳、秋冬属阴来说明气的元亨利贞可以被正确地把握为无始无终的阴阳两端,他认为天道的流行演变基于阴阳这一对待性动能,或者说是阴阳二气是自然万物内部的固有结构。而在这个二维并立的结构中,朱子认为主宰性、统摄性的一理流行贯通于二气之中。人德结构继承于天德结构,所以朱子认为仁之本体贯穿于仁义之德中。一行于二,二展开于四,所以朱子与程子一致,认为义礼智也是仁的不同节候,正像夏秋冬也是春的不同阶段一样。陈来先生指出,在《太极解义》中,朱子"把太极动静阴阳论引向了理气哲学的开展;而且谋求太极与人极的对应,太极与人性的一致"②。朱子的这一思想在其"玉山讲义"中得到了又一次的展示。除了从元说到贞,从仁说到智,朱子还讲了从贞到新的元,从智到新的仁的宇宙论,朱子说:

---

① 翟奎凤:《神化体用论视域下的张载哲学》,《社会科学辑刊》2020年第5期。
② 陈来:《朱子太极解义的哲学建构》,《哲学研究》2018年第2期。

仁包四端,而智居四端之末者,盖冬者藏也,所以始万物而终万物者也。智有藏之义焉,有终始之义焉,则恻隐、羞恶、恭敬是三者皆有可为之事,而智则无事可为,但分别其为是为非尔,是以谓之藏也。又恻隐、羞恶、恭敬皆是一面底道理,而是非则有两面。既别其所是,又别其所非,是终始万物之象。故仁为四端之首,而智则能成始,能成终。犹元气虽四德之长,然元不生于元而生于贞。盖由天地之化,不翕聚则不能发散,理固然也。仁智交际之间,乃万化之机轴,此理循环不穷,吻合无间。程子所谓"动静无端,阴阳无始"者,此也。(《文集》卷五十八)[1]

仁统摄义礼智,恻隐之心统摄羞恶之心、恭敬之心与是非之心。作为春夏秋冬的冬,意味着收聚敛藏,作为具有生之功能的恻隐之心如温暖和煦的春生之气必将敛藏于冬天一样,亦必将收摄于"智",由此观之"智"与"冬"的逻辑位阶相一致,有终结万物和肇始万物的功能。朱子说,"智"有敛藏的意思,有终结和肇始的意思,恻隐、羞恶与恭敬都指向一定的内容,而"智"在内容上是虚无的,但在形式上可以分辨恻隐、羞恶与恭敬的真实与否,即藏匿于恻隐等三者之中。同时,朱子说,恻隐、羞恶与恭敬只是一个维度的道理,而是非之智则有真实与否两个方面,朱子认为这种分判恻隐与否、羞恶与否与恭敬与否的样式,与天之四德的"贞"一样,兼有终结与肇始双重功能。故而,朱子认为,从宇宙论上讲,仁处于四端之首,而智则有终结与肇始万物两重意义,就像元气虽然是统帅、主导亨利贞即夏秋冬之气的,但元不生于元自身,在直接意义上元生于贞。由此朱子认为,天地生生之道,没有翕聚收藏就没有充拓发散,其道理本来如此,所以将仁义礼智放在宇宙论上看,则可以说仁之气与智之气交接递变之间,可被视为万物化生的根本机制,这个道理无往不复、循环不已,没有一息停顿间断。朱子又引了程子"动静无端,阴阳无始"的论述互证。

总之,朱子统宗会元,将仁义礼智人道统于元亨利贞、春夏秋冬天道,又

---

[1] (宋)朱熹:《朱子全书》第23册,第2780页。

四而二、二而一,将太极即天地之理点明为宇宙自然的终极原因,这贯穿了其始自《太极解义》的宇宙发生论和《通书注》的社会人生论,即"玉山讲义"绾合了朱子哲学思维中的天论与人论。朱子在"玉山讲义"中所阐发的"太极体性论""四端感应论"与"天地之化论"不是彼此割裂的,相反,这是一个环环相扣的过程。这里所说的"太极体性论"意思主要是朱子以性为太极之实体的理论,亦即太极以性为体,朱子认为人性中包含和体现的是天地的固有本质和内在机能。仁义礼智诸德在人性中粲然有秩序,随所感而应之,朱子认为这就是人的四端之心——亦即人的本心——能准确回应外事外物的机理。这就从"性"说到"心",从"心"说到"情",从"情"说到"物"和"事"。他既讲明天地事物的道理全在人之一性中备具,同时说明人以其灵明的觉知而成为天地事物的发窍显露之通口。所以说人的伦理行动不仅具有社会价值意义,同时这种社会价值意义也具有存在论的深层意义。故而,他将人德之仁智交接与天道之阴阳交通关联起来诠释。

三、结论:"玉山讲义"以"仁"为核心的哲学建构

以往以"本体论""宇宙论""工夫论"和"境界论"来分析朱子相关思想不无所获,但似乎未能清楚描述朱子哲学思想建构的有机性和整体性。这种有机性和整体性并非混沌不分,而是粲然有条理的。这个条理性至少具有"规律性"和"生机性"两重意涵。这一点在如上所述,在朱子的《答陈器之(问〈玉山讲义〉)》有较为集中的呈露。

关于此书信即《答陈器之(问〈玉山讲义〉)》之结构,钱穆先生说:"可分上下两截。自孟子之言性善亦溯其情而逆知之耳以上为前一截,专就孟子言四端发挥性善之义。自仁义礼智既知得界限分晓以下为下一截,乃根据周易与濂溪太极图说发挥人之心性与天地大化之体之合一。伊川性即理之说,如是阐释,始为涵括明尽。此书当与论理气、论太极、论仁章合读,乃见朱子思想体系之圆密,及其条理之明晰也。"[①]在钱先生看来,朱子前一部分

---

① 钱穆:《朱子新学案》第2册,九州出版社,2011年,第31页。

是由四端之情溯源性善之理,然后在性善之理中分辨仁义礼智之道德实理,即性之体。在这一意义阐释的基础上,朱子又继续追索人道价值的存有论、宇宙论基础。这正是朱子关联天地之道来训仁的逻辑所在。正像钱先生指出的,"此心之仁,即天德之元,即太极之阳动。天地万物,皆从此一动处开始。天与人,心与理,宇宙界与人生界,皆在此一仁字上绾合成一。天地间许多道理条件,皆由此处生出。此处亦可谓是朱子讲学一大总脑处,由此而推出其逐项分散处。"①儒学视域中的"仁"是充满生机的,这一生机是事物内在本有的,仁为生之性,物必有其性,故可说仁贯通于万物,仁就是健动不息、生生不已的道理。钱先生说:"朱子专就心之生处着眼、心之仁处着眼,至是而宇宙万物乃得通为一体。当知从来儒家发挥仁字到此境界者,正惟朱子一人。"②以往对朱熹理学多从"理"或"气"两端来理解,这就主要是从存有论上来看,如果扩展视域,将本体论与境界说合起来看,并关联起来朱子功夫实践学说,会发现从"仁体"论上看朱子理学,能更完备地把握其主要思想精神。

牟宗三认为:"此答书是朱子晚年成熟之作,最有代表性。"③但牟先生坚持其以往的看法说:"所示解之性情对言与心性情三分来看孟子所言之四端本心,此不合孟子所言本心之原义。"④刘述先仅依师说道:牟先生之言是也。……朱子有极强的宇宙论的兴趣,他把仁义礼智与春夏秋冬排比起来,是兼采汉儒之说,格局虽宏却反而显不出德性之超越义而不免于歧出的批评。⑤ 应当说,朱子之"对言""三分"是从认识论上讲,没有证据显示朱子主张在存在论上将性与情分开处理。另外,就所谓"德性之超越义"而言,朱子以内在性的仁来阐释包括人性在内的物性,并主张以人心的主体性功夫实践来挺立物性与天道,这种超越正是新儒学所谓内在的超越,德性也是内在超越的德性。以此观之,牟先生与刘先生的批评并不成立。毋宁说牟、刘二

---

① 钱穆:《朱子新学案》第1册,第77页。
② 钱穆:《朱子新学案》第2册,第56页。
③ 牟宗三:《心体与性体》下册,吉林出版集团有限责任公司,2013年,第371页。
④ 牟宗三:《心体与性体》下册,第371页。
⑤ 刘述先:《朱子哲学思想的发展与完成》,吉林出版集团有限责任公司,2015年,第252页。

位先生还是从西方哲学外在地超越观上来理解朱子的形上学思想,这其实是一种基于先在立场的误会。而就思想的广度与深度来看,牟先生一类的理论显然没有正确认识到朱子仁论思想的应有价值。蒙培元认为"仁说是朱子'心统性情'说的最后完成",他指出:"仁是儒学的核心,也是朱子理学的核心。朱子以理学的方式赋予仁以理学形式,但是并未改变仁的实质,而是将仁进一步本体化、主体化了。"① 要而言之,这个"本体化""主体化"是一个过程的两个方面。本体化言其超越性,主体化言其内在性,这种本体化的主体或曰主体化的本体,显示为一种仁的实体论。

正像陈来先生所论:"这样的仁,既不是内在的性体,又不是外发的用,而是兼体用而言的实体了。"② 以此观之,这种"实体"就是一种实存的变易流行的总体了。质言之,朱子在《答陈器之(问〈玉山讲义〉)》中以"太极体性论""四端感应论"与"天地之化论"系统展现了其晚年哲学思想建构。以仁论思想视之,显示了朱子融人德与天德为一体的、融宇宙论、本体论、工夫论与境界论为一体的、融本体、主体与实体为一体的仁体论思想。值得注意的还有,朱子提出,人的智德之中有义存焉,这是朱子度越前人的新讲法,值得充分重视。易言之,就是朱子主张道德理性或曰实践理性对于理论理性的优先性和主导型,亦即认为在人类理性中道德的部分统帅纯粹认知的部分。这种思想作为一种底色弥漫在儒学史之中,对于儒学史是不言自明的精神价值。

---

① 蒙培元:《朱熹哲学十论》,中国人民大学出版社,2010 年,第 115 页。
② 陈来:《仁学本体论》,生活·读书·新知三联书店,2014 年,第 345 页。

朱王工夫论的结构差异
——兼谈朱陆之争*

傅锡洪

（中山大学博雅学院）

内容摘要：朱子和阳明的工夫论分别是理学和心学工夫论的代表。随着近年来学界对朱王工夫论研究的深入推进，从整体结构入手对朱王工夫论进行全面比较，就不仅成为可能，而且变得必要。朱子不凭借本心，而诉诸知觉以穷理，又以居敬为穷理的保证，由格物致知而层层推及诚正修齐治平，其倡导的工夫是二元八层非本体工夫。阳明则围绕本心开展为善去恶工夫，并由有所着意进至无所着意，其倡导的工夫是一元两层本体工夫。因理学和心学无法为自身工夫路径提供唯一性的辩护，故双方难以避免地发生争论；因双方在主要凭借因素上存在分歧，故难以相互化约；因双方均能解决为善去恶问题，故难以分出胜负。

关键词：二元八层非本体工夫；一元两层本体工夫；朱陆之争

在过去一千年的中国学术思想史上，有四大论争令人瞩目，即朱陆之争、汉宋之争、三教之争和古今中西之争。其中朱陆之争不单是朱子和象山个体之间的争论，还指代了宋明儒学内部理学和心学这两大理论形态的论争。朱子作为理学一方的代表自然毋庸置疑。而随着明代中期阳明对心学的发展，理学和心学的分歧就从朱子和象山的分歧进一步演变为朱子和阳

---

* 本文系中山大学中央高校基本科研业务费专项资金资助项目"王阳明思想新探"（22WKQB01）的阶段性成果。原载《学术研究》2022年第1期，相比已刊文章，本文作了扩充。感谢赖区平、郑泽绵的指教！

明的分歧。无论朱子还是阳明都以成就圣人作为最高理想。而为实现成圣目标,就有必要付出自觉努力,此即所谓工夫。朱王的分歧就集中表现在如何成圣的工夫问题上。

学界对朱王工夫异同存在不同看法。唐君毅先生认为:"阳明之以格物致知为工夫,以上达于高明,实正同于朱子下学上达之旨;而不同于象山先重人之先立其大,求直下超拔于网罗障蔽之外,以先明道者。"①吴震先生则认为:"阳明心学是在汲取和批判程朱理学的过程中形成的,在为学目标指向成就德性的总体方向上,心学与理学并无二致,然而与程朱理学偏重于'即物穷理''居敬涵养'的方法取径不同,阳明心学更为突出强调对良知心体的自信自觉在道德实践过程中具有首要意义,从而将儒家内圣之学建立在道德本心的基础之上,丰富了孔孟以来儒家心性哲学的理论内涵。"②两先生分别在对比中突出了阳明工夫论中后天努力的因素和先天本心的因素。随着近年来学界对朱王工夫论研究的深入推进,从整体结构入手,对朱王工夫论进行全面比较,就不仅成为可能,而且变得必要。本文即欲尝试完成这一工作。此外,在全面探索朱王工夫结构差异的基础上,本文还尝试进一步探讨理学与心学的论争为什么难免发生、长期延续而又难以争出胜负的问题,由此推进学界对朱陆之争这一聚讼千年的老问题的认识。

一、朱子工夫论的结构

朱子倡导的工夫并不依靠本心,他也不认为本心是本体,故他所说的工夫并非凭借本心意义上的本体工夫。他工夫论的核心是居敬和穷理,两者各有作用而又相辅相成,由此构成工夫的二元基础。居敬为穷理提供了清明之心的保证,穷理则直击知而不行问题的要害,其所获得的对理之不容已和不可易的体认和确信,是解决知而不行问题的关键。由此尽管《大学》八条目都有各自的内涵,他的工夫可谓八层工夫,然而穷理却可有力地带动这

---

① 唐君毅:《中国哲学原论·原教篇》,中国社会科学出版社,2006年,第225页。
② 吴震:《〈传习录〉精读》,复旦大学出版社,2011年,第240页。

些工夫的完成。他倡导的工夫可谓二元八层非本体工夫。

朱子认为只有性才是形上本体,直接发自性的本心属于已发,不是形上本体。他并不凭借本心来做为善去恶的工夫。如他说:"今学者多言待发见处下手,此已迟却。"①亦即如果等待本心呈露,那就将丧失做工夫的时机。他所凭借的是居敬和穷理,两者是互相促进、相得益彰的关系。一方面,此心清明而不被私欲昏蔽的状态是穷理的条件。他说:"只是提撕此心,教他光明,则于事无不见,久之自然刚健有力。"②又说:"格物从敬入最好。只敬,便能格物。"③另一方面,也唯有穷理所得的对理的体认,才能使居敬工夫变得易于实施。他说:"把捉之说,固是自用着力,然又以枯槁无滋味,卒急不易着力。须平日多读书,讲明道理,以涵养灌培,使此心常与理相入,久后自熟,方见得力处。"④除了圣人境界的激励以及实现本性的快乐以外,越来越深入地体贴了义理所得的愉悦,使着意之外有越来越多自发的力量来保持此心清明并进一步推动穷理工夫。⑤ 由此穷理和居敬便形成了互为前提而又相得益彰的格局。朱子说:"学者工夫,唯在居敬、穷理二事。此二事互相发。能穷理,则居敬工夫日益进;能居敬,则穷理工夫日益密。"⑥居敬、穷理缺一不可,两者构成朱子工夫论的二元基础。他说:"此两言者,如车两轮,如鸟两翼,未有废其一而可行可飞者也。"⑦以下说法中的涵养工夫即是居敬工夫,"各致其功"则凸显出居敬穷理不能化约为一个工夫:"穷理涵养,要当并进。盖非稍有所知,无以致涵养之功,非深有所存,无以尽义理之奥,正当交相为用,而各致其功耳。"⑧

朱子以下说法指出了穷理的目的究竟何在:"圣人教人穷理,只道是人

---

① (宋)黎靖德编:《朱子语类》(以下简称《语类》)卷一七,中华书局,1986年,第376页。
② 《语类》卷一二,第209页。
③ 《语类》卷一四,第269页。
④ 《语类》卷一一八,第2849页。
⑤ 杨祖汉先生指出:"朱子之言持敬工夫时,是有良心发见作为根源的动力。"见氏著:《朱子心性工夫论新解》,《嘉大中文学报》2009年第1期,第195页。应该说,朱子并不否认这一动力的存在,但他并不凭借这一动力,因为本心暂明暂灭,而持敬工夫要求不能间断,所以本心是不足凭借的。
⑥ 《语类》卷九,第150页。
⑦ (宋)朱熹:《晦庵朱文公先生文集》(以下简称《晦庵集》)卷六三,朱杰人、严佐之、刘永祥主编:《朱子全书》第23册,上海古籍出版社、安徽教育出版社,2002年,第3061页。
⑧ 《晦庵集》卷四五,《朱子全书》第22册,第2061—2062页。

在善恶中,不能分别得,故善或以为恶,恶或以为善;善可以不为不妨,恶可以为亦不妨。圣人便欲人就外面拦截得紧,见得道理分明,方可正得心,诚得意。"①因为知而不行则意不诚、心不正,所以朱子认为解决知而不行是做到诚意正心的前提。"外面拦截"即是穷理,"外面"是相对于诉诸本心来说的。生活中人们不能辨别善恶的情况固然存在,但这却并非工夫所要对治的根本问题。"善可以不为不妨,恶可以为亦不妨"这一知而不行的问题,才是工夫所要对治的根本问题。由此,朱子之所以诉诸穷理,最终目的是为了获得对理之必然如此、当下就得如此的体认和确信,而不是为了获得对理的内容的认识,尽管这也蕴含在穷理的总体目标之中。②他《大学或问》中以下说法揭示了就某一事物而言穷理的最终目标:"自其一物之中,莫不有以见其所当然而不容已,与其所以然而不可易者。"③他经常提到的"真知",实际上就是对事物之理的不容已和不可易的体认和确信。

此处说的"所当然",与我们一般说的就人的行为而言的应然相比,范围更大,因为其不仅可就人的行为而言,而且可就天地和万物而言。"不容已"的意思是不能自已、欲罢不能,意味着迫切性和当下性。朱子另外常以"住不得""歇不住""不能已"或"不可已"等来表示不容已的意思。他以下说法解释了何谓不容已的状态:"春生了便秋杀,他住不得。阴极了,阳便生。如人在背后,只管来相趣,如何住得!"④"趣"是赶的意思。"不可易"是说只能如此、不能如彼,意味着绝对性和决然性。正如朱子所说"决定着恁地,不恁地便不得"以及"决然不可移易"。⑤

《或问》中关于不容已和不可易的这个说法,朱子有过反复的修改,目前所见是最后稿本。⑥这个说法的两个要点往往都被忽视,第一,"所当

---

① 《语类》卷一五,第310页。
② 笔者业已指出了这一点,参傅锡洪:《朱陆之辩再论:理论症结、内在关联与话题选择》,《杭州师范大学学报》2021年第4期,第30—40页。
③ (宋)朱熹:《四书或问》卷二,《朱子全书》第6册,第528页。
④ 《语类》卷一八,第414页。
⑤ 分别见《语类》卷一五,第282页;卷一一七,第2815页。
⑥ 参孙逸超:《今本〈大学或问〉考略》,《中国哲学史》2019年第5期,第71页。

然"在"所以然"之前,第二,"所当然"之后有"不容已","所以然"之后有"不可易"。① 关于朱子要如此说的原因,可以从他如下说法中略窥一二:"《大学》本亦更有'所以然'一句,后来看得'且要见得所当然'是要切处,若果得不容已处,即自可默会矣。"②首先,朱子在这里认为"见得'所当然'是要切处"。这样一来,他在《或问》中将"所当然"放在"所以然"的前面(并且甚至一度删去有关所以然的内容),也就并不奇怪了。其次,这里还表示了不容已的重要性。既然"若果见得不容已处",则自可默会有关所以然的道理,那么重要的自然就是把握事物之理的不容已。也正因为所以然是把握不容已以后的题中之义,所以我们就不难理解朱子为什么直接说"见得'不容已'处,便是所以然"的缘由了。③ 最后,这里没有直接提到"不可易",实际上不可易代表的只能如此、不能如彼,可说构成不容已的必要条件。所谓必要条件是说,某事某物若非只能如此、不能如彼,那么自然也就没有必要为之不能自已、欲罢不能了;既然有必要为之不能自已、欲罢不能,那必然是只能如此、不能如彼的。正因为是不容已的题中应有之义,所以不可易才在《或问》中被朱子强调。基于同样的原因,朱子以下说法才不在"所当然"后说"不容已"而直接说"不可易","此天理之当然,而不可易者也"。④

要言之,朱子并不是像现代人一样首先考察事物所以如此的原因而后认为这是理所当然的,恰恰相反,所当然对他来说更为根本,而所以然不过是所当然的题中应有之义而已。而对所当然的把握,关键在于把握其不容已的性质。这种把握不仅属于客观知识的领域,而且包含了体认,是感受到

---

① 近年不少研究者注意到了不容已的重要性。如杨祖汉先生指出:"依朱子本人的说法,他的义理型态,固然是重理,以心知明理为关键的工夫,而不是要当下呈现心体,但仍然有本有对理之知及一旦体会到道德之理就会很容易有不容已地生发的实践动力,作为实践的根据。此二根源也可以说是'易知易从'者。"见氏著:《从主理的观点看朱子的哲学》,《当代儒学研究》2013 年第 15 期,第 139 页。高海波先生也指出朱子强调不容已:"人们真正认识到(真知)道德原理的尊严、崇高,就自然会产生一种不容已的内在动力,去驱动人去实践它。所以朱子经常谈论天理对主体的'不容已'的特性。"见氏著:《道德实践的动力问题——以东亚的性理学为例》,《道德与文明》2019 年第 5 期,第 56 页。要言之,从本文的观点来看,体认和确信理之不容已和不可易正是穷理的最终目标。

② 《晦庵集》卷五七,《朱子全书》第 23 册,第 2737 页。

③ 《晦庵集》卷五二,《朱子全书》第 22 册,第 2465 页。

④ 《晦庵集》卷一三,《朱子全书》第 20 册,第 640 页。

非如此不可,如此则安,不如此则不安,安则乐而行之,不安则恶而去之。这不仅是诉诸人的理智,而且也是诉诸情感和意志。故朱子用的是"玩味省察,体认存养"之类动词。① 而显然这些动词不单限于知识领域。他甚至还说:"须是踏翻了船,通身都在那水中,方看得出!"② 唯其关乎情感和意志,所以对于理的知才不是单纯的静观而可以转化为行,相应地为善去恶工夫才能不仅拥有明确的方向,而且拥有充足的动力,由此理学倡导的工夫才真正是有效的工夫。

总之,穷理的目标不仅是理解所以然和所当然之理的内容,更是体认和确信事物之理的不容已和不可易。因为格物与穷理指相同的工夫,所以他以下对何谓真正的格物的说明,实际上也是对何谓真正的穷理的说明:"格物者,格,尽也,须是穷尽事物之理。若是穷得三两分,便未是格物。须是穷尽得到十分,方是格物。"③ 朱子以"至"解释"格",不是说到事物上去,而是说穷尽事物之理。格物到两三分的程度,只能解决"善或以为恶,恶或以为善"的问题,只有到了十分的程度,才能解决"善可以不为不妨,恶可以为亦不妨"的问题。仅仅解决前一问题,不足以称为格物,只有解决了后一问题,才能称得上是格物。

正因为格物在朱子看来可以解决知而不行这一首要问题,从而带动诚意以下的工夫,所以他认为在《大学》的八条目中格物最为重要。他说《大学》:"此一书之间,要紧只在'格物'两字……本领全只在这两字上。"④ 八条目中致知仅次于格物。朱子认为其蕴涵在格物之中,而与格物无先后可分。他说:"但能格物,则知自至,不是别一事也。"⑤ 又说:"格物所以致知,物才格,则知已至,故云在,更无次第也。"⑥ 所致之知其实就是能辨别善恶的本心之知,朱子说:"致知乃本心之知。"⑦ 只是若非格物,则不可能致知,因此他真正凭借的是格物。致知之后的条目是诚意,诚意以下各个条目均有各自的工夫内涵,并

---

① 《语类》卷二八,第 714 页。
② 《语类》卷一一四,第 2756 页。
③ 《语类》卷一五,第 283 页。
④ 《语类》卷一四,第 255 页。
⑤ 《晦庵集》卷五一,《朱子全书》第 22 册,第 2377—2378 页。
⑥ 《语类》卷一五,第 309 页。
⑦ 《语类》卷一五,第 282 页。

非完成格物致知就万事大吉了。他说:"《大学》之书,须教人格物、致知以至于诚意、正心、修身、齐家、治国、平天下,节节有工夫。"①如仅就诚意的必要性而言,朱子说:"虽不用大段着工夫,但恐其间不能无照管不及处,故须着防闲之,所以说'君子慎其独也'。"②但是毕竟格物致知是八条目的基础。朱子说:"致知、格物,固是合下工夫,到后亦离这意思不得。"③其意是说格物致知固然是当下做的工夫,但整个成圣工夫过程都在格物致知的笼罩之下。也就是说,格物致知之所得,必然能贯彻于诚意正心等工夫过程中而使这些工夫变得轻松容易。格物致知在朱子工夫论中的首要地位正体现于此。④ 结合朱子对立志首要地位的强调,如其谓"盖学莫先于立志"⑤,可知立志与穷理的结合是他工夫论的真正出发点。以下说法实际上是他对学者提出的将立志与穷理结合的要求:"如今学者只是立得志定,讲究得义理分明。"⑥

不过朱子并不是主张只有在完成格物以后才启动诚意以下的工夫。他说:"若曰'须待见得个道理然后做去',则'利而行之,勉强而行之',工夫皆为无用矣!"⑦其意是说诚意以下的工夫不能等待格物彻底完成以后再启动,在尚未获得对理之不容已和不可易的确信之前,虽然只能着意推动诚意以下的工夫,但即便如此也必须推动。⑧ 他又说:"'知至而后意诚',大学盖

---

① 《语类》卷一〇四,第 2617 页。
② 《语类》卷一六,第 332 页。朱子对诚意作用的认识在不同时期有所调整,不过不影响本文的论述。相关研究参郑泽绵:《朱熹晚年诚意思想考论》,《中国哲学与文化》,漓江出版社,2017 年,第 86—109 页。
③ 《语类》卷一五,第 292 页。
④ 朱子也说诚意最为重要,如:"更是大学次序,诚意最要。学者苟于此一节分别得善恶、取舍、是非分明,则自此以后,凡有忿懥、好乐、亲爱、畏敬等类,皆是好事。大学之道,始不可胜用矣。"见《语类》卷一五,第 306 页。朱子在此看似是说诚意最为紧要,但"分别得善恶、取舍、是非分明"显然是格物所得的成果,由此可见他实际上是说格物最为紧要。另外,在初学阶段朱子也在着意的意义上来使用"立诚意"(用例见后),对其首要地位的强调实则是对居敬或立志首要地位的强调。
⑤ (宋)朱熹:《四书章句集注》,中华书局,1983 年,第 94 页。
⑥ 《语类》卷八,第 134 页。
⑦ 《语类》卷九,第 159 页。
⑧ 吴震先生即已注意到朱子表述的特异,并从工夫系统和工夫次第的角度做了解释。他说:"一则说正心诚意不全在致知格物之后,一则说必等到'物格知至',然后才能真正做到正心诚意。朱熹之意似在强调:前者是就工夫系统而言,后者是就工夫次第而言。"见氏著:《"格物诚意不是两事"——关于朱熹工夫论思想的若干问题》,《杭州师范大学学报》2014 年第 6 期,第 21 页。

言其所止之序,其始则必在于立诚。"这里说的"立诚"便是着意的意思。朱子解释道:"这个诚意,只是要着实用力,所以下'立'字。"①朱子在此揭示了八条目的先后不是开始时间的先后,而是完成时间的先后。也就是说,只有在前一工夫完成的条件下,后一工夫才有可能完成。它们的先后不是从开端角度来说的先后,而是从完成角度来说的先后。用《大学》自身的话语来说即是"物格而后知至,知至而后意诚,意诚而后心正,心正而后身修,身修而后家齐,家齐而后国治,国治而后天下平"②。

综上,我们可以将朱子倡导的工夫概括为二元八层非本体工夫。

二、阳明工夫论的结构

与朱子倡导的二元八层非本体工夫不同,阳明倡导的工夫则是一元两层本体工夫。他主张八条目没有先后次序,认为这些工夫指点语只是从不同角度描述同一工夫的内涵。无论重点提致知,还是重点提诚意,他的工夫论都以发挥本心好善恶恶的作用为中心,故他所说工夫为一元工夫;而在心学中本心即本体,故他所说工夫为本体工夫;他强调初学阶段必须有所着意,才能落实直接发自本心的好恶,而在本心不受私欲干扰,能够自然发用时,则必须反对有所着意,故他所说工夫为两层工夫。因此他倡导的工夫可谓一元两层本体工夫。

与朱子重视格物相适应,他重善恶之准则。与此不同,阳明重好恶之动力,动力直接发自本心。在朱子的工夫论中,善恶的分量远远重于好恶。他说:"为有善恶,故有好恶。'善恶'字重,'好恶'字轻。"③因为他强调人如果对善恶辨别得清楚明白(即前述格物达到十分的程度,从而对理的不容已和不可易的性质获得体认和确信),那就不可能以善为恶,以恶为善,也不可能不行善,反而行恶,所以与对善恶的真知相比,对善恶的好恶在他工夫论中的分量就显得相当小了。与朱子将好恶置于次要地位相比,阳明却特别

---

① 均见《语类》卷一八,第401页。
② (宋)朱熹:《大学章句》,《四书章句集注》,第3页。
③ 《语类》卷一○一,第2591页。

强调好恶。他甚至认为物本无善恶可言,因为人有好恶的态度,物才有了善恶的分别。如其所说:"天地生意,花草一般,何曾有善恶之分?子欲观花,则以花为善,以草为恶;如欲用草时,复以草为善矣。"①由此,工夫的要领就是避免好恶的过和不及,从而做到好善恶恶,并由此而为善去恶。在阳明看来,良知不过就是好善恶恶之本心而已。其言曰:"良知只是个是非之心,是非只是个好恶。"②此处的"好恶"是本然好恶亦即好善恶恶。他晚年特别强调的致良知或说致知就是依循良知以好善恶恶,他中年特别强调的诚意则是使发自本心的好善恶恶之念充实于意念。因此无论致知还是诚意,表示的核心意涵都不过是落实本心的好善恶恶之念而已。③

进而言之,在阳明看来,不仅致知和诚意,而且格致诚正修都是从不同角度来说同一个工夫,甚至于亲民和明明德也不过是从体用的不同角度来说同一个工夫。他说:"若语其要,则'修身'二字亦足矣,何必又言'正心'?'正心'二字亦足矣,何必又言'诚意'?'诚意'二字亦足矣,何必又言'致知',又言'格物'?惟其工夫之详密,而要之只是一事,此所以为精一之学,此正不可不思者也。"④这段话说明格致诚正修虽各有所指,但却本就只是指一个工夫。之所以有必要从不同角度对同一个工夫进行刻画,是为了工夫的详密,而详密是工夫的内在要求。他又说:"明明德者,立其天地万物一体之体也,亲民者,达其天地万物一体之用也。故明明德必在于亲民,而亲民乃所以明其明德也。"⑤且不论究竟是亲民还是新民的问题,对阳明来说,明明德不是在任何意义上先于亲民的一个工夫,齐家治国平天下正是明明

---

① 吴光、钱明、董平、姚延福编校:《王阳明全集》卷一,上海古籍出版社,2014年,第33页。
② 《王阳明全集》卷三,第126页。
③ 陈来先生一方面对阳明中晚年工夫论有明确区分,认为:"江西平藩之前他一直以诚意来统率格物,平藩之后以致知为宗旨,建立哲学体系。"陈先生另一方面又指出:"阳明的诚意说后来发展为致良知说,也反映了体系内部的要求。"见氏著:《有无之境——王阳明哲学的精神》,人民出版社,1991年,第125、130页。笔者根据阳明的论述进一步认为诚意和致知是从不同角度指点好善恶恶这一共同工夫,从诚意到致知的转变,只是侧重点从工夫的切要转变为工夫的可靠和简易。相关转变可参傅锡洪:《王阳明中晚年工夫论的转折与连续》,《思想与文化》第28辑,2021年,第71—92页。
④ 《王阳明全集》卷二,第86页。
⑤ 《王阳明全集》卷二六,第1067页。

德的内在环节,只有在此亲民实践中,明明德才能落实。由此阳明否定了《大学》八条目的先后次序。①

不过这不意味着在阳明这里工夫是没有阶次的。在他这里构成工夫阶次的是在朱子那里也曾提及的从有所着意到无所着意。朱子认为保持着意的状态,可以达到"从心所欲不逾矩"的最高境界。如他说:"自家须用持着,稍缓则忘了,所以常要惺惺地。久之成熟,可知道'从心所欲不逾矩'。"②从心所欲即是不必着意。朱子主要在《大学》八条目的框架中来谈工夫的次序,而从有所着意到无所着意的提升在其工夫论中的分量则轻得多。着意的有无之所以在阳明这里成为划分工夫阶次的主要依据,则是因为他的工夫论是以发挥本心的作用为中心的,而本心的作用在不同阶段有不同表现。他与弟子有如下问答:"侃问:'持志如心痛,一心在痛上,安有工夫说闲语,管闲事。'先生曰:'初学工夫,如此用亦好;但要使知"出入无时,莫知其乡"。心之神明,原是如此,工夫方有着落。若只死死守着,恐于工夫上又发病。'"③薛中离所问"持志如心痛,一心在痛上",即是有所着意的工夫。阳明将其视为适合于初学阶段的为学工夫。这一阶段本心虽然有所呈露,但毕竟在私欲干扰之下不能使人有充足的动力(以及定力)去落实好善恶恶之念,因此有必要诉诸着意(以及精察)。接着,阳明又引《孟子》"出入无时,莫知其乡",其目的是说明,本心所发之念指向何方,是无法预知的。因为本心总是以其当下出于自身的好善恶恶之念的方式来运作,而每个当下的情形是变化的、无法预知的,由此本心所发的好恶也就是变化的、无法预知的。正因如此,在达到了本心较少受私欲干扰的较高阶段以后,如果仍然着意地"死死守着"本心,那就会引发阻碍本心自然发用的弊病。由此可

---

① 陈立胜先生从"独知"角度对朱王工夫异同进行比较时,便触及从两轮一体工夫转向一元工夫的问题。他指出在阳明那里:"'独知'工夫也不再通常仅仅限定在一念初动时的提防性、防御性之警觉上面,而且还具有体认、默识、涵养'心之本'('良知')这一积极功能。'独知'工夫乃是一即省察即涵养、即明即诚、即知即行的端本澄源的一元工夫,而有别于朱子省察与涵养、明与诚、知与行两轮一体的工夫。"见氏著:《王阳明思想中的"独知"概念——兼论王阳明与朱子工夫论之异同》,《中山大学学报》2016年第5期,第79页。
② 《语类》卷一二,第208页。
③ 《王阳明全集》卷一,第30页。

见,唯有无所着意的好善恶恶,才是适用于较高阶段的为学工夫。概而言之,正是适应于本心在不同阶段的不同状态,阳明才将工夫区别为有所着意和无所着意两个阶段。在有所着意地好善恶恶阶段,好善恶恶是本心,构成工夫的核心,着意虽说不可或缺,但相对于本心而言则仍是辅助,其作用是促使好善恶恶得以落实,两者合起来方为完整工夫。这不同于在朱子那里,居敬和穷理虽然相互促进,但却有各自独立的内涵。部分依靠本心的初学工夫,可以说是广义的本体工夫;而基本上完全依靠本心的较高阶段的工夫,则可以说是狭义的或说严格的本体工夫。一言以蔽之,阳明倡导的工夫可说是一元两层本体工夫。

阳明有一独特的圣人观:"心之良知是谓圣。"①可见圣人的状态不是本心内在要求之外的别的什么状态,将本心充分实现出来的状态就已经是圣人的状态了。事实上,正是圣人不过是本心的内在要求这一点,从根本上保证了阳明凭借本心的工夫的有效性。发自成圣决心的着意,虽非作为直接意识的本心,但仍可说其力量是本心所调动的力量,是本心的扩大运用,某种程度上可以说是广义的本心。阳明如下说法之所以认为好善恶恶以为善去恶既是着意之志,也是本心的运用,正是在着意之志并不外在于本心的运用的意义上来说的,而不是在本心的原初意义上来说的。他说:"知与充与遏者,志也,天聪明也。"②"天聪明"即是本心。着意之志与作为直接发用的本心,存在着反思意识和直接意识的不同,不过都可视为本心的运用。因为同样可以视为本心的运用,所以这两种本质相同的力量便可以融合为一。因此,可以说立志与本心直接发用的融合,是阳明工夫论的出发点。

而立志与本心直接发用的融合,和立志与穷理的结合,正是阳明和朱子在工夫问题上的根本差异。这种差异实质上是究竟从准则还是从动力而入的差异。朱子所说的善恶或是非构成当为不当为的准则,阳明所说的好恶则是直接引发行动的动力。因为体认和确信准则自然会激发不容已的动

---

① 《王阳明全集》卷六,第238页。
② 《王阳明全集》卷一,第25页。

力,而本然的好恶也内涵着准则,所以尽管理学和心学分别从准则和动力两个不同角度入手做工夫,事实上却都可以达到动力与准则的统一。①

在去世前一年的"天泉证道"中,阳明在从有所着意入手的为学进路之外,首次提出直接从无所着意入手的为学进路。他生前对这一由自然而入的为学进路未能充分阐发,故我们主要讨论其由勉然而入的为学进路。而由自然而入的为学进路为其弟子王龙溪所发扬光大。这一为学进路强调顿悟本心的根本作用。要言之,无论由勉然还是自然而入,都强调落实本心在工夫中的中心地位,由此区别于朱子凭借知觉以穷理的进路。由此也可看出,阳明工夫论实际上至少包含两种为学进路,一是从发自本心的直接意识入手,借助反思意识促使其落实,一是从顿悟本心入手,基本不借助反思意识。象山心学虽然也借助静坐以澄澈本心,但在上述两种入手方式中则无疑偏向于直接顿悟本心的进路。阳明批评象山"只是粗些"②,很重要的原因是他认为象山在着实用意和精察克治方面有所欠缺。象山之所以在这方面被认为有所欠缺,则是因为他在学问之初就试图通过当下顿悟或静坐顿悟等方式达到完全依靠本心以做工夫的状态。而阳明则沉潜涵养,长期注重有所着意地好善恶恶以为善去恶,直到天泉证道龙溪率先提出由自然而入的进路时,才揭示出完全依靠本体的进路。就结论而言,从宋明儒学的整体来看,若要解决知而不行问题,既可借由心学促使本心落实的路径,也可借由理学穷理的路径。

三、结语:再论朱陆之争

清人章实斋曾对朱陆之争有如下评论:"宋儒有朱、陆,千古不可合之同异,亦千古不可无之同异也。"③牟宗三先生对此语极为反感,认为:"此真

---

① 杨祖汉先生近来则从法则与自由的角度来区分理学和心学,并进一步基于康德哲学中法则与自由的交互涵蕴,认为理学和心学可以会通。其意是说朱王工夫并不相同,不过可以相互沟通。此说甚是。只是借助康德的资源以清楚、准确诠释理学与心学的工夫异同是否可能与必要,或许仍有再议的余地。相关论述参氏著:《再论程朱、陆王二系的会通》,《杭州师范大学学报》2019年第5期,第10—25页。

② 《王阳明全集》卷三,第104页。

③ (清)章学诚撰,叶瑛校注:《文史通义校注》卷三,中华书局,1985年,第287页。

'强不知以为知,故作聪明惊人之语'之澜言也。夫岂有真是一问题而不可决者乎?"①牟先生这一意见自然与其整体见解有关。他认为陆王的主张是掌握道德问题第一义之自律,而朱子则落入第二义之他律,因而他认为不难分辨出双方的得失与高下。果真如此的话,牟先生至少难以解释何以朱陆之争会延续数百年而不息的问题。章实斋未对自己的主张展开论证,其本意究竟如何暂且不论。不过从本文的观点出发可以说,在历来有关朱陆之争的评论中,他的意见或许最为全面且切中肯綮。因为"不可合"是说理学和心学工夫论不能相互化约,"不可无"则是说双方难以避免地发生争论并且难以分出胜负从而结束争论。对此,我们可以从以下三个方面加以分析。

首先,理学和心学对工夫的前提和面临的问题有完全相同的认识,他们只是选择了不同的进路而已。因为本心最为直接现成,所以阳明选择凭借本心直接做为善去恶工夫,本属合乎情理,不过从朱子的角度来看,心学所凭借的本心未免过于玄妙而令人难以把握。考虑到本心容易被私欲昏蔽,朱子自身则选择凭借知觉以获得对理的切实体认和确信。然而从阳明的角度来看,这却未免太过纡曲、烦难而令人生畏。② 综合双方观点,凭借本心虽然直接但却难以把握,凭借知觉以穷理虽然切实但却烦难。可见双方的选择都有其合理性,也有缺陷。正因为两条路径均能为自身的正当性作辩护,但又无法为自身提供唯一性和必然性的辩护,所以无论哪一方都无法让对方信服,双方由此不可避免地发生争论。

其次,在长期的争论中,通过化理学为心学,或化心学为理学的方式调和双方矛盾者,可谓代不乏人。其中最著名的例子便是阳明著《朱子晚年定论》,力图化理学为心学。③ 不过由于两条工夫路径在凭借穷理还是凭借本心这一关键问题上存在根本分歧,这就使得化约终究是走不通的。朱陆之争在绵延数百年的过程中当然不排除意气、误解以及利禄等因素,但是这一

---

① 牟宗三:《从陆象山到刘蕺山》,吉林出版集团有限责任公司,2010年,第12页。
② 详细论述可参本文的姊妹篇:《朱王工夫论的异同刍议》,《朱子学研究》第41辑,2023年。
③ 钱穆先生认为阳明"自己有了启悟,也必祈合之于朱子和《大学》而后快",则是反过来化心学为理学的一个例子。见钱穆:《阳明学述要》,九州出版社,2015年,第98页。

争论能够延续数百年而不息,不是这些表层因素所能解释的,而一定有深层原因。双方对立持续数百年而无法消解的深层原因,正在于双方在工夫凭借因素上的根本分歧。

最后,尽管双方工夫论都有可能产生流弊,不过这却也不足以否定他们工夫论在各自的体系内都能自圆其说,都能解决他们共同面对的知而不行问题。这一点则在根本上导致双方对立尽管持续数百年之久,但最终却无法争出胜负。

在上述认识的基础上,我们或许能对双方各自的逻辑、优长、局限以及进一步发展的可能性,获得更深入的了解。①

---

① 关于朱王工夫论的进一步比较,可以参考笔者的系列研究,主要包括傅锡洪:《朱陆王工夫论的结构差异》,《中南大学学报》2022年第5期,第1—10页;《朱陆王的工夫阶次论》,《中州学刊》2022年第10期,第114—120页;《王阳明的格物论及其与朱子的区别——兼谈陆王工夫论的差异》,《齐鲁学刊》2023年第2期。

克己与主敬：朱子晚年的工夫抉择

焦德明

（江苏省社会科学院《江海学刊》杂志社）

内容摘要：朱子工夫论的晚年转变问题，是讨论朱子哲学思想的重大问题之一。钱穆先生在《朱子新学案》中倡说朱子晚年"以克己代敬"，这一说法尚未得到学界的充分讨论。由于在语录之外没有参考同时期的书信材料，对于克己与敬在工夫原理上也缺乏全面和细致的分析，钱穆先生此说实不能完全成立。朱子62岁以后仍以敬为圣门第一义，以主敬穷理教人。克己分为压制私欲和除尽私欲两种，但都不能完全替代"敬"在整个工夫规模中的地位和作用。若说强调克己是工夫重心的调整，其实这种"调整"仍然可以在"主敬、致知、力行"三者关系中得到理解。敬恕虽偏向静重持守，但不能简单地以此为缺陷，收敛贞藏实为至明至健之根基。晚年愈加强调克己，是朱子不满守成，要求进取的表现，也可以理解为是持敬之效。由此可见，朱子晚年不存在工夫论的重大转变，只有工夫的深入、圆成，体现出了朱子思想的深邃与活力。

关键词：朱子；钱穆；克己；敬恕

自王阳明提出"朱子晚年定论"以来，朱子工夫论的晚年转变问题即成为朱子学中的重大问题。尽管阳明之说已被文献考证所推翻，但通过对《朱子语类》的细读，后世学者也的确发现朱子在晚年对其早岁观点做了许多修

＊ 本文首次发表于《中州学刊》2019年第12期。

正,尤其是《四书集注》的修改过程,揭示出许多真正的"晚年定论"。钱穆先生即应用此种方法,判断朱子的工夫论存在一次晚年转变。在《论语集注》"仲弓问仁"章末之按语中,朱子对"克己复礼"与"主敬行恕"加以对比,做了乾道坤道、高下浅深之判。通过研读《语类》中有关此一内容的诸多条目,钱穆先生得出结论说朱子晚年"始自己提出一克己工夫,而谓其重要犹在守敬行恕工夫之上"①。从钱穆先生对此说的重视来看,我们甚至可以认为,这一观点发现了前人所未能发现的"朱子晚年定论"。

但是目前,钱穆先生这一说法尚未得到学界的充分讨论。许家星在《仁的工夫论诠释——以朱子"克己复礼"章解为中心》一文中,仅用一脚注回应钱穆:"钱先生得出结论说:'此乃朱子明白欲以克己工夫替代二程敬字,举以为圣学主要纲宗也。'此则不免言之过激,敬与克己于朱子乃相互作用之工夫,并不存在取代之说。"②真正重视钱穆此说的只有乐爱国,他在《以"克己"代"敬"——钱穆论朱子晚年工夫转向》一文中则表达了对钱穆此说的赞同,并回应许文曰:"钱氏所谓'替代',指'工夫论重心调整'、核心工夫主张之地位的替代,并非取此去彼地替换'工夫论取代'。"③尽管受到的关注不多,但这一问题的重要性却不言而喻。朱子的工夫宗旨历来被认为是主敬穷理,若朱子晚年真的存在一次"以克己代敬"的工夫论转变,那么它对于理解朱子的工夫论,乃至其整个思想都可能产生颠覆性的影响。本文即拟以"克己代敬"问题为例,对朱子工夫论是否存在晚年转变的问题,再做一番探讨。

一、"以克己代敬"的文献依据

钱穆先生的考证,总体上似乎难以辩驳。但其论证仍有如下几个弱点:

首先,钱穆先生所使用的材料,除《集注》以外,大多是《语类》中的材料,而且集中在颜冉问仁、克伐怨欲章等几个部分。朱子在将颜冉对比时,的确

---

① 钱穆:《朱子新学案》,九州出版社,2011年,第459页。
② 许家星:《仁的工夫论诠释——以朱子"克己复礼"章解为中心》,《孔子研究》2012年第3期,第20—32页。
③ 乐爱国、陈昊:《以"克己"代"敬"——钱穆论朱子晚年工夫转向》,《学术界》2016年第10期,第183—191期。

有更加看重克己的倾向。但钱穆先生并未考察,在同时期的其它材料中,朱子是否有改变教法的表现?根据笔者的粗略检查,尽管钱穆先生断定朱子自62岁起(绍熙二年),对克己与敬的关系的理解发生了一大转换,但在绍熙二年以后的书信往来中,却几乎没有这样的表现。其中,绍熙二年(朱子62岁)有《答郑子上》十五:"敬字工夫,乃圣门第一义,彻头彻尾,不可顷刻间断。子上于讲论处尽详密,却恐此处工夫未到,所以不甚精明,于己分无得力处。须更于此子细着力,以固根本为佳。"①《答李子能》有:"但如此用力,头绪太多,令人纷扰无进步处。故程先生说涵养须是敬,进学则在致知,若只于此用力,自然此心常存,众理自著,日用应接各有条理矣。"②《答吴斗南》三有:"如今更不可别求用力处,只是持敬以穷理而已。"③《答曾光祖》一有:"而致知之功,亦非旦夕可冀,则似未得个下手处也。大纲且得以敬自守,而就其间讲论省察,便是致知。"④绍熙三年(朱子63岁)中,有《答项平父》六:"敬即是学之本,而穷理乃其事,亦不可全做两截看也。"⑤绍熙四年(朱子64岁)有《答余方叔》:"他说皆得之,但谓敬只是防去此等以复于理,语意未切。须知敬即此心之自作主宰处,更宜用力,即自见得也。"⑥《答孙敬甫》一有:"'涵养必以敬,而进学则在致知',此两言者,如车两轮,如鸟两翼,未有废其一而可行可飞者也。"⑦庆元元年(朱子66岁)有《答昙亚夫》一云:"向见意气颇多激昂,而心志未甚凝定,此须更于日用之间,益加持敬工夫,直待于此见得本来明德之体,动静如一,方是有入头处也。"⑧《答孙敬甫》三云:"敬之一字,乃学之纲领,须更于此加功,使有所据依,以为致知力行之地乃佳耳。"⑨庆元二年

---

① (宋)朱熹撰,朱杰人、严佐之、刘永翔主编:《朱子全书》第23册,上海古籍出版社、安徽教育出版社,2002年,第2691页。以下简称《全书》。
② 《全书》,第23册,第2757页。
③ 《全书》,第23册,第2836—2837页。
④ 《全书》,第23册,第2971页。
⑤ 《全书》,第23册,经2545页。
⑥ 《全书》,第23册,第2854页。
⑦ 《全书》,第23册,第3061页。
⑧ 《全书》,第23册,第3049页。
⑨ 《全书》,第23册,第3063页。

(朱子67岁)有《答林德久》七:"别纸所论敬为求仁之要,此论甚善。所谓'心无私欲即是仁之全体',亦是也。但须识得此处便有本来生意融融泄泄气象,乃为得之耳。"①从以上书信②可以看出,朱子在绍熙庆元间仍然屡屡强调敬乃"圣门第一义""学之本""学之纲领"的根本地位,而且仍然强调"涵养须用敬,进学则在致知"的重要性。可见,从书信情况来看,完全看不出朱子晚年工夫教法有所转变。若钱穆先生所说的这次工夫重心的转移,具有非常重要的意义,那么为什么朱子在与师友门人之间的书信中全无表现呢?

其次,钱穆先生对于所引的材料的完整性并不特别重视,且对材料之义理脉络缺乏详细的分析。语录材料虽然能够展现出活跃的讨论和丰富的义理面向,但若不与文集书信等内容加以配合,可能不会得出公允的结论。若将书信与语录合观,则会有另外的发现。例如,钱穆先生曾引用周谟所记一条语录:"克己亦别无巧法,比如孤军猝遇强敌,只得尽力舍死向前而已,尚何问哉?"钱穆先生判断此条所录时间与程端蒙所录几条同时。但其实这句话完全出自朱子《答周舜弼》:"所论'敬'字工夫于应事处用力为难,此亦常理。但看圣贤说'行笃敬''执事敬',则敬字本不为默然无为时设,**须向难处力加持守**,庶几动静如一耳。克己亦别无巧法,比如孤军猝遇强敌,只得尽力舍死向前而已,尚何问哉?"③此书作于绍熙二年朱子62岁左右,从中可以看出,朱子不仅认为克己需要舍死向前,就算是敬,也须向难处力加持守,并不能说只有提出克己,才能表现出朱子是不怕"犯手脚"而主张着力去做的。另有一条"圣人所以下个'克'字,譬如相杀相似,定要克胜得他! 大率克己工夫,是自着力做底事,与他人殊不相干",钱穆先生的引用并不完全,此乃是截取自周明作所录"元翰问"一段。④ 这一段的起因乃是李元翰问克己。周明作所录在绍熙三年壬子以后。而《文集》卷五九中有《答李元

---

① 《全书》,第23册,第2946页。
② 以上书信的写作时间参考陈来先生《朱子书信编年考证(修订版)》,生活·读书·新知三联书店,2011年。
③ 《全书》,第22册,第2335页。
④ 《全书》,第15册,第1449页。

翰》,观其内容应该在此条问答之后,①而其中对于克己却有另一番说法:

> ……盖仁是此心之德,才存得此心,即无不仁。如说克己复礼,亦只是要得私欲去后,此心常存尔,未说到行处也……故学者须是此心常存,方能审度事理。如其不然,则方寸之间自无主宰,亦不复能审度可否而行所当行矣。此孔门之学所以必以求仁为先,盖此万理之原,万事之本,且要先识认得、先存养得,方有下手立脚处尔。②

"存得此心,即便是仁",看来这一句本是李元翰所说,而朱子评价"甚好",而说前日所云,可见当面问答时已有此语。朱子不但认为,才存得此心,即无不仁,而认为克己复礼,亦只是为了私欲去后,此心常存。便是以主敬存心为克己之目的。③ 朱子之后又说存心而有主宰才能审度事理,似乎又是以敬为克己之前提。在涉及存心的问题上,周明作另记有一段,④也是问"存得此心,便是仁",其中朱子说"**此心不存,合视处也不知视,合听处也不知听**",可以想见,若不以主敬存心为前提,视听言动之间,也不知哪个该克,哪个该存。所以弟子问莫在于敬否,而朱子说"常唤醒此心便是",便是把求仁之方归到敬上去。在《朱子语类》中,朱子以存得此心便是仁的说法还有好几处。⑤ 如果说朱子的工夫重心从敬转到克己,那么在主敬行恕与克己复礼之间,朱子应该明显地以克己为主要的求仁方法,即所谓"心法之要"。但《语类》中亦有一些明确提到求仁之方以敬为主的说法,也发生在朱子62

---

① 陈来先生在《编年考证》中说"朱子所说前日之云即当明作所录朱子与元翰问答也。《语录姓氏》周明作壬子后所闻,故此书作于壬子后"(第358页)。

② 《全书》,第23册,第2815—2816页。

③ 其实,这个思想早在《克斋记》中也如此说。《克斋记》云:"以至于一旦豁然欲尽而理纯,则其胸中之所存者,岂不粹然天地生物之心,而蔼然其若春阳之温哉?"(《全书》第24册,第3710页)

④ 《全书》第14册,第255页。

⑤ 《语类》有潘时举所录"敬之问:仁,人心也"一条(《全书》第16册,第1910页)、叶贺孙所录"蕫卿问:孟子说求放心"一条(第1916—1917页),还有不知记录者的一条中,也有"心自是仁底物事,若能保养存此心,不患他不仁。孔门学者问仁不一,圣人答之亦不一,亦各因其人而不同,然大概不过要人保养得这物事"的说法(第1911页)。

岁以后,例如:

> 百行万善,固是都合着力,然如何件件去理会得!百行万善摠于五常,五常又摠于仁,所以孔孟只教人求仁。**求仁只是"主敬"**,"**求放心**",若能如此,道理便在这里。方子。拱寿同。①

此条为李方子所录,且标注"拱寿同",即董拱寿亦有此录。董拱寿所录均在甲寅(1194),李方子所录是戊申(1188)以后所闻,故此条出自甲寅可能性大。甲寅即绍熙五年朱子65岁时,按照钱穆先生的说法,朱子此时已经确立克己为新的工夫重心,若如此,为何又会以求仁只是主敬呢?可见,朱子对于以敬为求仁之主要工夫的说法,总体上一直是认可的。② 朱子早在《敬恕斋铭》中也说"为仁之功,曰此其极,敬哉恕哉,永永无斁"③。其实,朱子长期以来认为克己与敬不异,例如杨道夫录有:"圣贤言语,大约似乎不同,然未始不贯。只如夫子言非礼勿视听言动,'出门如见大宾,使民如承大祭','言忠信,行笃敬',这是一副当说话。"④而在《集注》所引用的程子"由乎中而应乎外,制于外所以养其中"的说法,则完全被朱子用来当做持敬之方在与何叔京之间的辩论中使用。⑤ 我们今天看到朱子后来讨论克己与敬的差异,就认为二者完全不同,反而是忽略了二者之间的相同点。

---

① 《全书》,第14册,第254页。
② 《语类》中还有:"先生语诸生曰:'人之为学,五常百行,岂能尽常常记得?人之性惟五常为大,五常之中仁尤为大,而人之所以为是仁者,又但当守"敬"之一字。只是常求放心,昼夜相承,只管提撕,莫令废惰;则虽不能常常尽记众理,而义礼智信之用,自然随其事之当然而发见矣。子细思之,学者最是此一事为要,所以孔门只教人求仁也。'"(《全书》第18册,第3833页)此条与方子所录内容类似,都提到五常百行以仁为总,都以敬为求仁之方,而特别提到"求放心"。这一段的记录者有所争议,中华本记为李闳祖所录,全书本和上古《朱子语类汇校》则标为李壮祖所录。李闳祖所录全在《池录》卷五,然而上古点校本《池录》卷五却未检到此条,故不能确认年份。似以壮祖所录为佳。但应该与甲寅相去不远。
③ 《全书》第24册,第3992页。《敬恕斋铭》有序曰"莆阳陈师中读书之室,新安朱熹题以'敬恕',且为之铭",陈师中乃陈俊卿之子,而据年谱,朱子淳熙十年访陈俊卿,居仰止堂,或作于此时。
④ 《全书》第14册,第367页。
⑤ 《答何叔京》二十三,《全书》第22册,第1833页。

二、"克己"能否替代"敬"?

除了检讨文献依据以外,我们还需要对克己与敬的义理关联做细致的分析。敬究竟是否可能被克己替代?乐爱国、陈昊基本认同钱穆先生将克己代敬的过程分为五个阶段的说法:"在第一第二阶段,朱子沿袭二程而推崇敬,敬的工夫具有根本性、日常性,具主要的必要的工夫地位;克己工夫亦渐渐脱离敬的笼罩,摆脱初浅的从属辅助地位,而由临时突发之工夫地位趋向独立,即基本达到与敬、致知三足鼎立的地位……第三阶段……克己与敬各自在朱子心中地位,较前两阶段已显著反转……第四阶段朱子对克己与敬两种工夫的不同考量,'故欲人审己而自择'……第五阶段朱子推重克己,强调克己虽高且难,仍要求学者不可不勉;持敬虽可以有得,却只是或然性而无万全的必然保证……显然克己才是无可替代,在此意义上,克己替代敬成为朱子的核心工夫主张……此可谓朱子关于克己与敬地位之定见。"

应该说,朱子对于克己工夫的理解确实有前后之不同。所谓第一、二阶段中"初浅的从属辅助地位"的克己,显然是一种初学[①]下手功夫,而最终"替代"了敬的那个克己,则是指将私欲病根彻底断尽。对于后一种克己,钱穆先生引用了很多语录加以证明,但对于它在工夫实践中的地位,以及与初学下手的克己之间的关系则丝毫没有说明。朱子《集注》曰"克,胜也",所谓净尽、除尽、杀贼之类,乃是天理对于人欲之彻底胜利。在这个意义上说克己是朱子学的全部工夫,亦不为过,甚至可以说是道德修养乃至精神修炼的最终法则。如果以克己为对人欲的最终胜利,则克己不仅应该替代敬,也应该替代致知、省察等,成为工夫之总名与最终目的。而这种"替代"实际上不是"替代",而是一种"囊括"。因为这时我们可以设定"敬"为实现"克己"的一个步骤和手段。但从钱穆先生以及乐爱国、陈昊对于"以克己代

[①] "颜子闻'克己复礼',又问其目,直是详审。曾子一唯悟道,直是直截。如何?"曰:"颜子资质固高于曾子。颜子问目却是初学时;曾子一唯,年老成熟时也。谟。"(《全书》第15册,第1461页)

敬"的理解,克己与敬,似乎仍分属两种不同的工夫方式,二者是并列关系,可以随人自主选择(第四阶段),只是选择持敬者也仍需要另做克己之功(第五阶段)。当然,以对立而不是囊括的方式来理解二者关系,是符合朱子所谓"乾道坤道、高下浅深"的讨论方式的。然而,既然是乾坤二道,则应该互补,而不是替代。所以我们认为,克己与敬,在作为两项工夫的意义上是不可言替代的。

我们之所以认为不能言替代,乃是因为作为彻底克去己私的克己,是很难直接成为初下手的工夫的。因为这种克己既然意味着人欲之断尽,就不仅仅是压伏人欲的暂时表现,而是彻底拔除之。压伏人欲之暂时表现,也通常被理解为是克己的内容,而且正是颜子"请事斯语"的内容。这两种克己,其实钱穆先生也都提到了,也就是"克己复礼"与"克伐怨欲不行"。在某种人欲发作时,即能断除之,而永不复现,这是一种顿修。我们虽然不能排除其可能性,但毕竟与朱子主张渐修的性格不符。而既然颜子之贤也需要四勿,那么一般学者更不可能在下手时就彻底断得人欲的病根。明道见猎心喜,也说明断尽私欲之难。因此不得不说,凡初下手之克己,都只能是压伏私欲的克己。而经过主敬穷理、静存动察的工夫,在知至意诚以后才可能将私欲彻底断却。压伏私欲的克己不是钱穆先生所认为能替代敬者,而断尽私欲之克己又不能替代敬成为下手工夫,因此无论如何,克己都不能替代敬。

从另一个角度来看,既然要压伏私欲之暂时表现,也就是着力使此心远离人欲,朝向天理,这其实也就是敬。敬是主一无适,为了做到主一无适,学者必须压伏私欲之现行。例如若要涵养于未发,就需要克制思虑纷扰,若不克制这些纷扰,此心就始终处于已发,无法涵养。在这个意义上我们可以说若不克己就不能敬。而另一方面,不敬就不能克己。首先,因为既然要伏私欲之现行,也别无巧法,只是回归此心之符合天理的状态而已。按照朱子的说法,没有同时既是天理又是人欲之时。此心不是私欲时,就是天理,而是天理时,就不是私欲。敬就是唤醒,保持惺惺的警觉状态,在这个意义上,克己必在于敬。再者,只有专一于心之本体,才能审度权衡,我们的判断力才能分辨清楚什么是天理,什么是人欲,才能下手去克。对于不敬则不能克己这一点,钱穆先生特别点出"若误会以为必先主敬而后能克己,则恐于朱子对此一问题之精意所在,仍有走失"①。但克己的前提显然在于对于天理人欲之分判有所明见。而要做到这种明见,又要先穷理。但"未有致知不在敬者",穷理又以敬为前提。朱子曾说敬是"一心之主宰,万事之本根"②,主敬穷理,就是前文所引《答李元翰》中所谓"先识认得、先存养得"的意思。可见,断尽私欲之克己也需要以敬为前提。最后,克去之后,战胜私欲又意味着保持胜利的状态。正如《答李元翰》所说,也还是此心常存,令其不间断而已,这又是敬。这也就是所谓"保任法",也即明道所说"以诚敬存之"。在没有断尽私欲的情况下,也还是要保任。就像杀贼不净,且须防贼,不能说只一味追杀。可见,若想以克己为独立于敬的另外一套功夫,又不许敬在其中起作用,实不可能。所以,朱子才说敬"自是彻头彻尾要底":

> 林安卿问:"克复工夫,全在'克'字上。盖是就发动处克将去,必因有动,而后天理人欲之几始分,方知所决择而用力也。"曰:"如此,则未动以前不消得用力,只消动处用力便得。如此得否?且更子细。"次早问:"看得如何?"林举注中程子所言"'克己复礼'乾道,'主敬行恕'坤道"为对。曰:"这个也只是**微有些如此分**。**若论敬,则自是彻头彻尾要底**。如公昨夜之说,只是发动方用克,则未发时,不成只在这里打瞌睡蒙懂,等有私欲来时,旋捉来克!如此得否?"又曰:"若待发见而后克,不亦晚乎!发时固是用克,未发时也须致其精明,如烈火之不可犯,始得。"僩。③

钱穆先生本也引用此段,但他却得出结论说"克己工夫入细,则敬字工夫亦包括在内""已发未发浑然一体,敬字工夫即已在内"④。林安卿只从已发省

---

① 钱穆:《朱子新学案》第2册,九州出版社,2011年,第460页。
② 《大学或问》卷上,《全书》第6册,第506页。
③ 《全书》,第15册,第1450页。
④ 《朱子新学案》第2册,第459—460页。

察来说克己,固然是偏狭了,而说克己工夫融未发已发浑然一体,也固然不错。但从此段来说"敬"被包括在"克己"之内,则不然。虽然我们前面也提到一种囊括敬在内的克己,但却不是在此段这个意义上说的。这里所说,无非是动静一如的意思,未发的克己,其实也就是静中知觉的警觉状态而已。所以从此段来看,与其说克己囊括敬,还不说**这里的克己就是敬**! 如烈火之不可犯之说,钱穆也也提到朱子尝言持敬须使此心常如烈火不可犯①,可见此处只是功夫名称的替代,而其原理则仍然与敬相同。对于朱子来说,最关键的还是无时不做功夫,也就是无间断:

> 问:"注云:'天地之化,往者过,来者续,无一息之停,乃道体之本然也。其可指而易见者,莫如川流,故于此发以示人。'其反而求之身心,固生生而不息,气亦流通而不息。二者皆得之于天,与天地为一体者也。然人之不能不息者有二:一是不知后行不得,二是役于欲后行不得。人须是**下穷理工夫,使无一理之不明;下克己工夫,使无一私之或作。然此两段工夫皆归在敬上**,故明道云:'其要只在慎独。'"曰:"固是。**若不慎独,便去隐微处间断了**。能慎独,然后无间断。若或作或辍,如何得与天地相似!"广。士毅录云:"此只要常常相续,不间断了。"集注。

这一段是辅广所录,乃是丙辰冬丁巳春竹林精舍所闻,即朱子67、68岁时。尽管这里所谓穷理、克己"两段工夫皆归在敬上"不是朱子自说,但朱子却能肯认之。而所谓"归在敬上",却可以又两种解读,一种是说以敬为穷理、克己之前提,穷理归到敬,则是心定理明;克己归到敬,是此心常存而后权审精良。一种是以敬为穷理、克己之归宿,则是理明心定、此心常存。朱子其实对这两种说法都能认可。而关键在于无间断地慎独。若以克己代敬的标准来看,恐怕应该说朱子之工夫论在67、68岁间又有转变,又以慎独代克己了。所以,克己与敬实不能是相互替代的关系。

---

① 《朱子新学案》第2册,第459页。

三、论工夫重心调整：敬是消极的吗？

尽管前面我们引用了很多书信材料，证明朱子在60岁以后仍然以主敬穷理教人，而且通过分析克己与敬的关系，得出了二者不是替代关系的结论，但《集注》和《语类》中对于克己复礼、主敬行恕之间乾道坤道、高下浅深的差异，也是事实上存在而不可以无视的。此外，在目前所见的一些朱门弟子的文集中，也有反映出继承朱子这种分判的材料。例如黄榦在汉阳军学的讲义中，论《孟子》"养心莫善于寡欲"章，就以孟子之寡欲等同于颜子之克己，以孟子之操存等同于仲弓之敬恕，而比较二者之浅深。[1] 陈淳《北溪大全集》卷七整卷都是关于《论语·颜渊》论仁的讨论，其中有一篇《颜渊仲弓资禀》详细讨论了颜冉工夫之浅深，又可以看做是对朱子《集注》的注脚。[2] 又赵顺孙《四书纂疏》引蔡氏曰："克己复礼，是己与天对，做得到便纯是天；持敬行恕，是己与人对，做得到犹是人。以效言之，亦有不同。颜子底便可天下归仁，其应广而速；仲弓底只可邦家无怨，其应狭而缓。"[3] 又胡炳文《四书通》引厚斋冯氏曰："《左传》云：'仲尼曰："古语有之曰：'克己复礼仁也。'"'盖古有此语，唯颜子可以从事于此。又曰：'出门如宾，承事如祭，仁之则也。'亦古有此语，唯仲弓可以语之。盖克己复礼，身即仁也；主敬行恕，推之也。颜冉之高下，于此可见。"[4] 又《四书大全》引陈埴《木钟集》曰："颜子工夫，索性豁开云雾，便见青天，故属乾；仲弓工夫，着力

---

[1] "……出门如宾，承事如祭，夫子之告仲弓操存之谓也；非礼勿视、非礼勿听、非礼勿言、非礼勿动，夫子之告颜渊寡欲之谓也。二子之问仁则同，而夫子告之之异者，岂其所到固有浅深欤？高城深池、重门击柝，固足以自守矣，内奸外宄、投隙伺便，一有少懈而乘之者至矣。良将劲卒，坚甲利兵，扫除妖氛而干清坤夷矣。此孟子发明操存之说，而又以为莫善于寡欲也。"（《勉斋先生黄文肃公文集》卷二五，元刻延祐二年重修本）

[2] 《北溪大全集》卷七，清文渊阁四库全书本。

[3] 《四书纂疏》引三蔡氏之说：节斋蔡氏（蔡渊）、九峰蔡氏（蔡沈）、觉轩蔡氏（蔡模）。而谓"若三蔡氏则一门之言，更不别异"。《四书大全》因之，亦不标明。因此我们不能确切知道此段竟为谁家之言。但《纂疏》所引三蔡氏之书中，仅蔡模有《论语集疏》与《论语》有关，故此段出自蔡模的可能性较大。蔡模《论语集疏》不传，仅赖《纂疏》以见若干段落。

[4] 厚斋冯氏，即冯椅，字奇之，一字仪之，号厚斋，南康军都昌县（今江西）人。绍熙四年（1193）进士。《朱子别集》卷六有《答冯仪之书》。见《朱子门人》，第252页。

淘尽泥沙,方见清泉,故属坤。此处最难认,须细心玩圣贤气象便会得。"这些弟子的说法,都继承自朱子对颜冉做乾道坤道之分判,而又各自略有发明。总之,从这些材料来看,朱门的主要弟子,对于朱子的这个观点又是非常了解的。

朱子提出颜冉之间乾道、坤道的差异,应该说并不是想要以乾道"替代"坤道。本来乾道坤道是相辅相成的,不能互相替代。尽管有高下浅深之别,但朱子显然明白当机的重要性。在司马牛问仁章的注中,朱子就说:"盖圣人之言,虽有高下大小之不同,然其切于学者之身,而皆为入德之要,则又初不异也。"当欧阳谦之以为孔子答樊迟等弟子问仁并非以仁之义理告之,只是为其为仁安立一个初步的基础时,朱子则认为如此"看得大有病",说"告樊迟三语便与告颜子、仲弓都无异,如程子曰'此是彻上彻下语',安得谓姑为之安立根脚乎?"①可见,不仅告仲弓、司马牛者应不异于告颜子者,连告樊迟等亦应不异。当然,若说这种"替代"不是弃之不用,只是工夫重心之调整,则合理性增强许多。若告颜子者是乾道,告仲弓者是坤道,可说告樊迟等人则是六十四卦,皆为易之变化,但毕竟以乾坤为主。乾道意味着刚健果决、奋发有为,坤道意味着柔顺收敛、静重持守。朱子对二者之间的差异还有更为形象的概括,认为克己如除草、杀贼,敬如灌溉、防贼等等,都已为钱穆先生所引用。而现在的问题是,在乾坤之间,朱子是否更欲以乾道"替代"坤道为工夫之重心和宗旨?具体来说,之所以在乾坤中取乾舍坤,乃在于敬作为坤道有一些缺点:"敬的工夫暴露出'养在这里''涵养得到一步,又进一步'的保守性,朱子已觉不满,尤其敬的工夫存在'无所见'或'见不透'等弊病,缺少'天理人欲分辨'等道德认知准备(也即敬与格致工夫的配合或出现脱节),从而流为'死敬''呆敬'。"与克己复礼的"至明至健"相比,自然要沦为第二等工夫了。

敬的所谓弊病集中在"保守性"这一点上,而其实可以从两个方面来理

---

① 《答欧阳希逊》,文集卷六十一,《全书》第23册,第2954页。此信诸家考证在庆元二年丙辰(1196)朱子67岁时。见陈来先生《朱子书信编年考证》,第422页。

解,也即从乾道的两个特点来看,"至明"和"至健"都似乎是保守的敬所缺乏的。我们先来看所谓"至明"。朱子说"非至明不能察其几",即认为克己本身已经蕴含了对天理的某种明察,只有在明察天理的情况下才能克己,否则若是错把天理当做人欲克去,或者认欲为理而不知克,都是不可以的。可见克己需要明。但问题是,克己所需要的"明",是下克己工夫所带来的呢,还是需要有别的工夫来作为其前提的呢? 显然是后者,在朱子的工夫体系中,"明"显然意味着要先穷理,所以朱子会说克己之功乃是知至以后事。①若如此,其实不仅敬可能与格致出现脱节,克己也可能会脱节,因此若以敬本身不带来道德认知(即"明")来说明敬的劣势,而需要被调整重心的话,克己实则也面临同样的问题。我们知道,敬与穷理的关系是复杂的,在穷理之前需要主敬涵养,而穷理以后也还需要主敬涵养。若以克己代敬,那并不只是需要处理克己与敬的关系,也还得对克己与穷理的关系进行一番说明才行。可见这并非不是一个复杂的问题。此外,若以克己代敬作为工夫之重心,也并不仅仅涉及与穷理的关系而已。因为"敬"本身并不只有一种意涵而已。若以克己代敬,那么所替代的,是敬的每一个含义呢,还是只能替代其中某一个或一些含义呢? 敬在朱子的工夫体系中是全面地起作用的,敬不仅与穷理发生关联,还与立志、省察等等都发生关联。例如朱子认为《大学》的八条目中都有敬,敬是成始成终、彻上彻下的。对于敬的替代是牵一发而动全身的事情。克己能够代替敬而成为贯穿《大学》工夫规模次第的工夫吗?

至于"敬"是否只能与"无所见"或"见不透"相联系,也是值得考虑的。这一点一直是对于敬的诟病。也就是说,敬是盲目的,敬不涵摄理则,而只有收敛、贞定的"助缘"效果而已。敬是否一定不"明"呢? 朱子的确说过,敬只管据见在的道理持守,是非犹未定,不能开发新知等等,但其实,朱子

---

① 或问:"知至以后,善恶既判,何由意有未诚处?"曰:"克己之功,乃是知至以后事。'惟圣罔念作狂,惟狂克念作圣'。一念才放下,便是失其正。自古无放心底圣贤,然一念之微,所当深谨,才说知至后不用诚意,便不是。'人心惟危,道心惟微',毫厘间不可不子细理会。才说太快,便失却此项工夫也。"(《全书》第 14 册,第 486 页)

也经常把敬与明联在一起说！从"未有致知不在敬者"而言，敬则精专、聪明睿智皆由此出，都是朱子所认可的。朱子自己也经常说"人常恭敬，则心常光明"①，"敬是个莹彻底物事"②，"敬则便自见得一个是非"③，"敬譬如镜"④，是"分明底一，不是鹘突底一"⑤。所以朱子说"敬则天理常明，自然人欲惩窒消治"⑥，又说：

> ……程先生说"敬"字，只是谓我自有一个明底物事在这里。把个"敬"字抵敌，常常存个敬在这里，则人欲自然来不得。夫子曰："为仁由己，而由人乎哉！"紧要处正在这里！铢。⑦

可见，以敬为明的前提也是非常清楚的。以敬不涵摄理则的观念，也并不为所有人接受。杨儒宾的《主敬与主静》一文，对敬的理解就与流行观念完全相反。杨儒宾认为程朱之所以以"敬"代"静"，就是因为"静"只能停留在操作意识功能的层面，而"主敬是带主智导向而具行为理则的静坐"。杨儒宾认为主敬和"格物穷理"有本质的关联。⑧ 敬则明，明则能克己，因此敬与克己之间的关系也甚明确。如何以敬便必为死敬，呆敬呢？自有活敬在。

敬作为坤道，乃由于其专一收敛、保固翕聚的性质，《左传》即有"敬者，德之聚"之说。但我们从敬则明的例子中已经看出，敬不只有黑的虚静，也有白的虚静⑨，因此我们可以问，敬是否只是一味地向内收敛，而没

---

① 《全书》第14册，第372页。
② 《全书》第14册，第442—443页。
③ 《全书》第14册，第611页。
④ 《全书》第16册，第2326页。
⑤ 《全书》第17册，第3164页。
⑥ 《全书》第14册，第372页。
⑦ 《全书》第14册，第367页。董铢所录在庆元二年丙辰(1196)朱子67岁时。这里朱子用"为仁由己"来说持敬求仁，与以克己代敬之说可见很不相同。
⑧ 杨儒宾：《主敬与主静》，《东亚的静坐传统》，台大出版中心，2012年，第129—159页。
⑨ 《全书》第17册，第3800页。

有向上的、积极的一面？敬虽然是以收敛为主,是否也可以成为"至健"的前提？敬是一种收敛不错,但敬也应该意味着一种提振、一种能克服向下怠惰倾向的向上力量。敬作为收敛,并不意味着一潭死水,而是始终保持着警觉。这种警觉,便是向内收敛之工夫同时所具有的能够向外发散的功效。这便是"静中有动",复见天地之心。动静之间、阴阳之间有所谓"互为其根""阴根阳,阳根阴"的交互关系。一动一静,一阴一阳,这样周而复始的运行,显然不只是一种对于宇宙万物之现象的描述,也都用来类比德性。朱子晚年很重视将仁义礼智四德与元亨利贞结合起来看,①元亨利贞固然是四种,但是归结为发散与翕聚两个倾向。② 而在这两个倾向之间,不翕聚则不能发散,不贞则无以为元。也就是说,在两个相对立的范畴之间,其性质是可以互相转化的。故朱子也尝引"古语云:'反者道之动','谦者德之柄','浊者清之路,昏久则昭明'"③。这在乾坤、健顺之间也是适用的。在《答李元翰》中,朱子提到仁"毕竟本是个温和之物",温厚和粹才是仁之本意。④ 而我们看到,克己作为杀贼之道,是如此的刚直,其刚健果决的形象似乎仍与温和冲粹之气有所不同。朱子说:"若晓得此理,便见得'克己复礼',私欲尽去,便纯是温和冲粹之气,乃天地生物之心。其余人所以未仁者,只是心中未有此气象。论语但云求仁之方者,是其门人必尝理会得此一个道理。"⑤可见对于克己工夫来说,正克己时是刚健果决,而私欲尽去以后,才是温和冲粹气象,便是前面所说的克己之后,此心常存,可见又是克己转化为敬。对于敬恕,朱子有《敬恕斋铭》曰:"己所不

---

① 参见陈来:《朱子思想中的四德论》,《哲学研究》2011年第1期,第26—33、44、128页。
② 朱子对这两个倾向之间交替运转之妙的观察有特别独到的体会,可参考《调息箴》,《全书》第24册,第3997页。
③ 《文集》卷五三,《答胡季随(所喻两条)》,《全书》第22册,第2525—2526页。此书为甲寅所作。
④ "仁出来发用时有许多般,须得是非、辞逊、断制三者,方成仁之事。及至事定,三者各退,仁仍旧温和,缘是他本性如此。人但见有是非、节文、断制,却谓都是仁之本意,则非也。春本温和,故能生物,所以说仁为春。"(《全书》第14册,第255页)所谓克己,从用功之方来看,显然包括有是非与断制。
⑤ 《全书》第14册,第253页。

欲,勿施于人,以是行之,与物皆春。"敬虽然是收敛保固,但正可以以此为起点,走向温厚和粹之气象,①所以敬真的可以为仁。而之所以会有这样的反转,乃是因为收敛贞藏,不是别的,正是复归事物的本然状态。②《文言》曰"贞者,事之干也"。早年杨方录有这样一条:"问:'咸传之九四,说虚心贞一处,全似敬。'曰:'盖尝有语曰:"敬,心之贞也。"'"③咸卦九四所谓虚心贞一,便是心之本体,鉴空衡平之正。程传的解释很符合"一"的辩证法。专于一隅一事曰滞;贞一则所感无不通。④ 敬之收敛,实际上相当于"圣人以此洗心,退藏于密",只是未见于用,却能够发挥出许多大用来。由此可见,收敛保固、贞藏翕聚,虽然有其"保守性",却并不是敬的缺陷,反而是敬的优点。应该说,克己虽是乾道,但刚健制断却不是仁之本意;而敬恕虽是坤道,但其所畜藏之生意则时刻准备显发出来。所以乾元、坤元二者实不可以偏废。

四、结　语

综上所述,若说朱子晚年的工夫重心有所谓重大的调整,以克己代敬,无论从文献角度,还是从义理层面,都难以完全成立。而高下浅深之判,也并不能意味着朱子放弃了敬的工夫。克己与敬有许多互补之处、相似之处,

---

① 此与老子不同。《语类》有:"问'反者,道之动;弱者,道之用'。曰:'老子说话都是这样意思。缘他看得天下事变熟了,都于反处做起。且如人刚强咆哮跳踯之不已,其势必有时而屈。故他只务为弱。人才弱时,却蓄得那精刚完全;及其发也,自然不可当。故张文潜说老子惟静故能知变,然其势必至于忍心无情,视天下之人皆如土偶尔。其心都冷冰冰地了,便是杀人也不恤,故其流多入于变诈刑名。太史公将他与申韩同传,非是强安排,其源流实是如此。'广。"老子从冬、贞而流于刻薄,而朱子却说与物为春,取庄子义。陈荣捷《朱子新探索》有《老子亦有所见》一节(第624页),引用下面这个条语录,则又不同:"仁是个温和柔软底物事。老子说:'柔弱者,生之徒;坚强者,死之徒。'见得自是。看石头上如何种物事出!'蔼乎若春阳之温,泛乎若醴酒之醇。'此是形容仁底意思。"

② 关于"贞"与本体的关系,日本朱子学有所谓"智藏说"值得参考。朱子早年虽有"敬则心之贞"之语,而义理上也很重要,但后来却没有继续展开论述,到晚年将四德比于元亨利贞时,则又提出贞是智的说法。日本朱子学者山崎闇斋提出"智藏说",也以贞藏与本体有关,相关内容可参考藤井伦明:《日本崎门朱子学的"智藏"论探析》,《中正汉学研究》2016年第1期,第191—210页。

③ 《全书》第16册,第2420页。

④ (宋)程颢、程颐《二程集》,中华书局,1981年,第858页。

甚至内涵完全一致之处。应该说提出克己,是将敬所内涵的积极主动的因素加以提出、发挥和强调。在这个意义上,克己的重要性的上升,完全可以放在"主敬、穷理、力行"的框架之中来理解。因此黄榦、李方子在作《行状》和《年谱》时才并没有特别以克己为工夫之首出者。若说朱子对主敬有所不满,应该说只是不满将其理解为纯粹内敛、守成,缺乏积极进取开拓的一面。① 其实所谓以克己代敬,只是强调"力行"而已!应该说,朱子经过多年的主敬工夫,心中之私欲已经奄奄一息,所以对于朱子来说,已经到了总决战的时候,这或许是朱子晚年越来越重视克己的"断尽"一面的理由。但学者不能以为一克己就可以断尽私欲,就不重视持敬、穷理的工夫了。朱子晚年工夫论述的这种"转变",表现出朱子几十年如一日不懈怠,甚至愈加果决、愈加严格的工夫态度,不仅不是替代敬,甚至应该说是长期持敬之效果。至此,我们以"克己代敬"问题为例,对朱子工夫论的晚年转变问题做了进一步的探讨。应该说,朱子晚年不存在工夫论的转向或重大调整,只有工夫的深入、圆成和应机设教,体现出了朱子思想的深邃与活力。

---

① 《语类》有余大雅所录一段:"今说此话,却似险,难说。故周先生只说'一者,无欲也'。然这话头高,卒急难凑泊。寻常人如何便得无欲!故伊川只说个'敬'字,教人只就这'敬'字上捱去,庶几执捉得定,有个下手处。纵不得,亦不至失。要之,皆只要人于此心上见得分明,自然有得尔。**然今之言敬者,乃皆装点外事**,不知直截于心上求功,遂觉累坠不快活。不若眼下于求放心处有功,则尤省力也。但此事甚易,只如此提醒,莫令昏昧,一二日便可见效,且易而省力。只在念不念之间耳,何难而不为!大雅。"(《全书》第14册,第370页)周子之无欲,与克己之断尽私欲也有关系。朱子所不满的敬,应该是"装点外面"的敬。

朱子后学融合儒道的政治动因与思想脉络
——以真德秀的青词写作活动为核心

周　密(浙江古籍出版社)

徐东舜(浙江财经大学马克思主义学院)

内容摘要：朱子学在中国思想史上具有重要地位。真德秀在朱子学的世俗化与官方化进程中扮演了重要角色。若以真德秀的青词写作活动为中心，可更好地诠释为何朱子学世俗化与官方的重要特征是融合儒道。一方面，这源于宋代皇帝崇道以及庆元党禁时期的一些特殊政治生态。另一方面，这也是真德秀在鬼神观、祭祀观层面对朱熹理学的发展，他在保证儒家理论优先性与权威性的基础上进一步提升了道教的地位，将道教阐释为对儒家学说的补充运用。

关键词：朱子后学；真德秀；朱熹；青词

朱子学在中国思想史上的地位举足轻重，它在很长一段时间内都是官方哲学，被视为儒学正宗。真德秀作为朱门私淑弟子，在朱子学世俗化与官方化的进程中扮演了重要角色。本文将以真德秀的青词写作活动为核心，尝试表明：朱子后学将朱子学世俗化与官方化的"融合儒道"这一特征既关涉宋代皇帝崇道的特殊政治背景，又一定程度上内在地潜藏于朱子理学的思想之中。[1] 将真德秀的青词写作活动作为本文的切入点，是出于两个方

---

[1] 严格来说，朱熹自己的思想中就有不少道家道教的成分，这方面，国内许多知名学者已经作了考察。不过，真德秀对道教的融合与认可比朱熹甚至更进一步，本文将要尝试展现的一点便是：真德秀与朱熹之间的这种差异不仅是真德秀本人仍一定程度上外在于朱子学嫡传的表现，亦是当时的政治大环境所趋。

面的考虑:一方面,真德秀是朱子后学的代表人物之一,对朱子学的世俗化与官方化起到了很大的作用,值得作为案例来研究;另一方面,真德秀不仅为官方活动写青词,也为其个人事务进行青词写作,这就既从宏观的、社会的层面体现了他如何顺应宋代崇道的政治环境,又从其个人的角度折射出理学家对道教思想的接受与应用状况。本文将分为三块内容来考察:首先,给出真德秀融合儒道的政治动因之刻画,这部分先勾勒宋代皇帝崇道的特殊背景,再将青词写作与相关的政治实践勾连起来,并在此基础上简要刻画真德秀从事青词写作时所处的政治环境;其次,以鬼神观、祭祀观这两个事关青词写作之合理性的问题为线索考虑青词写作在何种意义上折射出了真德秀对朱熹学说的改变,即真氏如何进一步融合儒道;最后,以祭祀的秩序、儒道地位之差两个问题为线索考虑真德秀如何在朱子学的框架下给出道教活动的合理性之限度。

一、政治动因:宋代崇道风气及其政治实践

宋代统治者的崇道风气在宋代引起了一系列政治活动,以青词写作为线索可较好地考虑统治者对道教的推崇如何作为一种政治实践而影响到士大夫阶层的生活,尤其是如何对理学家有所影响。此外,值得关注的一个重要问题就是真德秀青词写作活动关涉庆元党禁的特殊政治环境,这一环境的思想史意义亦将在这一线索下得到一定的阐明。

青词写作在宋代的兴盛根本上源于宋代统治者神道设教、劝善安民的需要。早期的道教如五斗米道等教团和统治政权有过对立,但道教发展的总体趋势则是不断向统治集团靠拢,道教的科仪日益向君王祈福禳灾、祭祀天地的活动靠拢,并逐步为官方所接纳。到了宋代,道教的政治化特点更是明显,甚至被称为是"御用道教",[①]成为宋代统治者神道设教的重要手段。这方面较为典型的如:宋太祖赵匡胤一早便借助道教的谶言为其即位做舆

---

① 石涛:《宋代的御用道教》,《山西大学学报(哲学社会科学版)》1998年第4期,第57—61页。

论宣传,说道士陈抟一早就预言赵匡胤将成为天子;宋太宗则修复宫观、选拔道官,甚至在政治上提出以道家思想治国;真宗更是自导自演"天书事件",不惜人为制造祥瑞来提高自身威望;徽宗、高宗、孝宗、理宗等则多次举办禳灾安民、祈雨求晴的地方科仪。要言之,宋代统治者将道家的社会文化功能作为儒家统治的补充,实现其政治目的:既要弥补其得国不正的缺憾,又要掩盖抗金不力的事实,还要安抚民众情绪,稳定自身统治。因此,宋代帝王对道教的崇奉在当时构成了一种政治导向,对社会产生了较为广泛的影响。青词写作则是有宋一代举行道教科仪活动时的重要环节,宋人程大昌《演繁露》中提到:"今世上自人主,下自臣庶,用道教科仪奏事于天帝者,皆青藤朱字,名为青词绿章,即青词,谓以绿纸为表章也。"①由此可见,青词写作在宋代的盛行与统治者的推动密不可分,已经构成了一种社会现象。

宋代士大夫亦频繁地进行青词书写,这一活动折射出他们对统治者的迎合心理。一般而言,这种迎合呈现两种方式。其一是:在统治者的喜好与政令推动下,宋代士大夫广泛地参与官方政治祠祭活动,受命为君主进行青词书写。其二是:地方官员与祠禄官员在地方上负担起管理道教科仪的职务,会为地方的民众书写科仪所需的青词。前者往往意味着馆阁之臣对统治者的迎合,他们不仅要代君作文,亦时常受命主持科仪或陪同君主参加科仪活动;后者则多指向地方官员在处理政务时对统治者的迎合,他们往往会在祈福禳灾的同时书写青词来盛赞皇恩浩荡。与道士所作青词相比,宋代士大夫所作青词大多辞藻华丽、文学水平较高,在客观上加快了青词文学化的进程。欧阳修就曾在《内制集序》中言:"今学士所作文尝多矣。至于青词斋文,必用老子浮屠之说;祈禳秘祝,往往近于家人里巷之事。而制诏取便于宣读,常拘以世俗所谓四六之文,其类多如此。"②除了欧阳修之外,苏轼、王安石、胡宿、周必大、秦观等人亦多有青词传世。这些由文人士大夫来

---

① (宋)程大昌:《演繁露》,《影印文渊阁四库全书》,第852册,上海古籍出版社,1989年,第144页。
② (宋)欧阳修:《文忠集》卷四三,《影印文渊阁四库全书》,第1102册,上海古籍出版社,1989年,第337页。

书写的青词又可称为"翰林青词",其特征乃是用词简练且典则庄严,在符合宗教规范的同时又符合为国家祈福,为君主扬教化的御用文体特色。

真德秀的青词写作不仅是士大夫写作青词的典型社会现象,而且勾连着庆元党禁时期的特殊政治生态对理学的影响。就其作为一种典型的社会现象而言,真德秀的青词写作是宋代词臣群体的典型职能。宋朝崇文风气极盛,不少著名词臣如洪迈、周必大等人都是通过词科入仕,真德秀亦是博学宏词科出身。庆元五年(1199)进士及第之后,真德秀曾拜谒傅伯寿,请教"作文之法"。① 嘉泰四年(1204),倪思亦曾点拨过真德秀,"以词科衣钵传之"。② 开禧元年(1205),真德秀参加词科考试,终得入等。词臣乃是朝廷一贯认可的精英知识分子,"草拟制书诏命,矜尚润色皇朝宏业的辞章之学"。③ 因此,真德秀的文学水平极高,所作青词亦辞藻华丽,无愧其词臣身份。真德秀当时所处的政治环境则关系到词臣与理学家的冲突。事实上,当真德秀为通过博学宏词科而奔走时,正是朱熹因为庆元党禁而失势之时。值得玩味的是,真德秀虽然在理学方面作出极大贡献,但就其当时的活动来看,他的词臣身份先于其理学家身份。④ 这种"先于"首先意味着真德秀一开始在政治立场上就倾向于词臣一派:一方面,点拨真德秀文章之事的傅伯寿、倪思二人在庆元党禁中追溯韩侂胄一派,与理学门庭有分野,而真德秀在党禁之时便与他们过从甚密,却未去拜谒朱熹;另一方面,真德秀本人词科入等时有一定波折,其中的人事关系也和韩侂胄党派有很密切的关联。⑤ 这种"先于"还意味着真德秀真正融入理学团体的时间是在其外任放官,开始地方社会生活的时候。⑥ 正是基于上述事实,真德秀对道教以及青词写

---

① 参见真德秀:《傅枢密集序》,《西山先生真文忠公文集》卷二七,《四部丛刊初编》本。
② (宋)周密:《齐东野语》卷一"真西山",中华书局,1983年,第12页。
③ 许浩然:《从词臣背景看真德秀与理学的关系》,《北京大学学报(哲学社会科学版)》2016年第5期,第141页。
④ 许浩然:《从词臣背景看真德秀与理学的关系》,《北京大学学报(哲学社会科学版)》2016年第5期,第141—144页。
⑤ 许浩然:《从词臣背景看真德秀与理学的关系》,《北京大学学报(哲学社会科学版)》2016年第5期,第143—144页。
⑥ 这尤其体现于真德秀建立西山精舍,讨论程朱之学的时段。

作的态度与朱熹有不同,以及真德秀对朱子学的复兴之中夹杂了许多他个人的,因而在黄榦等人看来是"外在"的观点,都是完全可以理解的。当真德秀提出复兴朱子学时,当时的特殊政治环境至少是部分地促使了真德秀个人对道教的接受,进而在朱子学的框架下又增添了更多的道教元素。当然,这并不意味着真德秀在进行青词写作时从未受理学思想的影响。事实上,早在上任南剑州判官一职之前,真德秀已经接受过詹体仁的教诲,登进士后又花费七年时间仔细研读朱熹的著作,①而且真德秀的青词写作亦带有非常鲜明的朱子学色彩。就此而言,虽然真德秀与黄榦等朱门嫡传讨论理学时实质上处于不同的语境,双方存在一定的隔阂,②但某种意义上来看,也只有真德秀这样既熟悉,但又一定程度上外在于朱熹嫡传的学者才能较好地推动朱子学的世俗化与官方化,因为这本身就意味着将朱子学"去地方化"。

综上,宋代统治者崇道的风气推动了一系列与道教有关的政治实践,影响到士大夫的生活。青词写作则是其中较为重要的环节。真德秀青词写作活动的典型性与特殊性之统一则具有双重意义:一方面,这是理学家与词臣群体、理学文化与词臣文化的融合;另一方面,这折射出朱子学世俗化进程中的儒道融合趋势。前者事关真德秀与朱熹所处的特殊政治生态,而后者则应当被理解为宋代崇道的政治大环境下的思想史变化。必须澄清的一点是:尽管当时的政治环境对于理学家而言可能并不友好,但政治因素在这里不能单纯被理解为一种外在于理学的强制力量,事实上它也构成了理学家们日常生活中遵循的习惯与体制,因而亦是一种难以根除的内在因素。

二、青词写作的合理性:儒道鬼神观、祭祀观的融合

在简要地刻画了真德秀青词写作的宏观政治背景与特殊政治生态之

---

① 朱荣贵:《朱门之护法大神:真德秀对朱子学术之继承及发扬》,《哲学与时代:朱子学国际学术研讨会论文集》,2011年,第525页。
② 许浩然:《从词臣背景看真德秀与理学的关系》,《北京大学学报(哲学社会科学版)》2016年第5期,第146页。

后,问题就转为从真德秀的青词写作来考察他如何在鬼神观、祭祀观等方面对朱熹进行了继承与发展,实现儒道融合。① 这里不仅涉及真德秀的青词文本,亦涉及真德秀就青词写作活动的一些基本言论,以便更好地了解真德秀究竟如何实现儒道融合,如何基于儒家的基本理论建立起青词写作的合理性。

青词写作根本上是为了在祭祀活动中沟通神灵。在唐代,"青词"专指唐代供奉李氏之祖老子的太清宫上章所用文体。② 到了宋代,随着道教科仪的改革,斋法与醮法日趋统一,青词逐渐成为道教科仪公牒文的统称。明人徐师曾提出:"青词者,方士忏过之词也。或以祈福,或以荐亡,唯道家用之。"③ 由此可见,青词写作及其运用的合理性问题实质是鬼神问题与祭祀问题,青词本身是道教科仪的代表。毫无疑问,正统的理学家对道教科仪持批判的态度,真德秀对道教青词的接纳在理学传统内亦引起极大的批判。比如全祖望便严厉地斥责真德秀:"西山之望,直继晦翁,然晚节何其委蛇也!"④李穆堂亦讥讽说真德秀"沉溺于二氏之学,梵语青辞,连轴接幅,垂老津津不倦,此岂有闻于圣人之道者!"⑤不过,若仔细考察儒家关于鬼神和祭祀的观点,则真德秀对道教青词的接纳尚可理解为本于儒学理路的一种发挥。

事实上,理学家一直无法坚定地否认鬼神的存在。诚然,不信鬼神的理学家不乏其人,比如二程便主张,鬼神之说不过口口相传,未有人亲见,即便是所谓亲见,也不保证见证者本人的认知能力是否出了问题:"古之言鬼神,不过著于祭祀,亦只是言如闻叹息之声,亦不曾道闻如何言语,亦不曾道见如何形状……尝问好谈鬼神者,皆所未曾闻见,皆是见说,烛理不明,便传以

---

① 朱熹对鬼神的考察基本上以气论和祭祀问题为要点,这个框架亦大体适用于考察真德秀与朱熹的理论关联。这方面的论述,可参看吴震:《鬼神以祭祀而言——关于朱子鬼神观的若干问题》,《哲学分析》2012 年第 5 期,第 73—95、198 页。
② 参见(唐)李肇:《翰林志》,《影印文渊阁四库全书》,第 595 册,上海古籍出版社,1992 年,第 298 页。(唐)杜佑:《通典》卷五十,王文锦等点校,中华书局,1984 年,第 305 页。
③ (明)徐师曾:《文体明辨序说》,人民文学出版社,1998 年,第 172 页。
④ (清)黄宗羲原著,(清)全祖望补修,陈劲松、梁运华点校:《宋元学案》,中华书局,1982 年,第 2695 页。
⑤ (清)黄宗羲原著,(清)全祖望补修,陈劲松、梁运华点校:《宋元学案》,第 2708 页。

为信也。假使实闻所见,亦未足信,或是心病,或是目病。如孔子言人之所信者目,目亦有不足信者耶。此言极善。"①后世理学家对真德秀的批判,大抵也基于类似的主张。不过,二程其实亦从"气"的角度来阐释过鬼神,而未完全将其归为虚妄:"只气便是神也。"②"鬼神只是一个造化。"③张载则将鬼神视为二气的变化,鬼神不过是"二气之良能","鬼神之责,不越二端而已矣"④。事实上,否认鬼神对于儒学而言是非常困难的,因为儒学中本身就有谈论祭祀的部分,朱熹和黄榦两人就为祭祀礼仪的修订作出了许多努力。祭祀的合理性在儒家这里勾连着政权的合法性问题与社会秩序问题,但祭祀本身的合法性似乎又不得不依靠鬼神观来得到保证:"合鬼与神,教之至也……百众以畏,万民以服。圣人以是为未足也,筑为宫室,设为宗祧,以别亲疏远迩,教民反古复始,不忘其所由生也。众之服自此,故听且速也。"⑤因此,理学家们很难否认鬼神的存在,至多只能否认鬼神问题上的神秘主义倾向而转向自然主义解答,即将其理解为与天地间诸事物一样,由气之变化和理所形成。

真德秀的鬼神观在本体论层面与朱熹几乎如出一辙,但两人在祭祀实践中关于鬼神的态度则稍异。

从本体论层面而言,双方都主张鬼神根本上不过是气的屈伸,而这种屈伸即是阴阳生死的变化。朱熹主张:"只是这个天地阴阳之气,人与万物皆得之。气聚则为人,散则为鬼。然其气虽已散,这个天地阴阳之理生生而不穷。"⑥真德秀提出了类似的观点:"若以鬼神二字言之,则神者气之伸,鬼者气之屈。气之方伸者属阳,故为神;气之屈者属阴,故为鬼。神者,伸也;鬼者,归也。且以人之身论之,生则曰人,死则曰鬼,此死生之大分也。"⑦按照

---

① (宋)程颢、程颐:《二程遗书》,上海古籍出版社,2000 年,第 103 页。
② (宋)程颢、程颐:《二程遗书》,第 343 页。
③ (清)黄宗羲原著,(清)全祖望补修,陈劲松、梁运华点校:《宋元学案》,第 628 页。
④ (清)黄宗羲原著,(清)全祖望补修,陈劲松、梁运华点校:《宋元学案》,第 672 页。
⑤ (唐)孔颖达:《礼记正义》卷五六《祭义》,上海古籍出版社,2008 年,第 1832 页。
⑥ (宋)黎靖德编,王星贤注解:《朱子语类》卷三,中华书局,1986 年,第 169 页。
⑦ (清)黄宗羲原著,(清)全祖望补修,陈劲松、梁运华点校:《宋元学案》,第 2699 页。

他们的基本观点,人和天地间的自然现象亦都可称为鬼神,因为人与天地间一切自然现象都是阴阳二气屈伸变化的产物。朱熹主张:"雨风露雷,日月昼夜,此鬼神之迹也。此是白日公平正直之鬼神,若所谓有啸于梁,触于胸,此则所谓不正邪暗,或有或无,或去或来,或聚或散者。又有所谓'祷之而应,祈之而获',此亦所谓鬼神,同一理也。"①我们在真德秀这里亦可看到类似的表述:"至若造化之鬼神,则山泽水火雷风是也。日与电皆火也,月与雨皆水也,此数者合而言之,又只是阴阳二气而已……今人只塑像画像为鬼神,及以幽暗不可见者为鬼神,殊不知山峙川流,日照雨润,雷动风散,乃分明有迹之鬼神……天地之气,即人身之气,人身之气,即天地之气。"②因此,鬼神并不是与人不同的神秘事物,自然现象与人实际上都可以理解为不同种类的鬼神,人和鬼神在本体层面是同一的,都是阴阳二气的产物。这样一来,真德秀就是在二程、张载与朱熹的理学传统之下对鬼神进行了界定。

  真德秀对鬼神的谈论为祭祀问题做好了理论铺垫:真德秀所理解的沟通天地鬼神的方式根本上仍是儒家式的,其核心乃是"诚"与"敬",因此真德秀的青词写作实质上是在道教仪式中渗透儒家精神。既然人与鬼神在本体上同一,那么人自然能够以某种方式和鬼神沟通。真德秀提出,通过"诚"与"敬",我们就能与鬼神沟通:"及子孙享祀,以诚感之,则又能来格,此又屈而伸也。"③"诚"必须伴随着"敬",真德秀主张,"崇敬畏,戒逸欲者,诚意正心之要也。"④这个"崇敬畏"又可划分为六种:"曰修己之敬,曰事天之敬,曰临民之敬,曰治事之敬,曰操存省察之功,曰规儆箴诫之助。"⑤真德秀所作青词中多处显示出他关于"诚"和"敬"的重视。有关"诚"的如:"沥恳投诚,鞠躬请命"⑥(《求晴设醮青词》);"用控精诚,少伸报谢"⑦(《报恩天庆

---

① (宋)黎靖德编,王星贤注解:《朱子语类》卷三,第29—30页。
② (清)黄宗羲原著,(清)全祖望补修,陈劲松、梁运华点校:《宋元学案》,第2699—2700页。
③ (清)黄宗羲原著,(清)全祖望补修,陈劲松、梁运华点校:《宋元学案》,第2699页。
④ (清)黄宗羲原著,(清)全祖望补修,陈劲松、梁运华点校:《宋元学案》,第2706页。
⑤ (清)黄宗羲原著,(清)全祖望补修,陈劲松、梁运华点校:《宋元学案》,第2706页。
⑥ 曾枣庄、刘琳编:《全宋文》,上海辞书出版社、安徽教育出版社,2006年,第314册,第320页。
⑦ 曾枣庄、刘琳编:《全宋文》,第314册,第322页。

观青词》);"盖高者天,惟尽诚而可动"①(《母疾愈醮谢青词》)等,都是表明祭祀者必须以诚动天。从真德秀的青词文本来看,他所谈论的"诚"实质上是一个儒家概念,涉及儒家的"克己""修省"等概念:"既克己以励修省之诚。"②与"敬"有关的亦不在少数。表达修己之敬的有:"味太上至道之言,不忘朝夕;践昔人方便之戒,以训子孙"③(《代料院作生日设醮青词》),要求时刻体会大道,学习并传承圣人之言。表达事天之敬如:"伏以事天事地,夙罄精忱"(《祈晴设醮青词》)。表达临民之敬的如:"临民而思裕民"④(《天庆观祈雨青词》),表现了想要富民的思想。表达治事之敬的有:"惟均节而不忒,斯顺成而靡亏"⑤(《东岳清源洞祈青词》),均节为调节之意,此处意为要调节财政,顺应自然。体现操存省察之功的有:"凡躬行之当勉,如对神明"⑥(《潭州上元建醮青词》),要求时刻自我审查自我反省,恍如有神明在前。表现了规儆箴诫之助的如:"虽人为当勉,已粗谨于堤防;而天意难知,冀潜回于溟漠"⑦(《安奉离明殿青词》),劝告人要努力行事,但仍需注意天意难测。因此,真德秀实际上是将儒家的工夫论与道教仪式的举行整合在了一起。

真德秀的上述观点基本上仍源于朱熹,但两人在鬼神实存问题上有较大分歧。朱熹的确亦提出过祈祷者应"诚敬"的问题,即所谓的"感通之理":"然奉祭祀者既是他子孙,必竟只是这一气相传下来,若能极其诚敬,则亦有感通之理。"⑧不过,朱熹是在一种既不承认亦不完全否定神之存在的意义上来谈论"诚"的:"神之有无也不可必,然此处是以当祭者而言。若非所当祭底,便待有诚意,然这个都已错了。"⑨事实上,按照儒家的态度而言,祭祀的核心是"如在","对'如在'的强调意味着,祭祀关注的首要内容不再

---

① 曾枣庄、刘琳编:《全宋文》,第 314 册,第 333 页。
② 曾枣庄、刘琳编:《全宋文》,第 314 册,第 328 页。
③ 曾枣庄、刘琳编:《全宋文》,第 314 册,第 349 页。
④ 曾枣庄、刘琳编:《全宋文》,第 314 册,第 319 页。
⑤ 曾枣庄、刘琳编:《全宋文》,第 314 册,第 341 页。
⑥ 曾枣庄、刘琳编:《全宋文》,第 314 册,第 351 页。
⑦ 曾枣庄、刘琳编:《全宋文》,第 314 册,第 347 页。
⑧ (宋)黎靖德编,王星贤注解:《朱子语类》卷三,第 38 页。
⑨ (宋)黎靖德编,王星贤注解:《朱子语类》卷二五,第 620 页。

是鬼神是否真实存在,或者其是否具有威灵,而是祭祀者的行为和心态。"①而真德秀则主张子孙的祭祀不仅仅是一件"应当"做的事情,也不仅仅是"祭如在",而是的确会使得祖先重新在场:"故先王制祭祀之礼,使为人子孙者,尽诚致敬……求之既至,则魂魄虽离而可以复合……"②这是因为"至于诚,则达乎天道矣。"③这种观点无疑更偏向道教认为鬼神实存的理念,也是朱熹本人很可能会极力反对的。

综上,从真德秀的青词写作实践及其相关的理论建构来看,真德秀的根本目标是在儒家祭祀的框架下论证道教仪式与青词写作的合理性。这一工作又折射出真德秀融合儒道的几个关键方面:他通过发挥并拓展了二程、张载与朱熹的鬼神观、祭祀观来将儒家祭祀的对象以及儒家工夫论中的"修诚""主敬"等内容与道教仪式整合,从而将儒道思想在义理与实践层面都实行了融合。

三、合理性的限度:儒道地位的界定

如上所述,真德秀主要是在一个儒家的框架下赋予青词写作一定的合理性,因此我们仍需进一步考察这种合理性的限度之所在。从这个问题的讨论中折射出来的则是真德秀实行儒道融合时的基本趋向。这种限度主要体现在两个方面:一是儒道两家在祭祀之规定问题上的冲突,二是真德秀为了调和这种冲突对儒道两家地位进行的排序。

祭祀不能任意举行,而是有严格的规定,但儒家与道教的规定其实存在一定冲突。在儒家的祭祀理论中,什么人祭祀什么对象都有非常严密的规定。朱熹曾引《礼记·王制》文来讨论祭祀:"天子祭天地,诸侯祭社稷,大夫祭五祀,天子祭天下名山大川。五岳视三公,四渎视诸侯。诸侯祭名山大川之在其地者……"④"国家宗教祭祀天地神祇,属于国家之事,

---

① 张清江:《祭祀的"理"与"教"——从朱熹晚年两封论学书信谈起》,《安徽大学学报(哲学社会科学版)》2017年第4期,第31页。
② (清)黄宗羲原著,(清)全祖望补修,陈劲松、梁运华点校:《宋元学案》,第2700页。
③ (清)黄宗羲原著,(清)全祖望补修,陈劲松、梁运华点校:《宋元学案》,第2701页。
④ 朱杰人、严佐之、刘永翔主编:《朱子全书》,上海古籍出版社、安徽教育出版社,2002年,第4册,第2348—2363页。

即,不下庶人。"①而朱熹不赞成道教仪式的一个重要问题便在于它本身违背了儒家体系中的这种祭祀之秩序:"且说有此理无此理?某在南康祈雨,每日去天庆观烧香。其说,且慢去。今若有个人不经州县,便去天子那里下状时,你嫌他不嫌他?你须捉来打,不合越诉。而今祈雨,却如何不祭境内山川?如何便去告上帝?"②不过,朱熹的这一批评并不能从根本上摧毁道教的合理性问题,因为他充其量是控诉了道教在祭祀方面的"僭越"行为,而不是完全否认了道教有沟通神灵的能力。这一批评亦折射出:朱熹实质上是为了维护儒家祭祀礼仪中蕴含的权力与秩序之层级体系,才会反对主张人与天或上帝可形成直接沟通的道教仪式。

真德秀对道教的辩护策略便是把道教思想理解为是对儒家思想的补充,主张两者在很多方面相同:"独以儒道二教,其说略同,僭陈其一二。"③真德秀将道教的理论视为是对儒家经典的进一步发挥,儒家经典是根基,道教是新思想:"盖《诗》有之,'上帝临汝,无贰其心',又曰'皇矣上帝,临下有赫',又曰'神之格思,不可度思,矧可射思',《礼记》亦云'洋洋乎如在其上,如在其左右',凡此皆言上帝神明,近与人接,不可斯须之不敬,不可一念之不诚也。道家则又推言居处宫殿之名,冠冕车服侍卫威仪之列,又谓众真百灵皆有貌象,其为宫观则拟而效之,至于醮事之修,俯伏拜跪,俨然如风马云车之来下。……故《易》曰'斋戒以神明其德',而宗元吴先生著《玄纲论》亦曰'非斋戒则真不应'。"④因此,双方说法虽有异,但根本精神相同。道教斋醮被真德秀构造为儒家祭礼的一种发展变化,其补益非小:"虽其说似与儒者异,然其为教不过欲启人肃敬之心,使见者凛然知天地神祇之临其上,则邪意妄想自然消弭,善端正念自然感法,亦岂为小补哉?"⑤真德秀在青词写作中既坚持以儒学的方式把"上帝"和"天"作为最高神的理念,又积极地吸

---

① 谢遐龄:《从〈仪礼经传通解·祭礼〉看朱子学的宗教维度》,《复旦学报》2019 年第 2 期,第 19 页。
② 朱杰人、严佐之、刘永翔主编:《朱子全书》,第 17 册,第 3023—3024 页。
③ 曾枣庄、刘琳编:《全宋文》,第 313 册,第 334 页。
④ 曾枣庄、刘琳编:《全宋文》,第 313 册,第 334 页。
⑤ 曾枣庄、刘琳编:《全宋文》,第 313 册,第 334 页。

收了不少道教的要素和思想。不过,"上帝"与"天"的出现频率远远高于道教诸神;甚至在明确了祷告的对象是道教众神的情况下,真德秀仍然在青词当中频繁使用这两个概念。① 如:"伏以按冲科于黄箓,方藏殊因。瞻瑞相于青华,敬陈忱悃。维下民之赋质,皆上帝之降衷……仰太乙之至仁,实群元之司命。"②"惟好生者,上帝之大德,而喜安者,下民之至情。"③等等。已有学者注意到,真德秀青词写作中关于"上帝"等概念的运用,基本上就是朱熹式的:一方面,"上帝"赋予万物各自之本性,而这正符合朱熹对"降衷"的理解;另一方面,"上帝"有生生之德,其核心乃是仁,而这正是朱熹所主张的,天地造化惟以生物为事,人之最灵正在于人有不忍人之心。④

综上,真德秀的相关论述表明他仍是以儒家思想为主导,道教思想为辅。这实际上也是理学家将道家道教思想融入儒学时的典型态度。因此,真德秀对朱子学的发挥仍然是理学内部的一种分歧。虽然这种区别源于道教带来的影响,但道教思想并未由此在真氏的理论框架中完全占据核心地位。

四、结 语

真德秀对于朱子学的世俗化与官方化起到非常大的作用:正是因为真德秀的实践、诠释和推广普及,朱子理学才从民间走向官方,从边缘成为中心学说。诚然,真德秀对朱子学的继承和修改远不止本文所探讨的这些方面,不过,它们毫无疑问是当时儒道融合的几个关键问题。⑤ 此外,以真德秀的青词写作活动为核心来考虑这种融合,不仅拓展了思想史研究的史料

---

① 陈晓杰:《从"上帝"到"万神殿"——以真德秀之青词祷告为例》,《儒道研究》,2013年,第211—212页。
② 曾枣庄、刘琳编:《全宋文》,第313册,第371页。
③ 曾枣庄、刘琳编:《全宋文》,第313册,第379页。
④ 陈晓杰:《从"上帝"到"万神殿"——以真德秀之青词祷告为例》,《儒道研究》,2013年,第216页。
⑤ 正如李天纲教授所指出的,实际上三教在宗教实践的方面本身就有"通体"的趋势,这意味着与宗教实践有关的部分成为儒道理论贯通的交汇点。参见李天纲:《三教通体:士大夫的宗教态度》,《学术月刊》2015年第5期,第108—126页。

范围,呈现了青词等文学作品的史学研究价值,而且对于理解思想史的变迁亦有着一定的典型意义:一方面,政治要素如何通过影响思想家的生活而引起思想观念的变化已得到了一定的阐明;另一方面,一种学说的官方化与世俗化究竟如何从一种对其并非完全陌生,但多少仍有些外在的视角而展开亦得到了一个具体的案例。前者对于后世的研究者而言注定是叙事性的工作,其间的具体发生机制很难有足够的材料来进行刻画;后者则很可能指向了一种较为普遍的规律,因为学说的官方化和世俗化本身就意味着离开其内部的视角,对它进行简化与异化。

因敬明诚　贯通天人

——思孟程朱一系之哲学特色[*]

程永凯

(山东大学儒学高等研究院)

内容摘要：从诚敬之辨入手，可以探究思孟学派与程朱理学之关系。"诚"之本义，与"信"相近，而"敬"乃"忠肃"之义。《中庸》正式提出了"诚者天之道"的概念，这是思孟学派的重要贡献。到了宋代，"敬"的地位提升了。程朱以"诚"为天理之本，以"敬"为人事之本，发扬了思孟学派"由天即人，由人而天"的思想。荀、董、陆、王之徒，或蔽于"圣王"，或蔽于"本心"，皆非"本天"之学。就儒学而论，思孟以"诚"通天，程朱以"敬"灭欲，既符合"圣人本天"之教，又符合"下学上达"之序，确实是儒学正宗。因敬明诚，贯通天人，乃思孟、程朱一系之哲学特色。

关键词：诚；敬；思孟；程朱

宋明以来，儒学渐分为四。理、气、心、情，各成一统。其代表人物，理学有程颐、朱熹，气学有张载、王夫之，心学有陆九渊、王阳明，情学有苏轼、戴震。20世纪以来，又有冯友兰之新理学、张岱年之新气学(新唯物论)、牟宗三之新心学，以及李泽厚、蒙培元等的情感哲学(新情学)。其中，牟宗三先生著《心体与性体》，为宋明理学判教，认为程颐、朱子系统"别子为宗"，并且断言："朱子终身不解孟子，其心态根本与孟子不相应。"[②]牟氏这一判教，

---

[*] 本文曾刊于《中国哲学史》2022年第3期。

② 牟宗三：《从陆象山到刘蕺山》，《牟宗三先生全集》第8册，联经出版事业有限公司，2003年，第68页。

斩断了朱子与孟子的关系,而将陆王心学视为孟子学之正宗。

这里的问题是,朱子真的不解孟子吗?朱子以《四书章句集注》闻名于世,其中就有《孟子集注》,流传于世八百年,学者诵习如故。如今遽言之曰"不解孟子",实难服众。牟氏"别子为宗"说已经遭到了许多学者的辨析与反驳,本文也反对此说,尤其反对其"朱子不解孟子"的说法,并尝试从"诚敬之辨"的角度,探究从思孟学派到程朱理学的内在发展理路,从而说明程颐、朱子在儒学道统中的正宗地位。不过,需要特别指出的是,肯定程朱一系的儒门正宗地位,并非是对陆王一系的贬低,因为心学作为中国哲学的重要流派之一,非儒学所能牢笼。当今世界,心学对于人们人生观的塑造仍有重要意义,非本文所能具论。下面先论思孟之"诚",后论程朱之"敬",借此彰显思孟、程朱之间的关系,并综论思孟、程朱一系之哲学特色。

一、诚者天之道

一般人常言"诚敬之道",实则"诚"与"敬"有别。《说文解字》曰:"诚,信也","信,诚也","敬,肃也","忠,敬也"。可见,"诚"与"信"字同义,二者可转注,而"敬"字乃"忠肃"之义。陈淳《北溪字义》"敬"字条曰:"诚与敬字不相关,恭与敬字却相关。"[①]这就提示我们,必须分别考察"诚"与"敬",而不能笼统地说"诚敬"。下面先看"诚"。

在《论语》中,"诚"字只出现了两次,分别是"诚不以富,亦只以异"(《论语·颜渊》)和"诚哉是言也"(《论语·子路》)。这两个"诚"字都是副词,作"确实"解,与本文将要探究的作形容词或使动用法的"诚"字不相关。《周易·乾卦·文言》两次出现"诚"字,分别是"庸言之信,庸行之谨,闲邪存其诚"和"忠信,所以进德也;修辞立其诚,所以居业也"。这里"诚"字的用法已经不再是副词了,"诚"与"信""谨""忠信"等词并列,可见意思相近。做人要"言行谨信""言辞忠信",这不过是普通的道德说教,"诚"字的内涵还未升华。真正开始重视"诚"之概念的,是《大学》和《中庸》。

---

① (宋)陈淳:《北溪字义》,中华书局,1983年,第34页。

《大学》"八条目"的第三条就是"诚意",曰:"欲正其心者,先诚其意。"又曰:"所谓诚其意者,毋自欺也。"①在古本《大学》中,"诚意章"紧跟在总纲之后,乃"传之首章",可见"诚意"的重要地位。那么,究竟什么是"诚意"呢?根据《大学》的解释,"诚意"就是"毋自欺""慎其独"。"毋自欺"就是真实地面对自己,不要自欺欺人;"慎其独"就是在闲居独处之时,也不能放僻邪侈。《中庸》首章也提到了"慎其独":"是故君子戒慎乎其所不睹,恐惧乎其所不闻。莫见乎隐,莫显乎微,故君子慎其独也。"也是说在隐微之处、不睹不闻之所,君子必须保持戒慎恐惧的状态。《大学》《中庸》的诚意慎独之说,与《诗经》中所谓"小心翼翼,昭事上帝","上帝临女(汝),无贰尔心"(《大雅·大明》)有异曲同工之妙:诚意则无贰心,慎独如有上帝。

《中庸》也讲到了一套类似于《大学》"八条目"的"六条目",即明乎善、诚乎身、顺乎亲、信乎朋友、获乎上、民得而治。在这"六条目"中,"诚身"仅次于"明善",居于第二的位置。《大学》言"诚意、正心、修身",而《中庸》一言以蔽之曰"诚身",可见"诚身"的重要性。"六条目"之后,《中庸》正式提出了作为"天之道"的"诚"的概念,其言曰:

> 诚者,天之道也;诚之者,人之道也。诚者不勉而中,不思而得,从容中道,圣人也。诚之者,择善而固执之者也。自诚明,谓之性。自明诚,谓之教。诚则明矣,明则诚矣。唯天下至诚,为能尽其性;能尽其性,则能尽人之性;能尽人之性,则能尽物之性;能尽物之性,则可以赞天地之化育;可以赞天地之化育,则可以与天地参矣。其次致曲。曲能有诚,诚则形,形则著,著则明,明则动,动则变,变则化。唯天下至诚为能化。②

这段话在思孟学派中很重要,在中国哲学史上也很重要。它首先用"天之

---

① (宋)朱熹:《四书章句集注》,中华书局,1983年,第7页。
② (宋)朱熹:《四书章句集注》,第31—33页。

道""人之道"来区分"诚"与"诚之",并提出了"性""教"之分,自诚明之"性"是天道,自明诚之"教"是人道。然后,从天道的角度,论述"至诚"的尽性、化育之功;从人道的角度,论述"致曲"的形、著、动、变之功。最后总结道:"唯天下至诚为能化。"可见"致曲"的终极功效与"至诚"相一致,人道可以通达天道。

关于"至诚",《中庸》还有很多论述,如"至诚之道,可以前知","至诚如神","至诚无息","经纶天下之大经"等,都是在描述一种德配天地、覆载万物、悠久无疆的大境界。在"至诚无息"章中,有几句可以和老子相参照。《中庸》曰:"如此者,不见而章,不动而变,无为而成。"《老子》四十七章曰:"是以圣人不行而知,不见而明,不为而成。"可见《中庸》所描绘的"至诚",与《老子》所描绘的"圣人"有异曲同工之妙。关于"诚",下面一段同样重要:

> 诚者自成也,而道自道也。诚者物之终始,不诚无物。是故君子诚之为贵。诚者非自成己而已也,所以成物也。成己,仁也;成物,知也。性之德也,合外内之道也,故时措之宜也。①

诚者天之道,诚者自成,天之道即自成之道。所谓"自成"亦近于老子所谓"自然",自然即是天。这个"自成"又"非自成己而已",它是内外合一之道,既成己,又成物。成己成物,气象博大。

《中庸》关于"诚""物"关系的论述值得重视,而且可以和《大学》相参照。《中庸》说:"诚者物之终始,不诚无物。"《大学》首章说:"物有本末,事有终始,知所先后,则近道矣。"又说:"致知在格物。"如果将这几处结合起来看,则"诚"贯终始、赅本末,乃是物之天理,须臾不可离。又《尔雅·释诂》曰:"格,至也。"据此,"格物"或可解释为"至诚"。"格物"者,格至物之天理,是为"至诚"。"至诚"者通达天德,故《中庸》曰:"肫肫其仁,渊渊其

---

① (宋)朱熹:《四书章句集注》,第33—34页。

渊,浩浩其天,苟不固聪明圣知达天德者,其孰能知之?"杜维明先生说:"诚就是处于原初本真状态的实在,是人的真实本性的直接的内在的自我显示的活生生的经验,也是天人合一得以可能的终极基础。"①需要指出的是,"诚"不仅仅是人的真实本性,它是天地万物的真实本性,它是通达天德的"天地万物一体之仁"。关于这一点,孟子发挥的尤其详尽。

孟子说:"万物皆备于我矣。反身而诚,乐莫大焉。强恕而行,求仁莫近焉。"(《孟子·尽心上》)"万物皆备于我"是对天地万物一体之仁的绝佳描绘,也即是对"诚"的描绘。因此,孟子接着就说:"反身而诚,乐莫大焉。"诚者与万物同体,这是一种极乐境界,因此说"乐莫大焉"。"强恕而行",朱子注曰:"恕,推己以及人也。"这一解释有所局限,应该说是"推己以及物也"。如果用《中庸》的概念来说,就是"成己以成物也"。只有做到推己及物、成己成物,才最接近天地万物一体之仁,才真正是"求仁莫近焉"。

孟子关于"诚者天之道"的论述,完全继承《中庸》:

> 孟子曰:"居下位而不获于上,民不可得而治也。获于上有道,不信于友,弗获于上矣。信于友有道,事亲弗悦,弗信于友矣。悦亲有道,反身不诚,不悦于亲矣。诚身有道,不明乎善,不诚其身矣。是故诚者,天之道也。思诚者,人之道也。至诚而不动者,未之有也。不诚,未有能动者也。"(《孟子·离娄上》)②

孟子所描绘的"六条目"与《中庸》相一致,其所谓"思诚"就是《中庸》的"诚之",都是"人之道"。总之,始于"明善""诚身",终于"民得而治",这在《中庸》《孟子》是一以贯之的,与《大学》的"明德""诚意""治国平天下"一脉相承。孟子又说:"尽其心者,知其性也。知其性,则知天矣。存其心,养其性,所以事天也。殀寿不贰,修身以俟之,所以立命也。"(《孟子·尽心上》)尽

---

① [美]杜维明:《中庸:论儒学的宗教性》,段德智译,生活·读书·新知三联书店,2013年,第101页。
② (宋)朱熹:《四书章句集注》,第282页。

心知性以知天，存心养性以事天，知天事天以立命。如果能够做到这些，就是"知天命"，就可以"与天地参"，而达到这种境界的本源就是"诚"。诚则有物，诚则能动，诚则达天德。

思孟学派的一项重要工作，就是对"诚"的发挥，这在中国哲学史上具有重要意义，对于儒学本体论的建构做出了突出贡献。孟子是思孟学派的集大成，他在《中庸》"诚"学的基础上提出了性善论。孟子之学有本有源，他养成了一种至大至刚、塞於天地的浩然之气，他能够"说大人则藐之"（《孟子·尽心下》），他还提出了"天爵人爵"论、"民贵君轻"说。在《孟子》终篇，他历叙尧、舜、禹、汤、文王、孔子群圣之统，隐然以道统自居。之所以如此，就因为孟子认识了"诚"（天之道），他是站在天道的立场来看天下。人以天爵为贵，自然就轻君王、藐大人了。

在思孟学派的理论视野中，始终没有抛弃"天"。从《中庸》的"天命之谓性"，到孟子的"尽心知性知天"，是一种"由天即人，由人而天"的循环。这种天人之间的循环理论，在秦汉晋唐时代并未得到发扬。虽然荀子也讨论过"诚信生神""养心莫善於诚"（《荀子·不苟》）等论题，但荀子的"诚"是无根之木、无源之水，因为他不信天道，[1]他讨论"诚"不过是为"政事"寻找根据。西汉董仲舒有"天人感应""人副天数"等学说，但在他的理论中，人几乎没有什么能动性，人不过是天的附属。而且，董仲舒的尊卑观念太强，[2]距离孟子"藐大人"的精神太远了。汉代以后，魏晋玄学、南北朝隋唐佛学盛行，思孟学派后继无人。能够继绝学于千四百年之后的，是程朱理学。

二、敬者人事之本

北宋儒学，以二程为大宗。程颢说："吾学虽有所受，天理二字却是自家体贴出来。"[3]程颐说："涵养须用敬，进学则在致知。"[4]"天理"与"敬"后来

---

[1] 可参考其"天行有常""天人之分""制天命而用之"等论点（见《荀子·天论》）。
[2] 如他提出"善皆归于君，恶皆归于臣"（《春秋繁露·阳尊阴卑》），臣不过是君的附属。
[3] （宋）程颢、程颐：《程氏外书》卷一二，《二程集》，中华书局，1981年，第424页。
[4] （宋）程颢、程颐：《程氏遗书》卷一八，《二程集》，第188页。

成为宋明理学的重要概念。朱熹说:"程先生所以有功于后学者,最是敬之一字有力。"又说:"敬字工夫,乃圣门第一义","敬之一字,真圣门之纲领,存养之要法"(皆见《朱子语类》卷十二)。陈淳《北溪字义》"敬"字条也说:"敬一字,从前经书说处尽多,只把做闲慢说过,到二程方拈出来,就学者做工夫处说,见得这道理尤紧,所关最大。"①由此可见"敬"字地位。

那么,什么是"敬"呢?上文已经提到,"敬"有"忠肃"之义。再参考《尔雅·释诂》"恭、钦,敬也",《释训》"肃肃,敬也",则"敬"字之本义,不过是"忠肃恭钦"罢了。"敬"的本义并不特殊,在二程以前的儒家理论中也并非重要概念。如《论语》,也不过说"执事敬""事思敬""祭思敬"②而已,所敬的对象有鬼神、君上、父母、贤人等,此外还有"修己以敬"(《论语·宪问》)。总之,"敬"要求在具体的事上,保持"忠肃恭钦"的态度。

到了宋代,"敬"的地位提升了。有学者认为:"相对而言,先秦儒家对'敬'的表述还显粗疏,到二程时,'敬'才真正被赋予深刻的道德修养内涵,拔高到身心修养、涵养心性的不二法门,成为了理学思想体系的重要范畴。"③这就不得不思考,为什么二程如此重视"敬"?二程少年时跟随周敦颐学习,就有"吟风弄月"的气象。张载说:"二程从十四五时,便脱然欲学圣人。"(《近思录》卷十四)从圣贤气象上来说,大程子一团和气,浑然天成;小程子方正严毅,精细平实。一些学者按照后世的朱陆之辨,反过来严格区分二程,不免遮蔽了二程的共同点。可以肯定的是,虽然二程气象有别,但他们对"天理"和"敬"的重视却是相同的。程颢说:

诚者天之道,敬者人事之本(注曰:敬者用也)。敬则诚。④

这句话非常重要,是二程"诚""敬"理论的集中概括。结合思孟学派的

---

① (宋)陈淳:《北溪字义》,中华书局,1983年,第35页。
② 分别见于《论语》中《子路》《季氏》《子张》诸篇。
③ 罗祥祥:《儒家"诚""敬"理论的宋代开展及其实践意义》,《哲学研究》2015年第5期。
④ (宋)程颢、程颐:《程氏遗书》卷一一,《二程集》,第127页。

诚学理论，"敬"就是"诚之"，就是"思诚"，就是"自明诚"，就是"致曲"，是择善而固执之道。作为人事之本的"敬"，是入道之门，是涵养工夫所在。但通过"敬"，最终有望达到"诚"的境界，所以说"敬则诚"。小程子的理论，基本上继承了这一框架，但却有一个发展过程。在《河南程氏文集》中，有两篇文章可以帮助我们了解这一过程。

第一篇《颜子所好何学论》，是程颐二十岁游太学时所作。在文章开篇，程颐就直接点题："然则颜子所独好者，何学也？学以至圣人之道也。"①在这篇文章中，程颐几次提到"诚"，如"中正而诚""自明而诚""反而诚之""诚之之道"等，根本没有提到"敬"，可见年轻时的程颐还没有发现"敬"的理论价值。但是程颐那种将圣人、颜子相对而论的方式，将"生而知之""学而知之"二元区分的方法，已经潜藏了他以后把"诚""敬"对论的理论思维。

第二篇《养鱼记》，是程颐二十二岁的作品，通过"养鱼观之"这件小事，彰显了他后来赖以成名的格物论。通过养鱼，程颐体会到了"圣人之仁"，并且感到："推是鱼，孰不可见耶？"上文说过，只有做到推己及物、成己成物，才最接近天地万物一体之仁。程颐这时已经隐约体会到了这种境界，并感叹道："万类天地中，吾心将奈何？"②二十五年后，当程颐四十七岁时，他非但没有嫌弃自己年轻时的作品，反而认为自己"少而有志"，说："观昔日之所知，循今日之所至，愧负初心，不几于自弃者乎？"他竟认为自己"愧负初心"，可见程颐的格物论是他终生不渝的学问。

年轻时的程颐重视"诚"，重视"格物"，为何他后来却说"涵养须用敬，进学则在致知"，而不说"涵养须用诚，进学则在格物"呢？后半句好解释，因为"致知在格物""物格而后知至"（《大学》），"格物""致知"相去不远。关键是前半句，为何不能是"涵养须用诚"？确实不能。因为作为天之道的"诚"，只有生而知之的圣人才具备，乃道之终极，非入道之门。

还有一问题须在此探讨，即"敬"与"静"的区别。二程少年时的老师周

---

① （宋）程颢、程颐：《程氏文集》卷八，《二程集》，第577页。
② （宋）程颢、程颐：《程氏文集》卷八，《二程集》，第579页。

敦颐,其《太极图说》曰"圣人定之以中正仁义而主静,立人极焉",并自注曰"无欲故静"。① 周敦颐"主静",作为弟子的程颐为何不说"涵养须用静"呢? 他给出了答案,他说:"才说静,便入于释氏之说也。不用静字,只用敬字。"②程颐认为"静"字易入释氏之说,其实并不确切,应该是:"才说静,便入于老氏之说也。"《老子》以"清静为天下正"(四十五章)。在先秦诸子中,老子言"静"而不言"敬",孔子言"敬"而罕言"静"③,孟子言"诚""敬"而不言"静",荀子"诚""敬""静"④皆言。于此可见儒家言"诚""敬",而道家言"静";至于荀子言"静",已受道家影响。故周敦颐"主静"之说,近于老子;程颐"主敬",乃儒家本色。

最能继承二程"诚""敬"学说的,是南宋的朱熹。他说:

> 诚者,真实无妄之谓,天理之本然也。诚之者,未能真实无妄,而欲其真实无妄之谓,人事之当然也。(《中庸》注)⑤

朱熹用"真实无妄"四个字来诠释"诚",可谓曲尽其妙。他又说"诚"是"天理之本然",这就将"诚"纳入了理学范畴。在汉唐注疏中,"诚"与"信"二字转注,并无区别。朱熹却体会到了"诚""信"之别,他说:"诚是自然底实,信是人做底实。"(《朱子语类》卷六)简单来说,"诚"是天道,"信"是人道。关于"敬",程颐曰"主一之谓敬","无适之谓一",⑥而朱熹曰:"敬者,主一无适之谓。"⑦(《论语·学而》注)很明显,朱熹是采用了程颐的解释。至此,真实无妄之"诚",主一无适之"敬",皆已建立,程朱理学的诚敬理论可谓完备。

---

① (宋)朱熹:《朱子全书》第13册,上海古籍出版社、安徽教育出版社,2002年,第75页。
② (宋)程颢、程颐:《程氏遗书》卷一八,《二程集》,第189页。
③ 孔子言"静",唯"仁者静"一语,见《论语·雍也》。
④ 荀子有"虚壹而静"之说,见《荀子·解蔽》。
⑤ (宋)朱熹:《四书章句集注》,第31页。
⑥ (宋)程颢、程颐:《程氏遗书》卷一五,《二程集》,第169页。
⑦ (宋)朱熹:《四书章句集注》,第49页。

那么,"诚"与"敬"如何区分呢?上文曾提到程颢说:"诚者天之道,敬者人事之本。"这已经是很精辟的区分,但稍嫌笼统。朱熹讲解得更加具体,他说:"诚只是一个实,敬只是一个畏","敬是不放肆底意思,诚是不欺妄底意思","妄诞欺诈为不诚,怠惰放肆为不敬"(《朱子语类》卷六)。何为"诚",何为"不诚",何为"敬",何为"不敬",已反复剖析明白。可以说,肇端于先秦儒家的诚敬理论,到了朱熹手中已经无复余蕴。

在此基础上,朱熹提出了"小学习事,大学明理"的理论,他说:

> 古者初年入小学,只是教之以事,如礼乐射御书数及孝弟忠信之事。自十六七入大学,然后教之以理,如致知、格物及所以为忠信孝弟者。①

小学教之以事,大学教之以理,这是一种高明的教育思想。"小学习事"的主要目的,是培养孩子的"敬"。朱熹说"敬已是包得小学"(同上),这与《论语》所说的"执事敬""事思敬"相一致。"大学明理"的主要目的,是明天理,而"诚"是天理之本然,故明天理即"明诚"。这样,朱熹的教育理念可以换一种表述方式,即"小学习敬,大学明诚"。"敬"作为形而下之工夫,"诚"作为形而上之天理,已经完美地契合到朱熹的教育理念中了。

明白了朱熹的"诚""敬"理论,再来看他最著名的观点"明天理,灭人欲",就更容易理解。他说:"圣贤千言万语,只是教人明天理,灭人欲。"(《朱子语类》卷十二)如何"明天理"呢?人欲既灭,天理自明。那么,如何"灭人欲"呢?朱熹说:"把个敬字抵敌,常常存个敬在这里,则人欲自然来不得。"(同上)原来,说来说去,还是在说"主敬"。所谓"灭人欲""明天理",也不过是"主敬""明诚"罢了,哪里是禁锢人性呢?

孟子说:"养心莫善于寡欲。"(《孟子·尽心下》)荀子说:"养心莫善于诚。"(《荀子·不苟》)自程朱理学言之,"敬"则寡欲,"敬"则诚,"敬"的作

---

① (宋)黎靖德编:《朱子语类》,第124页。

用很重大。总之,程朱以"诚"为天理之本,以"敬"为人事之本,前者为本体,后者为工夫,本体工夫,互相贯通。之所以说程朱理学能够继绝学于千四百年之后,正是因为他们继承并发扬了思孟学派"由天即人,由人而天"的思想。而这一思想,是儒家学说的正宗。

三、因敬明诚 贯通天人

通过以上两节的分析可以看到,思孟学派诠释"诚",程朱理学诠释"敬",恰如椭圆的两个焦点,建构了一种天人之间的循环理论。从孔子的"敬"到思孟的"诚",再从思孟的"诚"到程朱的"敬",儒学完成了一个彻上彻下的改造。从孔子的"知天命""畏天命"到思孟学派的"天命之谓性""诚者天之道",再到朱熹的"明天理","天"之维度一直都在。① 牟宗三先生曾说:"在成德之教中,此'天'字之尊严是不应减杀者,更不应抹去者。"②换句话说,在孔子之教中,"天"之维度是不应减杀,更不应抹去的;如果有人减杀、抹去"天"之维度,就可以判定他偏离了孔子之教。在儒学史上,减杀、抹去"天"之维度者,前有荀子,后有陆、王。

荀子不信天命,主张性恶。他对天变、人祆的精辟看法,对鬼神、祭祀的合理阐释,对人之气、生、知、义四属性的全面总结,以及他人死神灭的生死观,和对相人之术的批判,都显示出某种科学精神。③ 关于天命,荀子最著名的口号是"制天命而用之"(《荀子·天论》)。因为不信天命,荀子当然不会认可性善论。孟子性善论的理论基础正是"天命之谓性",如果否定了天命,性善就无法保证了。与其天论、性恶论相对应,在政治上,荀子主张"法后王而一制度","隆礼义而杀诗书"(《荀子·儒效》),又说"礼莫大于圣王"(《荀子·非相》)。天下一统,圣王最大,这就是荀子的政治学。荀子的弟子韩非、李斯都是法家的代表人物,韩非主张"群臣竦惧乎下""有功则君

---

① 天命、天道、天理,三者之间有一个发展过程,其根源是商代的帝令、帝命观念。参考拙作《前理学时代之天理观研究》,《海南大学学报(人文社会科学版)》2019年第3期。
② 牟宗三:《心体与性体》,《牟宗三先生全集》第5册,第52页。
③ 荀子的以上观点详见《荀子》中《天论》《非相》《解蔽》《礼论》等篇。

有其贤,有过则臣任其罪"(《韩非子·主道》),李斯主张"定一尊"而"烧诗书"(《史记·秦始皇本纪》)。韩非、李斯在理论上和实践上对秦制的建立起了推动作用。皇帝至尊,明君无过,秦制就此确立。荀子抹去"天"之维度,其理论后果是专制法家,这是荀子偏离孔子之教的明证。

宋明时代,有陆王心学,号称直接孟子之学。陆九渊说:"因读《孟子》而自得之。"①王阳明说:"陆氏之学,孟氏之学也。"②(《象山文集序》)牟宗三先生也说:"象山与阳明则是孟子学之深入与扩大也。"③这就营造出一种声势,即陆王得到了孟子真传,而朱子则未得。但是,朱子真的不解孟子吗?朱子批评陆氏是"禅"的理论依据,其实正是"天":

且如释氏擎拳竖拂、运水般柴之说,岂不见此心?岂不识此心?而卒不可与入尧舜之道者,正为不见天理,而专认此心以为主宰,故不免流于自私耳。前辈有言,"圣人本天,释氏本心",盖谓此也。(《文集》卷三十《答张钦夫》)④

这里的前辈正是程颐。程颐、朱子以"本天"为儒学特色,儒释之分,只在"本天"还是"本心"。孟子之学乃"天命谓性""尽心知天"的"本天"之学,而陆九渊"发明本心"、王阳明"致良知"都是"本心"之学,他们所谓"心即理",实际是说"心即天"。因此,陆王可谓"蔽于心而不知天"。"心即理""心即天"等说法,正是减杀、抹去"天"之尊严者。牟先生既明于此,却仍然坚持陆王是孟学,并指责朱子"终身不解孟子",似乎有些矛盾。

纵观儒学史,孔子之后,思孟、程朱皆"本天"之学,而荀子"隆礼"(礼莫大于圣王),陆王"本心"(心即理、心即天),都偏离了"本天"之学,都不是儒门正宗。这里还要再提到董仲舒,他主张"天人感应",表面上看是"本天",

---

① (宋)陆九渊:《陆九渊集》卷三五,中华书局,1980年,第471页。
② (明)王守仁:《王文成公全书》卷七,中华书局,2015年,第296、297页。
③ 牟宗三:《心体与性体》,《牟宗三先生全集》第5册,第52页。
④ (宋)朱熹:《朱子全书》第21册,第1314页。

实际上是"尊圣王"。董仲舒对册汉武帝,主张"推明孔氏,抑黜百家"(《汉书·董仲舒传》),与李斯的"烧诗书"实有异曲同工之妙,他们都是为了维护圣王的"大一统"。上文已经提到,董仲舒的尊卑观念太强,他所说的"善皆归于君,恶皆归于臣"(《春秋繁露·阳尊阴卑》),几乎就是韩非子的翻版。因此,董氏实近于荀子,外儒内法,并非"本天"之学。

综上所述,"本天""本心"与"尊圣王"可谓中国哲学的三个重要流派。《周易·系辞下》曰:"《易》之为书也,广大悉备。有天道焉,有人道焉,有地道焉。"若以此三才立论,"本天"者属天,"本心"者属人,"尊圣王"者属地。属天者畏天命、明天理,属人者明本心、致良知,属地者法圣王、黜百家。荀、董、陆、王之徒,或蔽于圣王,或蔽于本心,皆非"本天"之学。就儒学而论,思孟以"诚"通天,程朱以"敬"灭欲,既符合"圣人本天"之教,又符合"下学上达"之序,确实是儒学正宗。因敬明诚,贯通天人,乃思孟、程朱一系之哲学特色。

"有过"还是"无过"
——王阳明圣人有过无过辨析

杨　谦

（山东大学儒学高等研究院）

内容摘要：有别于程朱一脉的"圣人无过"论，阳明明确提出"圣人有过"。与此同时阳明又隐隐传达出"圣人无过"之意向，使得阳明的圣人形象存在明显的矛盾。实际上"圣人有过"是心学内向型工夫的必然结果，正基于此，阳明"圣人无过"说才得以成立。在阳明的圣人设定中"圣人有过"与"圣人无过"是同时并在的，并无矛盾，前提条件就是良知的当下呈现，能有过即知，知即改。而良知实践中，有过、知过、改过，三段却同时进行，虽存在逻辑上的先后关系，但并无时间先后可言，呈现出有过与过消（无过）一时并在这一看似矛盾的内在契合的情形。有关阳明圣人有过与无过的讨论，真正显豁出良知自知自觉的固有特质，对整体把握阳明的良知实践以及心学的现代开展具有启发意义。

关键词：圣人；有过；无过；王阳明；

自北宋学者周敦颐显豁"圣可学而至"始，"希圣""学圣""至圣""成圣"就一直是宋明儒者修身立德的终极追求，并由此生发出一系列精密的工夫系统。[①] 然而就"圣人"是否尽善问题上，宋明儒内部却存在异见，其中程朱一脉力主"圣人无过"，认为圣人是完满的存在。但在陆王则有异议，阳明处尤为明显，明确提出"圣人有过"。与此矛盾的是阳明又隐隐传达出"圣

[①] 据《孟子·尽心下》，"圣"有"性者也"与"反之也"两类，对于有着严密工夫论系统的宋明儒者而言，所至之圣应属"反之也"。

人无过"的思想。因此,我们不禁要问在阳明的理论设定中圣人究竟是有过还是无过。

就学界目前研究现状看,涉及宋明儒圣人有过与否问题的探究主要集中在阳明处。其中陈立胜《"圣人有过":王阳明圣人论的一个面向》①,专论阳明圣人有过的面向,意在揭示宋明时期圣人论背后所蕴藏的人性有限性与无限性间张力,避免单向度认知,但有关阳明圣人"有过"与"无过"的矛盾以及圣人何以有过问题则未及深论;欧阳辉纯《论王阳明的圣人观》②对"圣人有过"说也曾提及,但并无解释,一笔带过;吴震也曾论及阳明之圣人并非尽善的存在,③但未涉及圣人是否有过。归结而言,学界有关圣人有过与否问题的探讨相对较少,但"圣人有过"的拎出却直接逼显出阳明圣人设定的矛盾所在——圣人有过与圣人无过并存。然而在阳明的理论体系中是否存在圣人有过与无过的抵牾呢?若不存在,阳明如此设定的缘由何在,对此,学界尚无有效的回应。

本文意在从心学反向内求的为学路径入手,指出"圣人有过"是心学内向型工夫的必然结果,基于此,阳明"圣人无过"才得以成立。并进一步指出在阳明的理论体系中"圣人有过"与"圣人无过"为同时并存,以此揭示出良知的"真机""诀窍"所在。有关阳明圣人有过与无过的讨论,对整体把握阳明的工夫实践以及心学的当代转化具有启发意义。

一、"圣人"异见:无过与有过

宋儒程若庸《性理字训·善恶》中"人非圣贤,孰能无过"一句一直流传至今,致使"圣人无过"说基本成为世人头脑中先见般的存在。实际上,自汉唐以来,圣人就一直以完满的形象存在,如《后汉书·张衡列传》载"自非圣人,不能无过"④,《三国志·吴主传》载"夫惟圣人能无过行"⑤,《全唐文·

---

① 陈立胜:《"圣人有过":王阳明圣人论的一个面向》,《学术研究》2007年第4期。
② 欧阳辉纯:《论王阳明的圣人观》,《齐鲁学刊》2016年第1期。
③ 吴震解读:《传习录》,国家图书馆出版社,2018年,第150页。
④ (南朝宋)范晔:《后汉书》卷五九《张衡列传第四十九》,中华书局,1965年,第1910页。
⑤ (晋)陈寿:《三国志》卷四七《吴书二吴主传第二》,中华书局,1982年,第1142页。

韩愈十一》载"惟圣人无过"①。直至宋明,儒者在圣人有过与否的问题上才出现明显的分歧。宋初周敦颐首提"圣可学至"②,就其有关圣人的相关论述而言,隐含"圣人无过"的思想,③但未做明确的提揭。直至二程,面对弟子"圣人有过"的诘难时,明确提出了"圣人无过":

> 汤既胜夏,欲迁其社,不可。圣人所欲不逾矩,既欲迁社,而又以为不可,欲迁是,则不可为非矣;不可是,则欲迁为非矣。然则圣人亦有过乎?曰非也。圣人无过。夫亡国之社迁之,礼也,汤存之以为后世戒,故曰欲迁则不可也。④

弟子巧妙的抓住圣人前后矛盾的心理,指出:前"欲迁",后又以"欲迁"为"不可",则前"欲迁"为"过"。二程的回答也很精彩,认为前"欲迁"是礼,后"不可"为"戒后世",前后皆是,以此说明"圣人无过"。换言之,在二程看来,无论是前"欲迁"还是后"不可",皆是即时即境理"当"如此,是圣人"物来而顺应""廓然而大公"⑤的体现。朱子在二程基础上进一步细化,认为"圣人生知安行,固无积累之渐"⑥,并着重弥合圣人有缺的相关挑战,主要体现在两个方面:(1)《论语·八佾》"子入太庙每事问"章,有别于阳明"(圣人)何缘能尽知得"⑦的解释,朱子认为圣人是虽知亦问,以显其谦与敬。⑧ 进一步朱子以"我

---

① (清)董诰:《全唐文》卷五五七《韩愈十一 省试颜子不贰过论》,中华书局,1983年,第5638页。
② (宋)周敦颐:《周敦颐集》卷二《通书·圣学》,陈克明点校,中华书局,1990年,第31页。
③ 周敦颐在《太极图说》中指出圣人之生是"得其秀之秀者",并着重强调"圣人与天地合其德","圣人太极之全体","圣人全动静之德",隐含圣人为尽善的存在,见《太极图说》,《周敦颐集》卷一,第6—7页。
④ (宋)程颢、程颐:《遗书卷第六二先生语六》,《二程集》,王孝鱼点校,中华书局,2004年,第89页。
⑤ (宋)程颢、程颐:《粹言卷第二心性篇》,《二程集》,第1263页。
⑥ (宋)朱熹:《论语集注卷一》,《四书章句集注》,中华书局,1983年,第55页。
⑦ (明)王守仁:《王文成公全书》卷三《语录三传习录下》,王晓昕、赵平略点校,中华书局,2015年,第120页。
⑧ (宋)黎靖德编:《朱子语类》卷二五《论语七》,王星贤点校,中华书局,1986年,第623页。

(圣人)非生而知之者"为虚说,认为这是圣人勉进后人,开示进学无止义;① (2)《论语·述而》"学易无大过"章,就弟子"圣人何以有过"之问,朱子以"此为自谦之辞"作答,认为其性质与"圣仁吾岂敢"一致,皆为圣人不自足之意。② 观程朱对挑战"圣人无过"问题的作答,我们不难看出其中或多或少存在强释的成分,其目的只有一个:维持圣人完满的人格。然而程朱一脉的"圣人无过"说并没有得到心学家普遍认可,陆象山在与傅全美的书信中就曾有"过者,虽古之圣贤有所不免"③之说。至阳明则直截指摘"圣人无过"之论为"相沿之说",是"未知圣人之心"的体现。④ 且在阳明看来圣人不只有过,而是"时时自见己过"⑤,即圣人时时有过。阳明这一说法在心学殿军刘蕺山处也有遥契,且说法较阳明更为激烈:"圣贤看得自己通身都是病,直是千疮百孔,须时时用功方得。"⑥归结而言,心学一脉持"圣人有过"之论,其最终根据为"圣人亦人"⑦,"非其心果与人异也"⑧,即肯认人性的有限,就此而言"圣人有过"正是心学,尤其是阳明学平民化、朴实化的体现。然而基于"圣人亦人"来为"圣人有过"张本似总有不尽处,有剩欠处。原因在于,不论是阳明还是蕺山,其所传达出来的并非仅仅是是"圣人有过",而是圣人时时有过,是"千疮百孔"的,象山处同样也有"圣贤皆有不可胜诛之罪"⑨的言论,如此一来,根于"圣人亦人"的解释力度是相当有限的。这里我们注意到蕺山处,"圣贤见得自己通身都是病"有一基本预设,即"须时时用功方得",也就是说圣贤"见过多"是持续工夫实践的结果。无独有偶,阳

---

① (宋)黎靖德编:《朱子语类》卷三四《论语十六》、卷一二〇《朱子十七》,第891、2894页。
② (宋)黎靖德编:《朱子语类》卷三四《论语十六》,第885—887页。
③ (宋)陆九渊:《陆九渊集》卷六《与傅全美》,锺哲点校,中华书局,2020年,89页。
④ (明)王守仁:《王文成公全书》卷四《文录四一书一 寄诸弟》,第210页。
⑤ 同上。
⑥ (明)刘宗周:《刘宗周全集》(三),戴琏璋、吴光主编,台北"中央研究院中国文哲研究所筹备处",1997年,550页。
⑦ (明)王守仁:《王文成公全书》卷二四《外集六说杂著 论元年春王正月》,第1047页。
⑧ (明)王守仁:《王文成公全书》卷四《文录四一书一 寄诸弟》,第210页。
⑨ 原文为"以铢称寸量之法绳古圣贤,则皆有不可胜诛之罪",这里是断章取义,象山论圣贤有"不可胜诛"之罪存在前提,即"锱铢必较",见后文详论,见陆九渊:《与致政兄》,《陆九渊集》卷一七,第249页。

明一传弟子聂文蔚也有类似表达:"圣人过多,贤人过少,愚人无过,盖必学而后见。"[1]即"见过多"须"学而后见",而心学之"学""用功",简言之就是以反向内求为导向的"立本""明心""识头脑"。但心学之工夫实践如何与"见过多"相关涉呢?阳明又如何得出近乎悖论般存在的圣人"时时自见己过"呢?此则要从心学的为学路径说起。

二、圣人有过:心学内向工夫的必然结果

心学的圣人形象与理学最大的不同就在"圣人有过"上,且在心学一脉的理论体系中圣人不单有过,而且过很多,确切的说是见己过很多。此"见己过"若从精微处论,可说是见己念念有失、时时有错。但理论上圣人本该是时时良知自然呈现,念念自然流行才对,何以有过?此则是心学"反求诸己"为学路径本身所决定的。

心学反己内求的为学方式,并非"越千里如历块"[2]的顿教,而是存在一个逐步深入的过程,对此阳明有明确的表述:

> 为学须有本,须从本原用力,渐渐盈科而进。仙家说婴儿,亦善譬。婴儿在母腹时,只是纯气,有何知识?出胎后,方始能啼,既而后能笑……有既而后能立、能行、能持、能负,卒乃天下之事无不可能。[3]

"本""本原"在阳明处即良知义、头脑义,而识得头脑(良知)只是工夫起点,之后还需立、行、持、负的渐次而进。阳明用以答复顾东桥"立说太高""用功太捷"之论也是一佐证:"区区格致诚正之说,是就学者本心日用事为间,体究践履,实地用功,是多少次第、多少积累在。"[4]无疑,此格致诚正的过程是通过内转、内涉的戒惧、省察、觉照来实现的,对象即为应感而起的私欲妄

---

[1] (清)黄宗羲:《明儒学案》卷一七《江右王门学案二·贞襄聂双江先生豹》,沈芝盈点校,中华书局,2008年,第373页。
[2] (宋)陆九渊:《陆九渊集》卷三四《语录门人傅子云季鲁编录》,第468页。
[3] (明)王守仁:《王文成公全书》卷一《语录一传习录上》,第18页。
[4] (明)王守仁:《王文成公全书》卷二《语录二传习录中 答顾东桥书》,第50页。

念。就此而言,心学之自知、自证、自解、自得实则是对自身缺陷有着深切体贴的结果。在此期间,与常识上愈省正过失显现愈少的情状相反,反己愈切、体究愈笃,过失显现反而愈多,此即阳明所谓"专涵养者日见其不足,专识见者日见其有余"①。实际上,象山早在《杨承奉墓碣》中就对此做过细致的论述:

> 少时盖常自视无过,视人则有过。一日,自念曰:"岂其人则有过?"旋又得二三,已而纷然,乃大恐惧,痛惩力改,刻意为学。读书听言,必以自省,每见其过,内讼不置,程指精严,及于梦寐,怨艾深切,或至感泣。积时既久,其工益密。念虑之失,智识之差,毫厘之间,无苟自恕。②

骛于外者"自视无过",一旦反己向内,过失之显即"旋又得二三"后"已而纷然",积时既久,省察日密"乃大恐惧",因为"念虑之失,智识之差"皆计为过,如此说是时时皆过也无不可。也就是说,反己愈切,所见己过愈多,因此象山坦言"为学日知其难,过失日觉其多,朝夕恐惧"③。

同样的,阳明的良知实践也存在这样一个由粗至精,逐步深入的过程:工夫(向内)愈精熟,本心愈莹明,所能照见的过失愈细微,进而愈繁多。但与象山相比,阳明对此论述的更为详实具体。主要体现在两个方面:其一,随着工夫逐步深入,原先所不见、不知、不察的过失会不断呈现出来,如:

> 天理人欲,其精微必时时用力省察克治,方日渐有见。如今一说话之间,虽只讲天理,不知心中倏忽之间,已有多少私欲。盖有窃发而不知者,虽用力察之,尚不易见,况徒口讲而可得尽知乎?④

---

① (明)王守仁:《王文成公全书》卷一《语录一传习录上》,第41页。
② (宋)陆九渊:《陆九渊集》卷二八《杨承奉墓碣》,第375—376页。
③ (宋)陆九渊:《陆九渊集》卷三《与乔德占》,第51页。
④ (明)王守仁:《王文成公全书》卷一《语录一传习录上》,第31页。

这里阳明表达的很明确,即精微之私欲(过失)需持续的工夫实践"方日渐有见",若工夫未至,对于精微之发则有"窃发而不知者,虽用力察之尚不易见"的状况。对此,陆澄的工夫实践可做很好的例证:

> 澄曰:好色、好利、好名等心,固是私欲。如闲思杂虑,如何亦谓之私欲? 先生曰:毕竟从好色、好利、好名等根上起,自寻其根便见。①

陆澄因对欲根的萌动不识、不知、不察,故有"闲思杂虑如何亦谓之私欲"之疑。换言之,"根上"萌动太过隐微,很容易出现发而不易识,察而不易见的状况。就此而言,陆澄所能察知的是相对粗疏的闲杂思虑,于精微欲念的发显则有发而不识之失。阳明对钱德洪等一众弟子"终年为外好高"之病的刊破也与此类似,②它直接折射出这样一个心理活动:务外好高的心念恒在,吾人却不知、不识,常漫忽而过(太过细微故),乍然识得后不觉悚惧、汗愧、后怕。以此而论,阳明"若能实致其知,然后见得平日所谓善者未必是善"③之言十分贴切。其二,工夫愈精进,见过愈精微,过失呈现的也愈密集。这里我们可以参考阳明居越期间与弟子南大吉的对话:

> 先生与论学,有悟,乃告先生曰:"大吉临政多过,先生何无一言?"先生曰:"何过?"大吉历数其事。先生曰:"吾言之矣"。大吉曰:"何?"曰:"吾不言,何以知之?"曰:"良知。"先生曰:"良知非我常言而何?"大吉笑谢而去。居数日,复自数过加密,且曰:"与其过后悔改,曷若预言不犯为佳也。"先生曰:"人言不如自悔之真"。大吉笑谢而去。居数日,复自数过益密,且曰:"身过可勉,心过奈何?"先生曰:"昔镜未开,

---

① (明)王守仁:《王文成公全书》卷一《语录一传习录上》,第28页。
② (明)王守仁:《王文成公全书》卷三《语录三传习录下》,144页。原文为:"洪又言:'今日要见人品高下最易。'先生曰:'何以见之?'对曰:'先生譬如泰山在前,有不知仰者,须是无目人。'先生曰:'泰山不如平地大,平地有何可见?'先生一言剪裁,剖破终年爲外好高之病,在座者莫不悚惧。"
③ (明)王守仁:《王文成公全书》卷二《语录二传习录中 答周道通书》,王晓昕、赵平略点校,第74页。

可得藏垢;今镜明矣,一尘之落,自难住脚。此正入圣之机也,勉之!"①

从中我们不难看出伴随着南大吉的致知实践,其见过有一个"历数其事""复自数加密""复自数过益密"的过程,很明显此日密之过不是"身过",而是"心过",抑或称念过,形象的呈现出这样一个情状:见过愈精细,过失朗现愈密集。而这是否只是南大吉的个例,还是阳明致知实践的自有之义呢?首先,阳明曾明确表达过精微之私欲在刹那间就可以密集的呈现。② 其次,阳明"念念省察""念念要去择地取材"③之说也可以从侧面印证,即正因为念念皆危,因而要"念念省察",智识之差、毫厘之间皆可为过,因而须"念念要去择地取材",即省察之严密与过失发显之密集相对应。也正由于见己过之深沉,呈现之密集,因而不敢不谨,自有不容己之戒惧,阳明言"戒惧之念无时可息,若戒惧之心稍有不存,不是昏聩,便已流入恶念"④,象山言"戒慎不睹,恐惧不闻,战战兢兢,如临深渊,如履薄冰,乃其践履之常也"⑤,此皆为实地用功后而生发。

综上,我们可以得出这样一个结论:心学反己内向的照察省正,工夫愈真切,愈笃实,所能照、能察、可见之过失愈细微、密集(良知愈莹明故)。以此推论,工夫臻致念虑隐微处,则念念皆过、时时皆错之状实非虚言,象山言"以铢称寸量之法绳古圣贤,则皆有不可胜诛之罪"⑥,以"铢称寸量"绳之即就工夫精微处言,蕺山"圣贤看得自己通身都是病,直是千疮百孔"⑦也是就工夫至隐至微处而论。如此一来,见己过之多少与否不单不是贬义,反而是衡量工夫是否精纯的标准:"圣人过多,贤人过少,愚人无过。"⑧而阳明所谓

---

① (明)王守仁:《王文成公全书》卷三四《附录三年谱三》,第1468—1469页。
② (明)王守仁:《语录一传习录上》《王文成公全书》卷一,第31页,"天理人欲,其精微必时时用力省察克治,方日渐有见。如今一说话之间,虽只讲天理,不知心中倏忽之间,已有多少私欲",此处阳明指出倏忽之间就可有很多私欲呈现,而此时之私欲正指精微处而言。
③ (明)王守仁:《王文成公全书》卷三《语录三传习录下》,第124、167页。
④ (明)王守仁:《王文成公全书》卷一《语录一传习录上》,第44页。
⑤ (宋)陆九渊:《陆九渊集》卷四《与诸葛诚之一》,第57—58页。
⑥ (宋)陆九渊:《陆九渊集》卷一七《与致政兄》,第249页。
⑦ 刘宗周:《刘宗周全集》(三),戴琏璋、吴光主编,台北"中央研究院中国文哲研究所筹备处",1997年,第550页。
⑧ (清)黄宗羲:《明儒学案》卷一七《江右王门学案二·贞襄聂双江先生豹》,第173页。

"圣贤时时自见己过"更是圣人工夫"尽精微"①的直接体现,就此而言,陈立胜所论"圣人之过"为"念过"堪称卓见。② 然而圣之为圣并不在于见过之多上,而在于即下改过以致无过上。

三、圣人无悔:有过、见过、改过一时并在

象山以为学日进日难,过失日多;阳明以用功日进日见己之不足,此皆为心学内向型工夫的必然结果。就此而论,见过之多正是工夫有进的印证,而圣人"时时自见己过"更是工夫至精至微的体现。也正基于此,心学家对人性之缺陷有深刻的体知,故而能通达人性人情,因人指点拨擢。③ 然而"圣人有过"只是阳明圣人面向的一极,另一极则为:圣人虽时时有过,却又时时无过,有过与无过同时并存,一时而化,以圣人无过无悔为终。那么,这一义向在阳明这里是又如何呈现的呢。

这里我们可以参考耿宁的"自身意识"概念,耿宁指出良知对念虑之照察是现象学意义上的"自身意识",这种"自身意识"不是事后、对象化的反思意识,而是与意念活动同步、同时进行。④ 意思是说念虑之发良知无不知之、觉之,同时此念虑之发与良知之知并无时间先后可分,是一时并在,同念并起的。即念虑发时良知即知,抑或可以说良知的省察活动(自知、自觉)内在于每一个意念行为中。耿宁基于"良知自知(觉)"的这一看法(念与知同时同步)基本得到了学界认同,⑤因为从根本上说,"念起"与"心知"同时同步之论很是契合良知之能,以阳明"镜喻"来说,事物之来与镜之照物是同时

---

① (明)王守仁:《王文成公全书》卷三《语录三传习录下》,第151页。
② 陈立胜:《"圣人有过":王阳明圣人论的一个面向》,《学术研究》2007年第4期。
③ (宋)陆九渊:《陆九渊集》卷三四《语录门人傅子云季鲁编录》,第468页,载"吾于人情研究的到,然吾非苛察之謂,研究得到,有扶持之方耳"。
④ 耿宁:《人生第一等事——王阳明及其后学论"致良知"》,商务印书馆,2014年,第217页
⑤ 参见吴震:《略议耿宁对王阳明"良知自知"说诠释——就〈心的现象:耿宁心性现象学论文集〉而谈》(《现代哲学》2015年第1期);陈立胜:《"以心求心""自身意识"与"反身的逆觉体证"——对宋明理学通向"真己"之路的哲学反思》(《哲学研究》2019年第1期);朱刚:《"自知"与"良知":现象学与中国哲学的相互发明——从耿宁对王阳明"良知"的现象学研究谈起》;张卫红:《良知与自证分——以王阳明良知学为中心的论述》(《由凡至圣——阳明心学工夫散论》,生活·读书·新知三联书店,2016年,第69—90页)。

同步的,本无时间先后可言。换言之,妄念一起,本心即知(觉),妄起(物来)与心知(照物)同时同步,一时并在。此外,在阳明的致知实践中,不只妄起与心知为同时同步,妄消与心知亦同时同步。什么意思呢,即从逻辑上看,念虑之诚正呈现为三段:妄念之发,良知知(觉)之,而后正之,而落实在具体的良知实践中,三段却是同时进行。首先,一如耿宁所言妄念起时良知自知(觉),妄与知同时同步。其次,妄消与心知亦是同时同步的,也就是说良知知(觉)时妄念即消,如阳明言"人若知这良知的诀窍,随他多少妄念,这里一觉,都自消融"①,"良知一觉,即罔然消阻"②,这是说,良知一觉妄念即消,那么,关键在于良知之觉与妄念之消是否存在时间上的先后之分。实际而言,在阳明良知系统中二者并无时间先后可分,不是先有良知之觉再有妄念消融,而是觉时妄已消、知时念已融。两处为证,其一,阳明对"即"字的用法存在时间上"同时同步"义,如"一有私欲,即便知觉"③,此处的"知觉"无疑是良知自知自觉,若"欲"与"知"同时同步,那么这里"即"并没有时间差。若"即"可以无时间先后,那么"良知一觉,即罔然消阻"也可以理解为良知觉时妄已消,亦同时同步。对此,龙溪表达的更为明确,龙溪论颜子工夫"才动即觉,才觉即化"④,动(妄起)即觉(良知知之)同步同时,此无须多论,为学界共识,那么,同样句式与表达的觉(良知知处)即化(妄消)亦应同时同步,也就是说本心之知与妄念之消一时完成。其二,阳明的"阳喻""雪喻"亦可为佐证。就"阳喻"来看,"太阳一出,魍魉潜消"⑤,若从细处论,阳出就伴随着魍魉消,不是太阳出来后魍魉再消;再如阳明"洪炉点雪","虽私欲之萌,真是洪炉点雪"⑥,点雪(觉照)与雪化(妄消)亦同时同步,逻辑上虽有先后可言,而时间上却并无先后,魍魉未消,雪未化只是阳未真出,炉

---

① (明)王守仁:《王文成公全书》卷三《语录三传习录下》,第116页。
② (明)王守仁:《王文成公全书》卷二《语录二传习录中 答陆原静书二》,第80页。
③ (明)王守仁:《王文成公全书》卷三《文录四序记说 示弟立志说》,第316页。
④ (明)王畿:《王畿集》卷五《南雍诸友鸡鸣凭虚阁会语》,吴震编校,凤凰出版社,2007年,第112页。
⑤ (明)王守仁:《王文成公全书》卷三《文录四序记说 示弟立志说》,第316页。
⑥ (明)王守仁:《王文成公全书》卷四《文录一书一(五)》,第186页。

未真热。

因此,私念之萌、良知之觉、私念之消看似逻辑上先后分明的三段,实是同时、同步、一时进行。《传习录》钱德洪所录问答中,阳明委实有类似表述:"才有着时,良知亦自会觉,觉即蔽去,复其体矣。"①意思是说,一有情欲之萌(有着),良知即自知自觉,而良知觉时妄即消。一方面,"有着"与良知"自会觉"同时同步,另一方面良知觉(知)处妄即消融,即"有着""自会觉""蔽去"在真实践履中是同一时点中事。② 其实,三段同步同时的思想早在象山处就萌芽,如"念虑之正不正,在顷刻之间。念虑之不正者,顷刻而知之,即可以正"③,虽然"顷刻"一词确有时间先后的嫌疑,象山之论难免"粗些",但念虑之不正,知之,即可以正之之论大抵已有三段同时、同步的雏形。

由此,我们不难看出有过(妄)与无过(妄消)是可以同时并在的。关于这一点,阳明居赣期间(戊寅)《寄诸第》中涉及圣人的论述是最贴切的印证:

> 本心之明,皎如白日,无有有过而不自知者,但患不能改耳。一念改过,当时即得本心……人皆曰人非尧舜,安能无过?此亦相沿之说,未足以知尧舜之心。若尧舜之心而自以为无过,即非所以为圣人矣。其相授受之言曰:"人心惟危,道心惟微,惟精惟一,允执厥中。"彼其自以为人心之惟危也,则其心亦与人同耳。危即过也,惟其兢兢业业,尝加"精一"之功,是以能"允执厥中"而免于过。古之圣贤时时自见己过而改之,是以能无过,非其心果与人异也。"戒慎不睹,恐惧不闻"者,时时自见己过之功。④

这里阳明直接指出"圣贤无过"是"相沿之说",是未知圣人之心的体现,其

---

① (明)王守仁:《王文成公全书》卷三《语录三传习录下》,第138页。
② 吴震也曾提及"有着""自会觉""觉即蔽去"为同时发生,参见《王阳明的良知学系统建构》(《学术月刊》2021年第1期)。
③ (宋)陆九渊:《陆九渊集》卷二二《杂著杂说》,第309页。
④ (明)王守仁:《王文成公全书》卷四《文录四一书一 寄诸弟》,第210页。

中有关圣人的疏解包含以下三方面内容：第一，圣人不仅有过且是"时时自见己过"，即圣人见自己时时皆有失，此类说法象山、蕺山处亦有，可谓确凿；第二，圣人良知常见在，因而能"时时自见己过"，因为"本心之明，皎如白日，无有有过而不自知者"；最后，圣人之无过是因为时时见己过而改之，是以能无过。然而阳明这一结论存在明显的矛盾——圣人无过却又时时见己过。这里的关键就在于如何理解阳明所说的"时时自见己过而改之"，通常的理解是有过、见过、改过，依次展开，"时时"即接续不断义，如图：

有过（第一个时点）→→见过（下一时点）→→改过（再下一时点）→→有过（第二轮第一时点）→→见过（下一时点）→→改过（再下一时点）……

就此而言，改过之后又有过，阳明"圣人无过"之说实是妄语。而阳明又明确如此表达，唯一的解释是有过、见过、改过三段依次开展的理解存在偏差，或者说逻辑化、概念化、系统化的理解与阳明的致知实践总有扞格。这里问题的关节点在于"见过"之"见"上，此"见"非通常意义上之知觉、闻见，而是良知本身之觉知、觉照，对此阳明开篇就表达的很明显："本心之明，皎如白日，无有有过而不自知者"，即"见过"本质上是良知本身之呈现，是本心自知自觉。所以，阳明"时时自见己过而改之，是以能无过"的说法非但不矛盾，反而合理，因为在阳明的良知实践中，有过、知过、改过是同时、同步开展，即妄念之发、良知之知、妄念之化三段式在一个时点中完成。具体来说，时时有过，时时见之、改之，转换在工夫实践可呈现为念念有过，念念知之、改之，如图：

一念妄同念并起一念知知即妄消（同一时点中完成）→一念妄并起一念知知即妄消（同一时点）→一念妄并起一念知知即妄消（同一时点）……

所以,在阳明的设定中,圣人虽念念有过(有妄),但又却念念无过(妄消)。念念有过,是就心学工夫(向内)至隐至微处言,即象山"锱铢必较""察源鱼"①之说,是圣人尽精微的体现,逻辑上在先,是因地;念念无过是就良知常见在而论,过无不知,知即蔽去,逻辑上在后,是果地。但二者确在同一时点一时完成,呈现出看似矛盾的圣人形象,即阳明所论"古之圣贤时时自见己过而改之,是以能无过"②。就此而言,阳明"圣人有过"与"圣人无过"不但不抵牾,且真正显豁出良知之"灵丹""真诀""真机"之特质,也正系于此,阳明有"惟圣人而后能无悔"③的断言。

四、过亦无过:阳明对圣人的最终设定及其意义

心学内转、内涉的省、正、诚、格,其对象无疑就个人之缺陷而言,工夫愈进,良知愈莹,所能照见之缺陷愈精微、纷繁,即工夫愈进过失愈多(所察愈微故),此是心学为学路径的必然结果,也是心学实践之笃实深刻处。象山所言"圣贤皆有不可胜诛之罪",阳明所言"圣贤时时自见己过",蕺山所言"圣贤看得自己通身都是病,直是千创百孔",皆就工夫至隐至微处言。也正因圣贤常见己过,常见己之不足,常认己有所剩欠,因而不敢傲,不敢忽,自有不容己之兢兢戒惧,小心翼翼,"尧讵未圣?犹日竞竞"④,"虽尧舜文王之圣,犹且兢兢业业"⑤。归结而言,一方面"圣人有过"最显心学之平民化、朴实化、大众化,其精神实质与"满街都是圣人"⑥最为相契,可谓"道中庸";另一方面圣人尽微知隐,见过之多,以及由此生发的不容己之兢兢戒惧,则是极为细腻精微,可谓"极高明"。就此而言,对阳明"圣人"平实化、大众化的单向认知是需要重新审定的。不仅如此,通过对圣人有过与无过的讨论,我

---

① (宋)陆九渊:《陆九渊集》卷一七《与致政兄》,第 249 页;卷三四《语录门人傅子云季鲁编录》,第 524 页。两处皆就工夫精微处言。
② (明)王守仁:《王文成公全书》卷四《文录四一书一 寄诸弟》,第 210 页。
③ (明)王守仁:《王文成公全书》卷二四《外集六梅斋说》,第 1043 页。
④ (明)王守仁:《王文成公全书》卷二五《外集七三箴》,第 1091 页。
⑤ (明)王守仁:《王文成公全书》卷七《文录四谨斋说》,第 320 页。
⑥ (明)王守仁:《王文成公全书》卷三《语录三传习录下》,第 144 页。

们发现阳明"知行合一"与"致良知"的核心教法在一定意义上也需要重新认知,以便整体把握。

第一,就致知实践而言,"知行合一"之"知"并非天理义,更非知识义,而是指"知过"。圣贤所以时时见己过,根本在于良知莹明,所照所察细腻入微,因而圣贤所见之过准确来说是"念"过,就在毫厘之间。常人则有别,欲念之萌常发而不识,即阳明所谓"窃发而不知,虽用力察尚不易见"[①]。由此可见,见过多、知己常不足是建立在真切笃实的良知实践基础上的,《传习录》中所载"不觉悚汗""愧汗沾衣""悚然汗背"之状,皆为有功夫有进,在自我照察省正中亲证、亲历、亲切这样一个真相:平实微而不识、隐而不显的之过乍然朗现在此知之下,而顿觉惊惧,即这些过失一直存在,就在我们最熟悉、最熟知之一身当中,我们竟然无所察觉,终日昏昏,漫忽而过,更有甚者以己无过,体知之后而有大恐惧、大惭愧、大悔恨(真见己之习气深重),进而有大觉情,生发不容己之兢兢戒惧,小心翼翼。也就是说,戒惧之心、兢兢之情,非刻意为之,而是见己过之深沉后不敢不谨,而自然生发的。就此而言,真见己习气之深沉、己过之纷然是"知",由此生发的不容己之戒惧则属"行"。而此处之"知""行"并非定态,是动态的展开过程,即随着工夫不断精纯入微,过失也会不断的朗现、呈现,从身过、行过至心过、念过,[②]所见(知)愈精微、纷繁,由此生发的戒惧(行)愈真切笃实。这里需要说明的是心学之兢兢戒惧必着事物,但并非于事事物物上小心持守,而是戒惧于不赌不闻处,体现在行为中则表现为不敢漫、不敢傲、不敢忽、不敢有己,只是自然有个敬处,即阳明致我心之良知于事事物物义。

第二,圣之为圣惟在改过,而"改"非事后之改,而是现时、即下、见下之改,具体来说则落实在当下之一念,此当下之一念的工夫实践即是良知之"致"的宗旨所在。换言之当下有一念之失,不识不察,则有一念过,一念悔,圣人无悔无过唯有诉诸于每一个当下的良知呈现(过即知,知即化,一时完

[①] (明)王守仁:《王文成公全书》卷一《语录一传习录上》,第31页。
[②] (明)王守仁:《王文成公全书》卷一《语录一传习录上》,第38页,载薛侃工夫实践可为一佐证,薛侃工夫有进,过失呈现存在由"必务外为人"的行过至"闻誉而喜,闻毁而闷"心过的过程。

成)。所以心学一脉始终强调"见在""当下"(双江、念庵除外),象山言"道理只是眼前道理,虽见到圣人田地,亦只是眼前道理"①,阳明言"只存得此心常见在便是学,过去事未来事思之何益"②,近溪言"除却当下,便无下手处"③。质而言之,工夫能且只能在当下开展,离了当下无所谓工夫。因此,阳明对"圣人"的提揭并非体现在境界论维度,主要体现在劝勉、劝诫、劝导学者的良知之践、良知之行上,如"圣人只是一能之尔","众人不能,只是个不致知"④,"苟能致之,即与圣人无异也"⑤,这里阳明要表达的无非是:圣愚之分只在致与不致、能与不能上,此能不是挟泰山以超北海之能,确切的说是肯不肯,⑥此能与不能、肯与不肯、致与不致,具体来看即付诸于当下一念,一念良知,当下即是。因此阳明的"一念"之说,并不是强调于具体的"一个意念"上着工夫,而是强调当下、即下、现时之一念是否为良知呈现。

"过"在传统意义上多指"行过",如《论语》中"过则勿惮改","君子之过如日月之食",《孟子》中"人恒过,然后能改"等基本是就"行过"而言。而在阳明的理念中"圣人之过"则指"念过",如此一来,圣人的地位并没有因"有过"而有所降格,虽然"圣人有过"论对圣人完满的形象有所冲击,但"念过"的设定直接说明这样一个事实:圣人真能尽微知隐,体贴人性之幽深。其结果就是,圣贤能印契人心,直入血脉,教人能因人指点,应事能顺畅廓然,真似一个"无所不知无所不能的人"⑦,这一点在阳明身上尤为明显。即阳明"圣人有过"的设定在将圣人从庙堂拉回人间的同时,也将圣凡之间拉开了一定的距离。另一方面,阳明良知的实践,过无不知,知无不化,而过、知、化却在同一时点中一时完成,逻辑上虽有先后,时间上并无先后,这就造成了圣人有过的同时亦无过(有过与过消同在),形成了看似矛盾的圣人形

---

① (宋)陆九渊:《陆九渊集》卷三四《语录门人傅子云季鲁编录》,第457页。
② (明)王守仁:《王文成公全书》卷一《语录一传习录上》,第30页。
③ (明)罗汝芳:《盱坛直诠》,《罗汝芳集》,凤凰出版社,2007年,第402页。
④ (明)王守仁:《王文成公全书》卷三《语录三传习录下》,第136页。
⑤ (明)王守仁:《王文成公全书》卷八《文录五书魏师孟卷》,第340页。
⑥ (明)王守仁:《王文成公全书》卷一《语录一传习录上》,第39页。
⑦ (宋)陆九渊:《陆九渊集》卷三五《语录包扬显道所录》,第522页。

象。而这同时也给我们一个警醒,即阳明的良知之学是实践性的学问,与概念化、系统化的分解总有扞格,无论是"圣人有过"说,还是"有过"与"无过"的矛盾皆是此扞格变相佐证。而如何弥合此扞格,将概念化的探究转换为真正的为己之学,临照当下的生活无疑才是阳明良知之教的实质所在。质而言之,当代对阳明学的研究已经有相当丰富的成果,而如何将此"财富"转化在实践中,真正的"花起来",是值得我们深刻省思的与关注的。

(谨以此文纪念阳明先生诞辰550周年)

以感论性:张载的气学体用论及其内在困境

段重阳

(山东大学儒学高等研究院)

内容摘要:如何通过气之感通而成立超越论哲学和工夫论是张载哲学研究的核心问题,这既需要避免将感通理解为存在者之间的关系,也需要避免将感通把握为与他人的横向关联。张载将"感"把握为所有存在者的存在方式("性")、将"神"把握为所有存在者的实在基体而实现了对作为超越者的流行整体的指明,这是体用论的建立。同时,张载的"虚心"和"心化"工夫之目的是将太虚之象朗现于心中而实现对最终根据的把握。但是,张载将"性"和"神"把握为同质性的,使得整体之根据与整体自身在现实形态上难以区别,从而对万物运行秩序缺乏必然性的保证,也因为对整体的直接经验之不可能使得心难以有静,成圣之路也就有着障碍。

关键词:张载;体用论;超越论哲学;感通

在宋明理学研究中,学者对张载哲学的诠释是具有争议的,郑宗义指出了目前张载哲学研究的三种路径,即唯物主义的唯气论、理气论和超越主义的唯气论。其中,唯物主义的唯气论既缺乏对气之神化必然性的说明,也难以安顿道德价值,而这恰恰是张载之学的宗旨。理气论的解读(例如朱熹与牟宗三)虽然有文本释义上的问题,但更关键的是未能突出张载对气的重视,反而以神、理为首出。因此,郑宗义认为唐君毅所开创的超越主义的唯气论是最能体贴张载哲学的路径,其核心在于以气之感通言神化不息和德性工夫。① 可以看出,对气的重视与感通相关,如果想要成立基于气的超越论哲学,那么就必须阐明感通何以是超越的,从而既区别于取消超越者的唯物论,也区别于以天理或者"太虚"为超越者的理气论路径。在否认以牟宗三为代表的将"太虚"与"气"视为异质的超越者的诠释路径中,对"感"的阐发成为理解张载哲学的枢纽,如杨立华以"普遍的关联感通的倾向"言及气之性和人之工夫、陈睿超以"两一架构"言及气化的本质活动倾向与人的价值性生存,从而区别于牟宗三以"超越的神感"和"物感气合"为创生实体之作用与气自身之两端相感的差异。② 然而,以感通言气之性与工夫却有着理论上的陷阱,因为如此而言的感通难以与戴震之学相别。杨儒宾区别了体用论下的气学与"相偶论"下的气学,后者也是以气之感通而立道德,其所进者亦可言"万物一体",于是王雪卿一面通过"太虚"强调气论的超越向度,一面通过"感通互摄"强调主体突破自身而与他人相关联。③ 但是,这样的进路恰恰暴露了以感通言气之性的困境——对感通的强调走向了与他人的关联而丧失了工夫中超越向度,以整全中的本原而谈论超越性也难以与自然气化论相别,于是只能于整体之上另寻"太虚"等为"本体",从而暗引理气论入张载之学。当然,这并不是否认感通在张载气论中的核心地位,而是试图在平铺的感通之外,寻求"感"自身的超越性,这是张载的体用论哲学之目标,同时也是张载气论区别于自然气化论之处,然而在现今的研究中,强调气之感者却似乎忽视了张载的体用论。这种寻求也会暴露出张载以感言气之性的困境,这即反映在当代张载学研究中,也是后来理气论取代张载气学的缘由之一。

一、气之道中的体用论

牟宗三认为,《正蒙》开篇"太和所谓道"④是"总持地说"道,包含有能

---

① 郑宗义:《论张载气学研究的三种路径》,《学术月刊》2021年第5期,第30—37页。
② 杨立华:《隐显与有无:再论张载哲学中的虚气问题》,《中国哲学史》2020年第4期,第17页。陈睿超:《张载"气论"哲学的"两一"架构》,《中国哲学史》2021年第1期,第44页。牟宗三:《心体与性体》(一),联经出版公司,2003年,第524页。
③ 杨儒宾:《异议的意义:近世东亚的反理学思潮》,上海古籍出版社,2019年,第181页以下。王雪卿:《当代张载学》,联经出版公司,2021年,第250页以下。
④ (宋)张载著,章锡琛点校:《张载集》,中华书局,1978年。后续引文仅夹注篇名。

创生义、带着气化之行程义和秩序义。① 这三者的综合是"本体宇宙论"能够成立的因素:"气化行程"指的是相互区别的万物基于自身之气而言的统一性,也就是"流行"一词的指向;"能创生"指的是创生出万物的"本体",也就是给出万物之统一性者;"秩序"指的是万物以何种样态在运作中维持自身。"太和所谓道"之后接以"中涵浮沉、升降、动静、相感之性,是生絪缊、相荡、胜负、屈伸之始"和"散殊而可象为气,清通而不可象为神"(《太和》),指出了对"道"的进一步说明:首先,"道"可以被区别为所涵的"相感之性"和表现出的"絪缊、屈伸"之样态;其次,"道"可以被区别为相互区别的可见之"气"和自身为一的不可见之"神"。这种区别可以被视为体用之别:"未尝无之谓体,体之谓性"(《诚明》),"感者性之神,性者感之体"(《乾称》),"神天德,化天道,德其体,道其用,一于气而已"(《神化》)。关联着上述道的两种区别,"性""神"是体,而"絪缊、屈伸"等散殊之象是用,因此,牟宗三认为"气之性本虚而神"是说"气之本体",并说"此体性是气之超越的体性,遍运乎气而为之体者。此性是一是遍,不是散殊可象之气自身之曲曲折折之质性"②,将"絪缊、屈伸"等视为气之用,从而成立体用论,也就是将"能创生义"和"气化之行程义"理解为体用关系。但是,正如陈睿超指出的,气之体性虽然可以言"一",但此"一"不可离"两",神"并非阴阳差异何以产生或存在的根据,而是阴阳差异之间何以相互统一的根据"③,即气之体性乃"两"中之一、"两"之为一,而非在隔绝"神"与"气"基础上的无对之"一"。④ 因此,"两一"结构必须使我们重新思考张载的体用论,而不是将"神"剥离后与"太虚"相连而成立所谓流行之上的"本体"。

尽管以"太虚本体"成立气之超越性或成问题,因为"太虚"与"气"之

---

① 牟宗三:《心体与性体》(一),第462页。
② 牟宗三:《心体与性体》(一),第465页。
③ 陈睿超:《张载"气论"哲学的"两一"架构》,《中国哲学史》2021年第1期,第43页。
④ "神固不离气,然毕竟神是神,而不是气,气是气,而不是神,神与气可分别建立。"牟宗三:《心体与性体》(一),第464页。

关系只是显隐、动静之别,但牟宗三对超越性的指明却是引导我们继续思考的关键,即"遍运乎气而为之体",这也是"两一"结构的关键。张载有言:"有两则有一,是太极也。若一则有两,有两亦一在,无两亦一在。然无两则安用一? 不以太极,空虚而已,非天参也。"(《横渠易说·说卦》)"两"的出现以"天参"为前提,即相互区别的物之生成,所谓"一物两体,气也;一故神(两在故不测),两故化(推行于一),此天之所以参也"(《参两》)。然而气化亦有"无两"之时,"至静无感,性之渊源,有识有知,物交之客感尔"(《太和》),此处可言"太虚",然而"无两"只是"无感"之时,"性之渊源"也就是气之性尚未显现为感,但其性亦在。于是,若以"一"和"两"区别"神"和"气",那么"无两亦一在"说明神乃气化流行中不可或缺者,所谓"遍运乎气",因"两"而有形之气乃"一"之用,所谓"无两则安用一",与此可言"神"之为体而"太和所谓道"为用,但物之外仍有空虚之气,"太虚"与"气"基于"神"而有统一性,而"神"作为气之清通者,根源在于气自身之性。因此,我们不能说"虚生气",因为"太虚"与"气"只是气因其性而显现出的不同样态,"若谓虚能生气,则虚无穷,气有限,体用殊绝,入老氏有生于无自然之论,不识所谓有无混一之常"(《太和》),而作为"虚空即气"之根据的"性者,万物之一源"保证了"有无、隐显、神化、性命通一无二"(《太和》)。"有无、显隐"乃气化流行中的"太虚"与"气"之别,而"神化、性命"则有着体用关系,"化"和"命"皆因物而见,"神"和"性"在每一物之中且为之体。这样表述的体用论既有别于"宇宙本体论",同时也有别于"自然气化论",相对于前者,"体"不被理解为某种独立的"太虚"或者"太极",相对于后者,"体"的出现意味着"天道"被视为"用",从而有超越每一物之根据的出场。

当然,"由太虚,有天之名;由气化,有道之名"(《太和》)也指明了"天"和"道"的区别,林乐昌将这种区别解释为"支配自然界的原理之天"和"宇宙万物运行的动力,展现宇宙万物的变化过程及其秩序"的区别,并将"太虚"和"气化"的关系解释为"特定主体("太虚")对异质的他者("气")通过感应发挥关联整合作用,使异质的两种存在(太虚与气)关联整合为一个统一的存在("道"或"性")"。①然而,"太虚"与"气"是气之显隐的区别,二者的区别在于"感"之有无,而将"感"视为二者的关联则会陷入张载所批判的"虚无穷,气有限"中,因为"'太虚'概念具有无限性、超验性、非实然性","使儒家之'天'重返'天之虚'的超越和神圣本体地位"等恰恰将"太虚"视为独存完满的"本体"而与气殊绝,所以不得不以"感"而来沟通,反而忽视了"感皆出于性"的宗旨。② 同时,"太虚"或者"天"若理解为"原理",则是以"理"解"天",此为程朱之学,而宇宙运行之动力则是"性"与"感",亦可言"神",而不是"道"。其实,"由太虚,有天之名"指向的是宇宙流行之整体,这一整体被表述为"天",而其成立,则在于"太虚"。张载有言:"人鲜识天,天竟不可方体,姑指日月星辰处,视以为天。"(《横渠易说·系辞上》)日月星辰乃相互区别之物象,而"天"乃此不同物象之整体,此整体之获得超出物象而包揽虚空,因此对"天"的把握就是对有形和无形之物的统一性的把握,同时,各种物象因时因地而化,只有"太虚"不变——"太虚无形,气之本体,其聚其散,变化之客形尔"(《太和》),"凡有形之物即易坏,惟太虚无动摇,故为至实"(《语录中》),于是"太虚"作为不同的物之起源与归宿保证了所有物的整体性,因而有包含所有可见与不可见之物的"天"。因此,"天"指向了我们生存于其间的宇宙整体,也就是"天道",而体用论就是对此整体的理解和把握,于是有对"气之性本虚而神"(《乾称》)的阐明,从而有超越论哲学的出现。

　　"天"与"天道"有着区别,后者是从秩序的角度对宇宙整体的把握,而对"天道"的把握与"形而上者"相关。张载有言:"形而上者,得意斯得名,

----

① 林乐昌:《论张载的理学纲领与气论定位》,《孔学堂》2020年第1期,第32页。
② 林乐昌:《论张载的理学纲领与气论定位》,《孔学堂》2020年第1期,第32页。对于"性",林乐昌指出:"'道'与'性'是同构的,二者都由'虚'与'气'所构成","包括人在内的宇宙万物发生和存在的根源而言,'性'生成万物并赋予万物以本性","'性'是一个由本体之'天'或'虚'与现实之'气'整合而成的结构性概念","'道''性'内部存在虚、气通过感应相互联结、整合的机制"(见该文,第32页)。因此,"性"似乎可以区别为太虚本体的性和万物的性,前者是能生成万物的根源,而后者是万物的不同样态,而万物内部两种性又通过感应来联结,这种解释架构恐怕难以有张载原文的支撑,其思维前提在于需要有某种独存之"本体"作为张载体系的根基,但与张载对"体"和"性"的阐明不符。

得名斯得象;不得名,非得象者也。故语道至于不能象,则名言亡矣"(《天道》),"一阴一阳,不可以形器拘,故谓之道"(《横渠易说·系辞上》),"运于无形之谓道,形而下者不足以言之"(《天道》),"形而上是无形体者也,故形以上者谓之道也"(《横渠易说·系辞上》)。形而上者不通过"形"呈现自身,而是通过"意""名"而被把握为"象","苟健、顺、动、止、浩然、湛然之得言,皆可名之象尔"(《神化》),形而上者即天之化所显之象,乃一阴一阳的流行之象,而象之所显必有其道,道亦因言而见,"语道"方可见象。天道中的根本之象乃"神化":"形而上者,得辞斯得象矣。神为不测,故缓辞不足以尽神,缓则化矣;化为难知,故急辞不足以体化,急则反神"(《神化》),神化作为天道之象,也就是对"天"自身的阐明。一方面,"神化者,天之良能""天下之动,神鼓之"(《神化》)表明了神化乃宇宙整体自身的动能,另一方面,"天之不测谓神,神而有常谓天"表明了对宇宙整体的理解需要通过对神的把握。进而言之,神化可以通过体用而论,神是宇宙在自身内生成万物的动能,也就是为不可见、不可测之气,因而也就是将万物包括于自身之内的"太虚"和"天",同时,神之根源在于性,而相互区别的万物不同之形体和运作样态也根源于性,因而性与神乃万物之体,即万物成为自身之根据。因此,"人能知变化之道,其必知神之为"(《神化》),神之为体既说明了变化的根据(动力),也指明了变化的秩序,于是有"兼体而无累"(《乾称》)之天道,而"妙万物而谓之神,通万物而谓之道,体万物而谓之性"(《乾称》)所指明的就是对宇宙万物之整体的把握方式。

丁为祥将"天道"和"形而上者"合称为"天道本体",强调了"道体的遍在性及其对万事万物的内在性",从而"揭示了本体论与宇宙论的统一,即在宇宙生化现象的背后,正是以天道本体作为其内在主宰的"。[1] 宇宙本体论的言说是将"体"通过存在者的方式加以把握,从而在"本体"与相互区别的万物之间建立联系,以前者为后者之生成和秩序的根据,而张载的"体"并不

---

[1] 丁为祥:《张载对"形而上"的辨析及其天道本体的确立》,《哲学研究》2020年第8期,第53、56页。

通过存在者加以把握,而是建立在对存在者整体的把握之上。"本体"与万物的关系只能是"创造"与"被造",而存在者整体自身则是"化生",其根据不再被通过存在者加以把握,而是整体自身之性,也就是万物运作之中的普遍样态,如安鹏所言:"'性'是感之体,即气之乾坤二端的作用机制。由此有两方面的发用:其一,'性'是天道生生不已的根本原理和永恒动力;其二,'性'规定了万事万物的存在方式,即依乾坤二端之相感的形式而存在。"① 进而言之,存在者整体("天道")又被视为"用",而其根据则被把握为"体—性",前者所实现的就是对相互区别的万物之超越,而后者则是此超越者得以可能的根据,也就是"超越—原因"。但是,"超越—原因"又表现为"神",从而将自身降低为存在者整体的某种形态,因此受到了二程和朱熹的批判。张载有言:"感者性之神,性者感之体"(《乾称》),"感"可以区别为能感和所感(现实的感之样态),性作为感之体指向的是气之能感,而"性之神"则指向了现实的、永不停息的气化流行之整体。张载哲学通过将"感"把握为所有存在者的存在方式("性")、将"神"把握为所有存在者的实在基体而实现了对存在者之统一性("太和")的指明,这种统一性的实在之承担者就是"体物不遗"(《天道》)之天,此统一性可能之根据,就是作为"体"的"性"和"神",而"天"就是作为超越者的存在者整体。

因此,张载的体用论可以视作超越论哲学的初步形态。他试图对万物之根据做出追问,从而回应佛老之学,这种追问导向的分别是何以有万物,以及万物何以表现出相互区别的样态、其统一性又何在,于是有"性者,万物之一源"(《诚明》),"性"通过"神"而澄清"万物虽多,其实一物"(《太和》),从而有气化流行之整体,也就是唐君毅提到的"存在的流行"或者"流行的存在"②,又通过"化"显现为"天大无外,其为感者絪缊二端而已"(《太和》),从而有万物之运作样态。张载对"性"和"神"似乎有着不同的使用方式,但二者可以视为对"太虚"的说明,前者是"太虚"之"能感",后者是"太虚"之

---

① 安鹏:《作为"感之体":〈正蒙〉中的"性"及其意义》,《广西大学学报(哲学社会科学版)》2022 年第 1 期,第 75 页。
② 唐君毅:《中国哲学原论·原教篇》,九州出版社,2016 年,第 67 页。

"感"(于是有可见之气),但"神"又可以被理解为"天德",从而与"性"相通,于是,"神"既可以理解为"性"的现实形态,也可以被把握为此形态的根据。其实,张载以之为"体"的是作为"天德"的"神"和"性",但是,"性"与"神"的同质(前者为"能感",而后者为"感"之样态)使得最终的根据与借由此根据得以把握的超越整体在现实形态上难以区别,而以感为性又难以对秩序的根据和必然性加以说明,从而在"虚心"的工夫论上有所缺陷。

二、虚心与工夫中的体用论

超越论哲学的关键在于对每一物之"根据—原因"的追问,因而意味着将每一物包括在自身之内的宇宙整体的出场,以及整体的根据之显明,这其中的关窍在于,整体的根据需要显现为每一物中的普遍性,而整体就是此普遍性的承载者。人对此根据的把握首先是知解的,即张载所说的"大学当先知天德"(《乾称》),而后是践履的,即将此根据显现于自身,也就是张载提出的"虚心",这就是由知到行之工夫历程。如果最终的根据要落实为具体之气的样态,那么就难以在其他物之行动中呈现,而只能通过人的行为以朗现"天德",这也是孟子人禽之辨的超越论形态。

郑宗义已经指出了以感为性而立"性—神"为体的工夫论之核心在于"吾人的本性本心遂亦先是以感通来规定,并由感通再进而体认仁义","张载德性工夫的核心应为复反天地之性那感通之德与知,也就是大其心能体天下之物之'体'字的实义"[1],陈睿超提出"两一架构"揭示出"普遍内禀于万物与人性之中的'差异趋于感通合一'这一应然性、规范性的本质活动倾向,从而为以关爱他者之'仁'为核心的儒家应然人伦价值奠定了实然基础"[2],然而超出自身与他人相感很容易导向戴震式的感通:"养之道,存乎欲者也;感通之道,存乎情者也;二者,自然之符,天下之事举矣"[3],"五者

---

[1] 郑宗义:《论张载气学研究的三种路径》,《学术月刊》2021年第5期,第36、37页。
[2] 陈睿超:《实然何以推出应然——北宋道学开创的实质性进路》,《道德与文明》2022年第1期,第75页。
[3] (清)戴震:《孟子字义疏证》,何文光整理,中华书局,1982年,第64页。

之伦,相亲相治,则随感而应为喜、怒、哀、乐。合声、色、臭、味之欲,喜、怒、哀、乐之情,而人道备"①,同时,与他人相感也难以获得具体的当然之则,而这是工夫之成立的核心环节,这一点戴震也有明确的意识,即"以情絜情而无爽失,于行事诚得其理矣"②,因而对张载的感通工夫的说明必须在这两点上阐明何以区别于戴震。与他人的感通当然是张载工夫的核心,但需要说明的是,这种感通工夫何以成圣,也就是使得自己"至诚得天"(《太和》),从而如同流行整体一般将最终根据显现于自身,而单纯的平面扩展式的感通工夫难以承担此任务。张载说:"圣人之神惟天,故能周万物而知","圣人有感无隐,正犹天道之神"(《天道》),"周万物"便与太虚同体而言"神",从而有天地之性,此"知"亦为德性所知。安鹏提出,"心从本然来说,是没有被形质化的、无形无象的太虚,而且还能知觉,因此人心就是能知觉的太虚全体",从而"以宇宙万物为身体,以乾坤相感为己性,突破形体内外与夭寿之限"③,这指明了理解感通工夫的路径,但将心等同于太虚仍旧有着需要进一步澄清的问题,而这也是工夫中的体用论所要处理的。

张载论心性有言:"合虚与气,有性之名;合性与知觉,有心之名。"(《太和》)对于这两句历来颇有争议,尤其是"虚与气"的指向。在这里,"虚"有两种理解可能,一种是"太虚",一种是"天德既是虚"(《经学理窟·气质》),然而张载又说"神,天德",因此,这两种可能都可以指向"神",也就是在每一物中的清通之气,而"气"则"假有形而言",此句也就是"性通极于无,气其一物尔"(《乾称》)的意思,每一物的自身之性根植于天地之性(神),但因基于形体而有的感之不同样态而有气质之性,而"善反之"的可能在于"心"。林乐昌认为后一句"合性与知觉"指的是不同的性(天地之性和气质之性)对知觉的不同规定,从而有"见闻所知"和"德性之知"的区别,

---

① (清)戴震:《孟子字义疏证》,第37页。
② (清)戴震:《孟子字义疏证》,第2页。
③ 安鹏:《作为"感之体":〈正蒙〉中的"性"及其意义》,《广西大学学报(哲学社会科学版)》2022年第1期,第77、78页。

前者表现为"因物为心""存象之心",即认知心,后者表现为"去物""虚心",以宇宙本体或根源动力为认知对象。① 这种区别是没有问题的,但是如何理解不同的性对于心之规定,却有待思量。"合虚与气"意味着"虚"内在于"气"并作为"气"的根据,也就是气之性,因而"合性与知觉"也可以理解为"性"内在于"知觉"并作为"知觉"的根据,也就是人之心。进而言之,"虚"可以理解为太虚之神,从而生成了气,"性"也以感而言构成了知觉,这也是"心小性大"的含义。于是,"合性与知觉,有心之名"既表明了心的来源,即相感之性,同时也区别了性和心,即心因知觉而立名,而知觉必有所知,所谓"由象识心"。"象"有形而下之物象和形而上者的区别,因而心之知亦有见闻和德性之别,前者所谓"因物同异相形,万变相感,耳目内外之合"(《大心》),后者所谓"有外之心不足以合天心""大其心则能体天下之物,物有未体,则心为有外"(《大心》),而这种"天心"并不能够通过平面扩展式的感通他人和外物而达到,只能是通过"去物""虚心"而朗现太虚之象,此所谓"德性所知,不萌于见闻"(《大心》),"风雷有象,不速于心,心御见闻,不弘于性"(《诚明》)。因此,"德性之知"其实就是流行整体(太虚之象)显于心而人可以"造位天德"(《大易》),既非心与太虚的直接等同,也不是对所有象的排除而领会气之上的本体,这样的心只能是排除了内容的纯粹活动,而非与天地同流的宇宙之心。

其实,"去物"和"虚心"也就是去除物欲的过程:"故爱恶之情同出于太虚,而卒归于物欲"(《太和》),"莫非天也,阳明胜则德性用,阴浊胜则物欲行。德胜其气,性命于德"(《诚明》)。物欲的产生来源于"阴浊",即固化了的形气,而固化了的形气之所以能成为私欲的根源,在于心以"阴浊"为自身之内容,也就是"存象之心"(《大心》),爱恶之情出于人心之气,其本无形,因物而显,所谓"感而生则聚而有象",因心之象的不同而有物欲与德性之别。但这并不意味着德性之心排除了任何象,而是不执著和停留于固化了的物之上,所警惕的是"徇象丧心"(《大心》),所存者是"阳明",也就是太

---

① 林乐昌:《张载心学论纲》,《哲学研究》2020年第6期,第48—54页。

虚之神(天德)。心之存神就是"有体",不执定但也不排斥物象就是"有用"——"敦厚而不化,有体而无用也;化而自失焉,徇物而丧己也。大德敦化,然后仁智一而圣人之事备。性性为能存神,物物为能过化。无我然后得正己之尽,存神然后妙应物之感"(《神化》)。如同神化为万物之体用,圣人之心亦以神为体而化为用,仁存神而义应物,此所谓"仁敦化则无体,义入神则无方"(《神化》)。

但是,以"虚心""心化"为成圣之标志的工夫论也有内在缺陷。张载对大人和圣人的区别在于,后者"其心以天下为己任"(《横渠易说·乾》),在功业上与大人未有根本区别,大人亦可有"制法兴王之道"而为"作者"(《作者》),但其"真心"与圣人(孔子)有别。然而,张载对大人向圣人的跃升归结为"熟而化之",并未指示出确切的方法。大人之"无少异圣人之言行"(《作者》)意味着大人与圣人在创制礼法以塑造秩序上的无差别(如禹亦为立法者),只不过圣人可以因时因地而创制礼法,又不会执定此为万世之则,这样就是"礼器不泥于小者,则无非礼之礼,非义之义,盖大者器则出入小者莫非时中也"(《至当》),"存虚明,久至德,顺变化,达时中,仁之至,义之尽也"(《神化》),其根据就是存神之心——"神"乃无时不感。但是,张载并未在"心化"与具体的行为规则之间建立直接的联系,因此"心化"必须面临自身的"无方无体"(即"存神")和在事务中的当然之则(即"应物")之间的张力,所以有"定性未能不动,犹累于外物"①和"吾十五年学个恭而安不成"(《语录·后录上》)的困惑。究其原因,乃在于张载"气之性本虚而神"的理论困境,也就是"性"与"神"的同质和"以感为性"的缺陷。

三、以感为性与张载哲学的困境

朱熹对张载之学有评论:"渠初云'清虚一大',为伊川诘难,乃云'清兼浊,虚兼实,一兼二,大兼小'。渠本要说形而上,反成形而下,最是于此处不分明。"(《语录·后录下》)这表明了以天理为根据的理气论与张载哲学的

---

① (宋)程颢、程颐:《二程集》,中华书局,2004年,第460页。

根本差异。在张载哲学中,形而上者指的是作为以气化流行而言的宇宙整体——"神",二程论"神"也是指向了此流行本身:"神无速,亦无至","冬寒夏暑,阴阳也;所以运动变化者,神也","神无方,故易无体。气外无神,神外无气。或者谓清者神,则浊者非神乎"①。然而二程在"气—神"之上有着"天理"为最终之根据。以体用论而言,张载以之为体者,二程以之为用——如程颢:"生生之谓易,生生之用则神也"②,"体则谓之易,其理则谓之道,其用则谓之神"③,程颐:"至微者理也,至著者象也。体用一源,显微无间"④。尽管都将宇宙整体把握为"体",但是二程统之以理,张载统之以神,故而二程论气之性以理,张载论气之性以感。

"气之性本虚而神","虚"是能感,"神"是无所不在的感之活动,而理则是因时因地而变化的感之样态,所谓"天理者,时义而已","所谓天理也者,能悦诸心,能通天下之志之理也"(《诚明》),而不是作为气能够生物的根据(生理)。因此,如果说二程需要处理"生理"和气化流行、事物规则之间的关系(于是有朱熹的太极动静和理一分殊之辨),而张载则无此问题,但在张载这里,事物规则缺少了唯一的天理为其根据,如陈睿超所说:"对于人世价值的秩序性内容及其天道根据,张载是在'两一'架构之外另行以'理'的概念来表述的,儒家的人伦礼制被溯源于天道层面的'天秩''天序'之'理',即气运过程遵循的实然、自然的条理或法则"⑤,这种"天秩"向礼法的转换所依赖的是圣人之心,但此心之内容乃太虚之象,故而不同于程朱,张载的礼法未有超越气化流行的根据,而后来王夫之以"吾心之理其体也"⑥阐明人道之物的来源,可谓善继张载之学。

如果说对礼法之根据的阐明并未使张载之学陷入困境的话(二程之学

---

① 《二程集》,第121页。
② 《二程集》,第128页。
③ 《二程集》,第4页。
④ 《二程集》,第582页。
⑤ 陈睿超:《实然何以推出应然——北宋道学开创的实质性进路》,《道德与文明》2022年第1期,第75—76页。
⑥ "天下之物皆用也,吾心之理其体也;尽心以循之而不违,则体立而用自无穷。"(明)王夫之:《张子正蒙注》,《船山全书》第12册,岳麓书社,2011年,第143页。

只是揭示了另一种可能的方向),那么在成圣的道路上也难免有碍。对于宋代出现的新儒学而言,成圣意味着在人自身的行止中朗现最终的根据,而其枢纽就是人之心,换而言之,气化流行的根据(气之体—性)同时就是人之行动的根据(心之体—性),但张载以神为体的架构使得工夫有着困境。心之能感不能单独成体,只有借助于现实的内容才能有自身之体,但是天之神却难以直接成为心的内容。神指向的是流动的着的宇宙整体,但对此整体的直接表象却是不可能的,因此张载对"心化"的阐释就难免语词模糊。"大其心则体天下之物"(《大心》)不能通过扩展的方式成就,只能借由对神的直接表象,而神作为不断变动着的气,一方面使得心难以有对整体的直接把握,因为真正的太虚只能借由虚空或者"湛然"等象加以领会,而不能完全地呈现自身,另一方面又使得心在把握变动之气的过程中难以有停息之时,如丁耘所说:"依横渠义理,天虽无外,性却有对。有对者必可动,其不能定性,宜也。"因此,张载所成立之"民胞物与"虽然以"天地之塞吾其体,天地之帅吾其性"为依据,但所归结之境仍就是感通人我之大家庭和"顺化"之心,而非程颢通过"一本之天理"阐明的"浑然与物同体"和"动亦定,静亦定,无将迎,无内外"之心,后者使得心的任何活动都是超越活动之上的生理之显现,从而避免了于张载以无时不在之活动(神)为心之体所造成的困境,如丁耘所说:"生成既无毫发之间,物则旋生旋灭,气则流行不已。反复其道,必无主宰,亦无定理。既无御气者,则息欲之静,必由外铄我","以气为本,不动心难于登天",①"主宰"与"定理"便是后来程朱所盛言之天理。圣人之心所要求的"定""静"只有借助超越气化活动之上的"生生之理""天理"才能实现,因为只有借助于作为概念(理念)的"天理",作为流行整体的活动之天才能够加以把握,同时心的任何活动都不会扰动天理,这也就是程颢的工夫。当然,张载也通过作为"虚"的天德来沟通天人,但"虚"必须在人心那里转化为具有实质性的内容,而这又不是"虚"所能承担的,因而"横渠工夫重虚,以虚为仁、诚之本

---

① 丁耘:《道体学引论》,华东师范大学出版社,2019年,第191、192页。

原。……张学,仁为大用,虚为本体也","以为天人有虚仁之别,盖二本之学,而见道体未彻也"①。张载有言:"心所以万殊者,感外物为不一也,天大无外,其为感者絪缊二端而已"(《太和》),心虽感万物而不一,但大其心而感于"天",也因"天"自身的"絪缊二端"而难以达至"一"。

可以看出,张载之学以"气之性本虚而神"的体用论回应了佛学,从而为宇宙内万物建立了生成之根据,但却难以为宇宙内事物的行动法则找到超越气化之根据,又使得成圣之路变得难以实现。从张载哲学的内部问题出发,二程通过另立天理找到了出路,而王夫之以"健顺之德"②为气化之根据,从而实现了天道和人道的联结,但也不再谈论圣人之"静"。在明末开启的废黜天理的思想运动中,事物的行动法则被视为气化流行之"自然"和人之感通他人后的自我立法,圣人也不再通过对最终根据的把握加以成就,张载之学的困境在取消掉自身前提的基础上得到了扭转,以感为性也在戴震那里获得了新的成熟形态。

---

① 丁耘:《道体学引论》,第205、208页。
② "太虚者,阴阳之藏,健顺之德存焉;气化者,一阴一阳,动静之几,品汇之节具焉。"(明)王夫之:《张子正蒙注》,《船山全书》第12册,第143页。

张载对汉儒性命论的反省与建构*

孙德仁

（西安电子科技大学人文学院）

内容摘要：性命论是中晚唐以来儒家士大夫普遍关注的问题，张载对汉儒性命论的反省与建构，促成北宋初期儒家性命论的转进。汉儒因用宇宙生化言性命而改变性命内在关系，走向归性于命的命定论。张载则以"德胜其气，性命于德"的进路纠偏其弊：一方面强调性对气的超越与主宰，即性通乎气之外而不为气禀所拘；另一方面又不否弃命的作用，即所命虽行乎气之内而有吉凶，但能通乎气而达致性，实现以性正命。所以，张载性命论超越而内在的"合两"架构，既在性命于德中扭转汉儒性命于气的命定论，又在以性正命中奠定理学天道性命相贯通的基本规模。

关键词：张载；性命论；性命于气；性命于德；以性正命

道德性命是唐宋儒学转型时期士大夫普遍关注的问题，从李翱发出强烈的性命忧患意识，到王安石倡导道德性命之学，再到张载确立道德性命的超越性根据，性命论始终是宋儒早期反省汉唐儒学、与佛老争锋的焦点论域。作为理学的开创者之一，张载能够解决中晚唐以来儒门的性命忧患，确立理学天道性命相贯通的基本规模，不能不对汉儒性命论有深刻反省。

然而作为张载哲学的重要问题，性命论并未受到学界所重视，现有研究成果主要关涉张载的性论或命论，仅有少数学者注意到作为整体论的性命

---

* 本文为中国博士后科学基金第69批面上资助项目（2021M691840）阶段性成果。

论在张载哲学中的重要性。① 究其原因,主要由于现代学术概念思维的介入,重在把握"性"是什么(人性论),"命"是什么(命论),对性命连用的整体性问题语境则有所忽略,从而将北宋初期儒家核心问题意识——性命论,简单化约为人性论、心性论、性理论等内容,造成性命论内在张力与意蕴的缺失以及理学发生话语的遮蔽。② 鉴于此,本文回归性命连用的整体性问题语境,以张载对汉儒性命论的反省为视角,阐明汉儒性命论的内在局限以及张载建构儒家性命论的积极意义。

一、汉儒性命论的特点及其走向

"性命"一词溯源甚古,观念萌芽于西周时期天命论的宗教背景,至春秋晚期已经流行开来。性命是天人关系在人伦一面的表现,作为"究天人之际"的根本问题,始终是先秦两汉儒家关注的焦点。先秦儒家对于性命论的讨论主要集中在"命"从何而来,"性"为何种质性两大问题。如《性自命出》"性自命出,命自天降"是言天—命—性的性命论结构,即"命"为天所赋予之命;而《中庸》"天命之谓性"则是由天命而言性之本原。至于《孟子》"君子不谓性""不谓命",《易传》"穷理尽性以至于命",皆是从性命内在关系的角度讲以性正命,彰显儒家主体道德实践的价值。

进入到两汉儒学,性命论的讨论逐渐转换为宇宙生化视角,表现出由天道而及性命的特点。两汉儒学性命论的基本形态是由董仲舒所奠定,相较于先秦儒学,董仲舒的性命论特点在于:一方面以人副天数、天人相感而合一的方式主张性情源自天;另一方面以沟通天人之气的阴阳属性论性之善恶。首先,董仲舒认为天是万物的本原,能够化生万物,人因此受命于天,即

---

① 林乐昌先生较早注意到张载的性命论问题,并着力从整合张载性论与命论的角度进行研究。参见林乐昌:《张载性命论的新架构及其学术价值》,《陕西师范大学学报(哲学社会科学版)》2017年第2期。

② 性命论与心性论、人性论、性理论虽有相近或相同的论域,却并不等同。有学者将其关系混淆,如陈植锷先生将性命论与性理论等同:"性理之学则就宋学所具有的前此传统儒学所未具的新内容而言,指宋学摆落汉唐训诂转向义理之后学者们所共同关心和探讨的基本理论,即道德性命之说。"参见陈植锷:《北宋文化史述论》,中华书局,2019年,第256页。

"天地之精所以生物者,莫贵于人。人受命乎天也,故超然有以倚"(《春秋繁露·人副天数》)。将人的道德性命根源诉诸于天或天命的倾向,早在《论语》"天生德于予"、《中庸》"天命之谓性"、《性自命出》"性自命出,命自天降"就有所体现。但先秦儒学性命论并没有阐明人是如何禀受天命,或者说天是如何赋予性命并为之主宰。董仲舒则将阴阳五行的气化生成作为沟通天人的媒介,以"人副天数""同类相感"的方式实现由天道而及性命:

> 天地之符,阴阳之副,常设于身,身犹天也,数与之相参,故命与之相连也。(《春秋繁露·人副天数》)
> 天有阴阳,人亦有阴阳。天地之阴气起,而人之阴气应之而起;人之阴气起,而天地之阴气亦宜应之而起,其道一也。(《春秋繁露·同类相动》)

天与人之所以能够"相参""相连",关键在于阴阳之气。人因禀受天的阴阳之气而亦有自身的阴阳之气,天人因各自阴阳之气的属性相"类"而发生感应。人的形体结构与自然天象高度一致,人有三百六十节是偶天之数而成;人喜怒哀乐的情感意志也与天道自然变化相类。在董仲舒这里,人副天数是性与天道合一的基本前提。

如此一来,在天人感应的性命论中,道德性命的根据以及性情善恶的来源,就不得不借助于自然生化基础的阴阳二气加以解释:"人之诚,有贪有仁。仁贪之气,两在于身。身之名,取诸天。天两有阴阳之施,身亦两有贪仁之性。天有阴阳禁,身有情欲桎,与天道一也。"(《春秋繁露·深察名号》)阴阳二气作为贯通性与天道的媒介,天道有阴阳二气的生化流行,那么人性受命于天,秉承阴阳之气而有贪仁之分。以仁贪之气言仁贪之性,人性的善恶之质便源于阴阳二气。在此意义上的性善只是人气质之善恶中的一个倾向,而非先天善性。董仲舒也因此以禾米之喻区分性善和性含善质,即米出于禾犹如善出于性,善虽出于性中,但不等于性全然本善。因为性是人出生以来的自然禀赋:"如其生之自然之资谓之性"(《春秋繁露·深察名号》),此禀赋便是取之于天的阴阳二气,以此阴阳二气的善恶气质倾向说明个体存在的差别。可见,董仲舒对于性之善恶的判定是以阴阳相济之分的偶然性倾向而言,其人性论也就自然成为性混善恶论。董仲舒以气化生成言性命,实际上是将"性"交给了"命",缺乏先天本善之确定性根据的气性无法必然生成道德行为,所性也就只能归之于偶然性的遭际、运命。这一特点与走向其后在王充那里得到充分拓展。

王充沿袭董仲舒以气言性命的进路,将性命的基本属性界定为:"人禀元气,各受寿夭之命……用气为性,性成命定"(《论衡·无形》),即性命禀受天之元气,而气的不同属性造就性的善恶之别:"禀气有厚泊,故性有善恶。"王充以气言性命的看法相较于前儒而言并无独特之处,但其通过性命内在关系之辩强调命对性的作用,走向命定论却是其性命论的重要特点。王充对性命关系有如下看法:

> 禀得坚强之性,则气渥厚而体坚强,坚强则寿命长,寿命长则不夭死。禀性软弱者,气少泊而性羸窳,羸窳则寿命短,短则蚤死。故言"有命",命则性也。(《论衡·命义》)
> 性与命异,或性善而命凶,或性恶而命吉。操行善恶者,性也;祸福吉凶者,命也。或行善而得祸,是性善而命凶;或行恶而得福,是性恶而命吉也。(《论衡·命义》)

"命则性也"与"性与命异"两个看似矛盾的表达,却显豁出王充以气言性命的侧重与走向。首先,对于"命则性也",从性命皆禀受元气而成的角度来看,性命同源,可以说性命的构成实质是相同的,由此可以言"命则性也"。但为什么王充不言"性则命也"?回归其具体语境,就会发现,性由气禀而成,性禀得之气的厚薄程度成为夭寿之命的基础。如此一来,便是将"性"交给了"命",所谓的"有命"也就是规定人禀受之气对于自然生命延续存留的限度。所以,王充表达的"命则性也"实际是由于性命于气而导致归性于命,从而表现出性命为一的特征,这也是王充走向命定论的原因所在。然而,当王充将性归于命时,其性命论的命定意味也随之得以强化,"性与命异"便是在此意义上展开。在王充看来,性与命虽然同为初生时的禀气所决定,但禀气对于性和命的决定性作用是不同的:对福祸吉凶、生命夭寿所表征的"禄命"与"寿命"具有决定且不可变的作用,而对人性则是决定其初始质性并肯定其后天德才发展的可能,这也使得操行善恶的后天德才能力与福祸吉凶、生命夭寿无必然关联。在此意义上,人的道德实践并不改变现实人生的福祸吉凶、生命夭寿,而当现实人生的福祸吉凶、生命夭寿全然系于初生时的禀气时,王充也因此走向彻底地命定论。

不难看出,王充归性于命、走向命定论是拓展董仲舒以气言性命的逻辑必然。而以气言性命、归性于命也就成为汉儒性命论最为显著的特征,这一特征在唐宋思想转型时期被儒家士大夫们所共同关注。

二、对汉儒性命论的反省与批评

从中晚唐到北宋初期的思想转型,儒家士大在佛老的刺激下意识到"儒门淡薄,收拾不住"[1]的原因就在于"罕言性命"。正如刘禹锡所言:"然则儒以中道御群生,罕言性命,故世衰而寖息。"[2]而当性命问题成为北宋初期儒家士大夫们的集体忧患意识时,如何反省当时还是主流思想的汉唐儒学性命论也就成为首要问题,张载正是在此思潮影响下开始对汉儒性命论进行反省与批评。

张载对汉唐儒学有着深刻的认识,一方面指出汉儒性命论的弊病在于"性命于气";另一面又以"德不胜气""德胜其气"的划分纠偏其弊。他说:"德不胜气,性命于气;德胜其气,性命于德。穷理尽性,则性天德,命天理。气之不可变者,独死生修夭而已。故论死生则曰'有命',以言其气也;语富贵则曰'在天',以言其理也。此大德所以必受命。"[3]张载首先对汉儒以气言性命提出质疑,认为"性命于气"是由于道德胜不过气禀而将性命都归于

---

[1] 丁传靖辑:《宋人轶事汇编》,中华书局,2003年,第423页。
[2] (唐)刘禹锡:《刘禹锡集》,中华书局,1990年,第57页。
[3] (宋)张载:《张载集》,中华书局,1978年,第23页。

气禀的结果。但这并非是性命的全部内容,如果道德胜过气禀,性命则都在于道德。相较于汉儒"性命于气"的讲法,张载由德气关系明确区分出"性命于气"与"性命于德"两种形态。当张载为"性命于德"划分出领地时,也就将"性命于气"限制在"死生夭寿"的"寿命"层面,即只有死生与寿命的长短是性命于气后不可改变的。至于富贵贫贱与德才能力,张载则将其归之于"理"而非"气"。可见,张载由德气关系而改变性命关系,从而反省王充将福祸吉凶、生命夭寿都视为命定的性命论。然而后世学者的评注中,多看到"性命于气""性命于德"的划分,而未意识到张载对王充论福祸吉凶、生命夭寿、德才能力三者属性归属的重新界定。如吴讷曰:"德不胜气,则性命皆本于气,故智愚贤不肖、富贵贫贱、死生修夭一听命于气也。"①那么,为何会将人们通常认为得之有命的智愚贤不肖、富贵贫贱都归之于性呢?显然,张载继承孟子性命对扬的性命论,认为智愚贤不肖、富贵贫贱虽然是有命的限制,却也有性的支撑,所以不从命的层面去看待它,即孟子所谓"命也,有性也"(《孟子·尽心》下)。可见,真正决定人之为人的因素是内在的道德善性,而非人生的各种客观限制作用,性因此与道德实践、道德抉择紧密联系起来。通过"穷理尽性,则性天德、命天理",张载将汉儒原先属于"命"的问题扭转为"性"的层面。在此意义上的性命论,正如刘儓所评:"德之修也而克胜其气,则性有善而无恶,命有吉而无凶而皆从乎德矣。故人能穷理而至于尽性,则德胜其气,性为天德而气不足以弊之,命为天理而遇不足以戕之。"②

然而,值得注意的是,张载对汉儒性命论的批评是基于德气关系,但当划分出"德胜其气"与"德不胜气"两种形态时,我们就不得不追问如何实现"德胜其气"的必然性,因为在张载这里德气之间谁胜出绝非一个或然性的问题。这便关涉道德性命的价值根据问题。返观上节所论,汉儒性命论之所以会走向全然的性命于气,其原因就在于将"天"交给了"气"。不论是董

---

① 林乐昌:《正蒙合校集释》(上),中华书局,2012年,第345页。
② 林乐昌:《正蒙合校集释》(上),第347页。

仲舒以阴阳五行的自然生化落实天之神性主宰功能,自然生化之气成为主导天人关系的重要因素,还是王充从气的自然生化义表征天道自然,如"谓天自然无为者何？气也"(《论衡·卜筮》),都是将天诉诸于自然气化。如此一来,人们对天的认识走向以阴阳五行之自然生化为基础的天道论,而此阴阳五行的自然生化之天作为人性善恶的来源,又使得人的道德性命缺乏先天本善之确定性根据而走向气性气命。这也就是张载批评秦汉以来学者"知人而不知天"①的原因所在。可以说汉儒性命论的病根在"不知天",因为天道与性命的相互规定决定着"不知天"的"知人"不是真正地"知人","不知人"的"知天"也不是真正地"知天",由此因"不知天"而导致天人两不相知、两不相待。

在此意义上,汉儒所言自然生化之天明显无法确保"德胜其气,性命于德"的必然性。正如张载所批评:"人鲜识天,天竟不可方体,姑指日月星辰处,视以为天。"②所以,张载将"天德""天理"视为性命的价值根据。所谓"天德",是指天地以至善之虚为其德性:"天地以虚为德,至善者虚。"③所谓"天理"是指天的顺而不妄之理:"天地之气,虽聚散、攻取百途,然其为理也顺而不妄。"④可见,此"天德""天理"并非只是宇宙自然生化所显现的客观实然之属性与规律,而是有其至实、至善的形上天道本体特征。在此意义上,性命于天德、天理的性命论就不会因缺乏其价值根据而走向气性气命,这也使得"德胜其气"在主体道德实践中有其必然性根据。余本将此表达为:"'性天德'者纯然至善,复其本体与天为一也。'命天理'者,有祥骈集皆天理之所致,回气禀而得福者也。"⑤因此,张载对汉唐儒学"知人而不知天"的批评并非只是天道论、宇宙论的层面,更准确地说,是在性与天道合一的性命论架构下解决道德性命的价值根据问题。

综上所论,张载对汉儒性命论的反省主要集中在以气言性命:一方面因

---

① (元)脱脱等:《宋史·张载传》,《张载集》附录,第386页。
② (宋)张载:《张载集》,第177页。
③ (宋)张载:《张载集》,第326页。
④ (宋)张载:《张载集》,第7页。
⑤ 林乐昌:《正蒙合校集释》(上),第346页。

批评性命于气的命定论而提出性命于德,并重新划定智愚贤不肖、富贵贫贱、死生修夭的归属;另一方面因批评汉儒将性命论建立在宇宙生化而失去道德价值判准根据,提出"德胜其气"的必然性根据在于"性天德、命天理",以解决智愚贤不肖、富贵贫贱的生命价值问题。这无疑成为张载重构儒家性命论的重要方向。

三、张载性命论的架构及其价值指向

基于汉儒性命论的自身局限,张载始终强调儒家性命论是天人合一视域下的天道性命相贯通。《横渠易说·说卦》:"天道即性也,故思知人者不可不知天,能知天斯能知人亦。知人知天,与穷理尽性以至于命同义。"①天道规定着性命的基本属性,性命展现着天道的价值原则,天道与性命的互涵互摄成为张载性命论的基本架构。在此意义上,"天所性"与"天所命"的性命根据问题就成为张载建构儒家性命论的逻辑起始。

缘于对汉儒性命论的反省与批评,张载深知性命根据问题的重要性,它不仅关乎性命的内在关系,还决定着道德性命的基本形态。所以,张载始终坚持性命根源于天,即天道而言人道:

> 太虚无形,气之本体。其聚其散,变化之客形尔。至静无感,性之渊源。有识有知,物交之客感尔。客感客形与无感无形,唯尽性者一之。②

> 天性,乾坤、阴阳也,二端故有感,本一故能合。③

这里明确指出太虚本体的至静无感本然状态是性的根源,④而性自然也就是太虚生化流行中的本真体现。当张载将性提升至天道本体的高度时,天

---

① (宋)张载:《张载集》,第234页。
② (宋)张载:《张载集》,第7页。
③ (宋)张载:《张载集》,第63页。
④ 关于"太虚"为何是形上超越的天道本体,请参见丁为祥:《"太虚"是怎样成为自然天道之形上本体的?——关于张载哲学的思想史解读》,《南国学术》2017年第2期。

性即是太虚之性,乾坤二德与阴阳二气的相感,无不是太虚之性的不测妙用。在此意义上的天性便具有形上的超越性性格,从其自身质性而言即是"有无虚实通为一物"①;从人的认知维度而言即是"聚亦吾体,散亦吾体,知死之不亡者,可以与言性矣"②。然而,在性与天道合一的视域中,性命虽有天道层面的展开,但张载对性命论的基本定位并不是从宇宙生化论的角度提出,而是从道德主体的本体超越性维度出发。所以,性命的自身规定也就显现出本体的超越性性格:

> 天所性者通极于道,气之昏明不足以蔽之;天所命者通极于性,遇之吉凶不足以戕之;不免乎蔽之戕之者,未之学也。性通乎气之外,命行乎气之内。气无内外,假有形而言尔。故思知人不可不知天,尽其性然后能至于命。③

> 湛一,气之本;攻取,气之欲。口腹于饮食,鼻舌于臭味,皆攻取之性也。知德者属厌而已,不以嗜欲累其心,不以小害大,末丧本焉尔。④

此"天性"并非天生的自然之性,此"天命"亦非偶然性的遭遇之命。天性的超越性表现为通极于道、通乎气之外而不为气禀所拘,强调性对于气的超越。天命的超越性则表现为所命虽行乎气之内而有吉凶,但天命能通乎气而达致性,实现以性主宰命,此时之命便是虽凶必正。与此同时,性的超越性还表现在"湛一"的"气之本"与"攻取"的"气之欲"对举,并以大小、本末区别其价值属性。可见,张载是通过确立性对于气的超越性而实现以性正命,从而扭转汉儒归性于命的命定论。所以,张载由确立性的天道依据而对道德性命进行重新定位:"道德性命是常在不死之物也,己身则死,此则常在。"⑤赋予性命超越性、恒常性的同时,也意味着性命问题的基本理解已不

---

① (宋)张载:《张载集》,第63页。
② (宋)张载:《张载集》,第7页。
③ (宋)张载:《张载集》,第21页。
④ (宋)张载:《张载集》,第22页。
⑤ (宋)张载:《张载集》,第273页。

同于汉唐儒由礼乐教化落实的社会伦理体系,而是转向对自我本质(道德主体)作本体超越性体证。

虽然张载通过性对气的超越实现以性正命,但这并不意味着对气或命的否弃,反而对气性、气命有所肯定:

> 人之刚柔、缓急、有才与不才,气之偏也。天本参和不偏,养其气,反之本而不偏,则尽性而天矣。①
>
> 性通极于无,气其一物尔。命禀同于性,遇乃适然焉。人一己百,人十己千,然有不至,犹难语性,可以言气;行同报异,犹难语命,可以言遇。②

张载对气质之性与气命的态度,首先是从个体生命的气禀、才性以及现实际遇的差异性角度出发,承认气质之性与气命。就个体生命存在的实然状态而言,确实有"刚柔""缓急""才与不才"的不同,以及现实人生中的偶然性际遇,张载将其归为气的薄厚、浑浊所致,肯定具体生命的差异性情实。其次,正视气性气命自身质性的同时转化其存在限度。张载虽然将气性气命视为人的基础性存在,但此基础并不是根本性的。因为不论是气性的与生俱来还是气命的现实经历,都是"人与物等"③,无法显豁人之为人的根本。而人之为人的根本就显发于对气性气命的转化过程——善反:"形而后有气质之性,善反之则天地之性存焉。故气质之性,君子有弗性者焉。"④所谓"善反"不是沿着气性气命的气之实然视角追溯,而是将性命提升至天道本体的本然维度,完成对实然层面气性气命的超越。显然,这样的超越是在转化气性气命过程中重新界定性命的本质内涵——天地之性与德命,从而实现对气性气命限定与提升。张载对气性气命的承认与正视,充分发挥了性

---

① (宋)张载:《张载集》,第23页。
② (宋)张载:《张载集》,第64页。
③ (宋)张载:《张载集》,第22页。
④ (宋)张载:《张载集》,第23页。

命关系中"命"(命行乎气之内)的积极作用,即展现人生命差异性情实的同时,为道德实践与工夫践履提供现实基础。如此才有立足于道德实践的顺性命之理:"顺性命之理,则所谓吉凶,莫非正也;逆理则凶为自取,吉其险幸也。"①

不难看出,相较于汉儒,张载性命论整体上表现出性主宰命,而又不否弃命的特点,并将其概括为超越而内在的"合两"结构。他说:"合虚与气,有性之名。"②"性"是由太虚与气的相即统一而确立,此相即统一具体表现为:根据于太虚的天地之性虽有形上本体的超越性,但其又存在于肯认并超越气质之性的过程中。张载亦将此表达为:"天性在人,正犹水性之在冰,凝释虽异,为物一也;受光有小大、昏明,其照纳不二也。"③即性一方面要保持其"通极于无"的超越性,另一面又表现出"水性之在冰"般的内在不二。所以说,天地之性与气质之性、德命与气命之间并非平列的二元论或是同质异表关系,而是本然与实然、形上与形下、体与用的同时并在,正是这样的关系架构,构成张载性命论的根本特征。在此意义上,张载所谓的"性其总,合两也"④,既是指天地之性与气质之性、德命与气命之合,也可以说是性命相合于性而言道德性命作为人之为人的根本价值。

四、结　语

性命作为理学发生前后的重要问题,它既是中晚唐以来儒家忧患意识的焦点,又是理学话语系统形成的起始。而作为理学的开创者,张载对汉儒性命论的反省与建构,无疑是促成北宋初期性命问题转型的关键之机,其性命论也由此表现出以下几方面的积极意义:其一,张载以性命于德,以性正命的方式扭转汉儒性命论,解决中晚唐以来儒家的性命忧患意识。中晚唐以来儒家的性命忧患意识虽受佛老的刺激而形成,但其根本原因却是汉唐

---

① (宋)张载:《张载集》,第24页。
② (宋)张载:《张载集》,第9页。
③ (宋)张载:《张载集》,第22页。
④ (宋)张载:《张载集》,第22页。

儒学的自身局限。张载指出汉儒以宇宙气化生成言性命,无法解决道德性命的价值根据的问题,转而提出"德胜其气,性命于德"的必然性根据在天德、天理,由此确立道德性命的天道根据。其二,张载以性主宰命而又不否弃命的合两结构,更新了儒家传统性命论的思考框架。天地之性与气质之性、德命与气命的划分在儒家思想脉络中是为首出,在肯认气性气命的同时又给其二者以本然之善的贞定,既解决了儒家性善论传统中恶的来源问题,又明确了生之谓性传统中确立道德行为的必然性,从而在以性正命的过程中实现主体道德价值的最大彰显。其三,张载性命论的建构使得理学发生的早期话语从性命论向性理论过渡。张载开启了理学性命论天道性命相贯通的基本规模,在性命于德、以性正命的进路下,命的限度因性的超越而被减弱。这也使得二程在性命问题的处理上更加强调天理内在贯通于性命的主体性承担,以性之即是命之的方式提出"性即理",由此开启以性理论为中心的理学话语。

蕺山学的特色与宋明理学"三系论"之划分*

徐 波

（复旦大学哲学学院）

内容摘要：刘蕺山承续理学数百年之流传与积累，被称为理学之殿军。牟宗三在对宋明理学的三系划分中将刘蕺山与胡五峰之学视为同一义理架构，而可独立于传统之程朱、陆王二系。这一区分引起了许多争议，不少学者从思想史及哲学的角度对此表示质疑。蕺山思想的一个显著特点即是其对于过、恶等观念的仔细辨别及论述，并对其来源在心性论中做出了明确的定位。这一点与胡五峰针对人欲所提出的"天理人欲同体异用"有着相当明显的相通之处。以"恶之来源"作为切入点，五峰与蕺山都在坚持儒家性善传统的大前提下，从道德现实实践状态出发，在传统形上层面对"恶之来源"给予了说明。恶并不只是来源于善之缺失，而是因为"过或不及"而失其中正，而这种善之"过或不及"的可能性本身须要上溯到本体的存有层面。因此人们在道德实践中更须要充分正视过、恶，正视人欲之起心动念，并将道德修养落实到具体的实践之中。就这一点而言，五峰、蕺山之学确有一遥相呼应，以"同体无明"的义理架构为儒家传统性善论与工夫论之间理论张力的解决提供了新的道路。

关键词：刘宗周；胡宏；三系论；恶之来源

---

* 本文一个较为简略的版本曾发表于《中国哲学史》2020年第4期（《从"恶之来源"看蕺山学在宋明理学中的定位》），此次修订增加了部分引文和细节分疏，特此说明。

刘蕺山在中国思想史上有着承前启后的重要意义,他承续宋明理学数百年之流传与积累,被称为理学之殿军。他的思想博大精深,既对天人之际的哲学问题进行深刻反思,又与当时的生活世界紧密相接,是中国哲学研究中的重要资源。他直接影响了诸如黄梨洲、陈乾初等弟子乃至整个浙东学派,有着重要的哲学和思想史价值。学界相关研究半个多世纪以来已经硕果累累,不仅有多部专著问世,更有不少论著、单篇论文以及学位论文以蕺山之学为中心展开。这其中引起众多讨论的问题和焦点之一,即是牟宗三先生在《心体与性体》《从陆象山到刘蕺山》等书中提出宋明理学的"三系说",将蕺山与宋代胡五峰之学视为同一义理架构。

一、"三系论"及其引发的讨论

概括而言,牟宗三认为蕺山之学与朱子学和阳明学都有着显著的不同,而可为一独立之架构以区别于传统理学与心学之分野,宋明理学因此可划分为伊川朱子系,象山阳明系以及五峰蕺山系。其中伊川朱子系以《大学》为中心,将道体性体收摄提炼而为一本体论意义上的存有,而其格物致知的工夫亦以一种"顺取之路"改变了先秦儒家以来对道德本体生生不息之理进行体证之纵贯系统,遂成"别子为宗"。而五峰蕺山系乃是"承北宋初三家之由《中庸》《易传》回归于《论》《孟》而来者",这一系的特点在于客观地讲性体,提出"以心著性"义来说明"心性所以为一之实以及一本圆教所以为圆为实",而在工夫论的方面则以"逆觉体证"为其特点。[①]与此相对应的,象山阳明系虽亦以"逆觉体证"为其学说之主要工夫,但在牟宗三看来,此系强调一心之朗现,若无真实工夫之贞定,则稍有偏差,便会陷入诸如王学末流之流弊。虽然此一流弊在于人自身"混情识为良知而不自觉",其根本在于人在实践的过程中出现各种各样的问题而非教法本身的流弊,"是人病而非法病",而蕺山之学正是在此基础之上"归显于

---

① 牟宗三:《心体与性体》,上海古籍出版社,1999年,第42页。

密",将心学之一心朗现收摄于慎独之密教,从而于陆王一系殊途同归,合为宋明新儒学之大宗。①

"三系说"的提出固有牟宗三之洞见所在,然亦引起了不小的争论。尤其是判朱熹"别子为宗",即便是在当代新儒学内部亦有不同声音。数十年来,"三系说"是学界在讨论宋明理学时争议不断却又无法回避的话题。其中虽以朱熹"别子为宗"为问题的焦点所在,但亦有学者从另一个角度,对五峰蕺山同属一个义理架构是否能够成立提出了自己的看法。因为从文献上来看,一个相当不利于牟宗三的证据即是刘蕺山在著作之中完全没有提到胡五峰。而刘述先、林宏星(东方朔)都从思想史的角度指出二人在宋明理学的传承谱系之下并无交集:胡五峰下启之湖湘学派到南宋末年走向衰微,而从刘蕺山的师承来看,在有明一代从许敬菴经湛甘泉而可上溯至陈白沙、吴康斋之学,这条脉络固然有其内在张力,但"很明显与湖湘一系各自有所归",五峰与蕺山之间"没有启承转合的任何关系"。②

而就哲学义理而言,亦有不少学者指出五峰与蕺山之间有着众多的不同之处。如黄敏浩在其《刘宗周及其慎独哲学》中就提到一个关键的差别:胡五峰将性分为已发、未发两种状态分言,虽然最终归于一,但性之客观性却依然很强;而刘蕺山"虽分言心性,却没有把性体确立为相对于心体之主观一面而为客观的、形式的、超绝的一面。"③因此,五峰之学固然完全可以用"以心著性"来总结,但蕺山学在心性问题上实际上乃是持一"尽心即性"的立场,两者有毫厘千里之别。④ 林宏星亦指出,五峰所主张的"未发只可言性,已发乃可言心"与蕺山有着明显的差异。而即使我们承认五峰、蕺山为同一义理架构,但从同是强调性天之客观面这个角度上来讲,宋明理学六

---

① 牟宗三:《从陆象山到刘蕺山》,上海古籍出版社,2001年,第319页。
② 东方朔:《刘蕺山哲学研究》,上海人民出版社,1997年,第357页。持这一观点的学者不在少数,包括刘述先先生也有此意。但这一思想史的论据笔者认为说服力有所不足,这不仅是因为历史上有许多思想家没有任何接触而能对人类的共同问题产生相似的结论或共鸣,而且如果这一系从明道来看,不仅五峰与明道有着直接的关系,而且蕺山对明道之书非常熟悉,比如对《识仁篇》就很重视,有很多赞叹之辞,详见后文梳理。
③ 黄敏浩:《刘宗周及其慎独哲学》,学生书局,2001年,第247页。
④ 黄敏浩:《刘宗周及其慎独哲学》,第246—248页。

百年学问,实不止五峰、蕺山为此一义理架构。①

总之,虽然论者大都肯定牟宗三划分五峰蕺山一系为有价值的"一家之言",但对其核心观点却认同不多,对五峰蕺山一系是否能够成立所产生的怀疑甚至丝毫不亚于"别子为宗"的判定。然而在笔者看来,五峰蕺山一系是否能够成立之核心,并不在于五峰与蕺山之间的差别,而在于共通。上文提及的两者之差别,具体内容笔者亦基本同意,但在"以心著性"等特色之外,五峰蕺山之学是否在其他的面向上有着跨越历史的遥相呼应?笔者在此文中所试图呈现的,并以此就教于方家的,乃是五峰与蕺山之学在对"恶之来源"的问题上有着相当一致的意见,他们虽然在心性关系的个别问题上有所差别,但就其宗旨而言却是志同道合。且相较于其他宋明理学家而言,确有相对独立之特色。

二、刘蕺山对"恶之来源"问题的探讨及其意义

刘蕺山晚年完成的《人谱》是一部相当具有特色的著作,集中了他在心性本体论和工夫论的代表性的观点。蕺山去世前一月尚在改订此书,临终前曾叮嘱其子说做人之方尽于《人谱》,可作家法守之。从刘蕺山对此书的重视程度来看,此书不仅可以代表其晚年定论,更是我们探究蕺山学核心观点的津梁。这部著作之特色,除了其仿照《太极图说》的体例之外,更在于这是儒家思想史上极为罕见的花费大量笔墨讨论人之过、恶以及更为根本的恶之来源问题的著作。张灏对此书评价极高,认为:"《人谱》里面所表现的罪恶感,简直可以和其同时代西方清教徒的罪恶意识相提并论。"宋明儒学发展到这一步,对幽暗意识"已变成正面的彰显和直接的透视了。"②而牟宗三更指出,以往儒者讨论过、恶等问题时,往往流于现实生活之表面现象而说,而至《人谱》"始能够完整并透体地说之"③。

刘蕺山在《人谱》中对过、恶有着非常详尽的叙述,但其在最一开始以

---

① 东方朔:《刘蕺山哲学研究》,上海人民出版社,1997年,第357页。
② 张灏:《幽暗意识与民主传统》,联经出版公司,1989年,第72—73页。
③ 牟宗三:《从陆象山到刘蕺山》,第374页。

"无善而至善,心之体也"一语开宗明义,强调了其坚持儒家性善论之基本立场。分析而言,"无善而至善,心之体也"之"无善"之"善"乃是与"恶"相对的一般意义下之善,而"至善"之"善"则是就超越善恶对立,在更高的超越层面上言说。① 这一论说的思想内涵显然是受到了阳明及其后学关于"四有句"及"四无句"之影响,但亦有别。相对于阳明之"无善无恶心之体"以及龙溪"心是无善无恶之心",蕺山在此一大创见即是通过至善贞定住无善,不但强调了儒家性善之基本立场,更使得争论的焦点从有、无的纠结转向善、恶问题本身,这对于我们把握蕺山思想的特色是极为重要的一个线索。而蕺山对于阳明四句教的批评事实上也由此展开,在蕺山看来:

> 若心体果是无善无恶,则有善有恶之义,又从何处来?知善知恶之知,又从何处来?为善去恶之功,又从何处来?无乃语语绝流断港?

阳明多次在他处谈及此一"无善无恶"实际上乃是至善的意思,蕺山对此也十分清楚地引用在其自己的著作之中。在此处点明"至善",很大程度上是因为"四有句"经历了"四有四无"之辨,阳明后学存在着诸多流弊,故蕺山对此进行的反思亦必须追溯到"四有句",由王阳明、王龙溪那里的良知显教,"归显于密"为"意蕴于心,非心之所发也"的密教。②

而从思想史的角度而言,《人谱》首句从形式上可以溯源至周濂溪之"无极而太极",唐君毅先生对此一源流有过一个总结:

> ……在蕺山之教中,此心性之於穆不已者即天,而天之太极,不外于此心之性。故人成圣而能立人极,则天人之道备。故归于著人极图,以"无善而至善,心之体也"为首句,以言立人极之中。蕺山为宋明儒学

----

① 蕺山对"恶"的重视并不妨碍、而是进一步完善了儒家自孟子以来的性善论传统,进一步的具体论证可参考拙文《刘蕺山〈人谱〉中的"幽暗意识"探原》,《哲学与文化》(台湾地区)2018 第 4 期,第 71—86 页。

② 蕺山"归显于密"中对"诚意"的重视及其善恶观,可参考张学智:《刘蕺山前近代意识中的善恶说》,《儒家文化研究》第 11 辑,第 234 页。

之最后大师,而濂溪为宋明理学之开山祖。故吾尝谓宋明理学以濂溪之为太极图说,以人之主静立人极以合太极始,而以蕺山之人极图说之摄太极之义于人极之义终也。①

由濂溪之《太极图说》到蕺山之《人极图说》,从形式上有着极大的类似,而从其思想内容上讲,蕺山通过将善恶的观念引入到对心体的界定,将本来并无价值判断属性的无极、太极的概念收摄到心之体上来讲。这一步事实上是将宇宙本体论意义上的生生不息之义赋予给了心之体。心之于性,正如天之于太极,周濂溪所谓之"立人极"也就与自然而然地"与天地合其德"。然蕺山之"合"又与濂溪之"合"有着细微的分别:在濂溪那里,立人极固然能与太极相合,但从本体论的意义而言,太极有着相对独立的客观属性。也就是说,人虽然能够体证太极,但人极与太极从根本上讲毕竟并不属于同一个层次。而蕺山通过将价值判断的善恶引入到对心体的界定之中,这事实上是将人极与太极彻底贯通。我们知道,蕺山之学将心与性视为一而二、二而一之关系,人心即道心,在这样的学理思路下,人极即太极,"无善而至善"的心之体,同时亦是宇宙论层面上的本体,善恶之道德秩序与宇宙生生不息之秩序是相即不二的。这一理论架构标志着宋明理学发展到蕺山之学,其内部理论已经臻于成熟。黄敏浩就指出,透过《人谱》,刘宗周把"人极"的意义表露无遗,"虽然此义本为宋明儒共识,但一直要到宗周才得到严肃的正视,也才得以彻底地彰显出来"②。

这样的理论架构在宋明理学的框架内看似顺理成章,水到渠成,然而这对于解答"恶之来源"的问题来讲,却有着更为深远的意义。传统宋明理学在回答这一具有普遍性的哲学问题时,采取的方法大致可归为两类。一是区分天地之性与气质之性,道心与人心,进而将恶之来源归咎于个人所禀气质的污浊,此类以程朱理学最为典型。而另一类则是将人的起心动念与良

---

① 唐君毅:《中国哲学原论:原教篇·下》,学生书局,1984年,第492页。
② 黄敏浩:《刘宗周及其慎独哲学》,学生书局,2001年,第246—248页。

知的发用做比较,有善有恶的根源在于意之动。良知是至善的,但由于私欲的遮蔽,良知不能够充分发用于道德实践之中,陆王心学大致采取的是这个路向。以上两类的回答虽然各有不同,落实在工夫论上更是有着极大的差别,但他们有一个重要的共通之处是都依据孟子以来的性善论传统,认为恶之来源并没有本体论上的依据。其中常用的一个比喻即是将人性与水进行类比,水的本质是清澈透亮的,其混浊的原因是因为受到了污染,但污浊之水并不能改变水之清澈的本质。浊水中的泥沙等污染物并不是水本来的组成部分,只是随着水流经过不同的地区而被夹杂在水之中,气质的染污亦是同理,其清浊程度很大意义上决定了圣人与凡俗之间的差距:

> 有生下来善底,有生下来恶底……人生而禀此气,则为清明浑厚之气,须做个好人;……天地之戾气,人若禀此气,则为不好底人。(《语类》卷四,第69页)
>
> 生而知者,气极清而理无蔽。学知以下,则气之清浊有多寡,而理之全缺系焉耳。(《文集》卷五六,第37页)

这样的回答虽然能够对恶之来源进行解答,但若是落实到具体的实践修行工夫上,却会遇到一个不小的理论挑战。因为人之气禀是相对先在的,从呱呱落地就已经决定,而并不能根据人之后天的修行实践反过去决定它。所以人的道德修养境界在这种回答的思路之下,就由先天和后天两方面的因素所共同决定。先天的因素是不可控制和不可逆的,而后天的因素则是可以把握的,也是我们修德进学的着力点。无论是格物穷理还是致良知,最终要达到的目的都是一种"吾心之全体大用无不明矣",以及良知的全幅体现,毫无遮蔽。这样的思路在理想状态下固然圆满,但是就现实的道德实践而言,却并不是毫无瑕疵。对气质相对较为浊的人来说,他为何需要不断去除自己气质中浊的成分,而尽力凸显出其本性之清?如果用更为现代的话语来讲,这个道德实践的动力来源问题是需要追问的。宋明儒对此的一个常见回答是诉诸自孟子以来的人禽之辨,以"几希"之义来提点,但这样的回答对于像宰我这样不服三年之丧依然有其理据"心安之"的人来讲,似乎并无太大的作用。而宰我在儒门之中虽然不能和颜子等人相提并论,但也绝对谈不上是不移之"下愚"。

而更重要的问题还在于:首先,就为善去恶而言,由于先天和后天两方面因素共同决定了人性在某个当下的境界,传统宋明理学的理论框架之中并不能避免以下情况的出现:一个先天气禀较浊的人,通过严格和努力的道德实践,但其最终所证得的道德境界极有可能不如一个先天气禀较清,但修行实践松弛之人。更何况在儒家传统中并不存在一种类似于佛教因果之说以及基督宗教原罪的概念来将现世所禀之气质有一个道德价值判断上的之交代,也没有一个西方极乐净土世界或是末日审判之后的天堂可以对现世的修行有一个可诉诸于另一世界的"德福一致"。这样的理论框架虽然没有明显的漏洞,也大致符合现实生活中的实情,但从实践的动力而言,则显得缺乏吸引力。包括朱熹在内的不少宋明儒者在回答人之天生先天气质的差别之时,大多以人之得金木水火土之五性偏重不同来解释个人气禀的偏重。这样的回答基本上是延续了范缜批评佛教因果论时"坠茵落溷"的思路,但这对于"恶之来源"的问题而言,是一种以对事实的描述代替理论的回答,甚至多少回避了问题的实质所在(beg the question)。

其次,就具体的恶行而言,因为人会受到先天气禀的影响,从理论上讲就有根据将具体作恶的原因至少部分地归咎于气质之性本来的污浊。这就会导致许多相当危险的推论,例如不法之徒会以自己气质之性非常污浊来为自己的恶行找借口来开脱其罪行。对此种推论的危险,以宋明儒之慧解应该不难看到,但他们之所以使用气质之性的思路来对恶之来源进行解答,主要是因为他们需要首先面对佛教的理论挑战,佛教因果轮回说就其内部而言对恶之来源、个人气质不同等问题有着一套相对完整且可自圆其说的理论架构,而佛教的净土思想又为修行者提供了一定程度上的精神归宿,这对于其信奉者来说是极具吸引力的,而宋代初期儒门淡薄的原因也多少与此有关。在这样的大背景下,天地之性与气质之性的划分能够有力地反击佛教因果轮回说诉诸于前世与来世的神秘色彩,又能够兼顾到人与人之间在先天条件上贤与不肖的差别,虽然不是一个特别完美的解答,但亦至少是一个和佛教的解答可以匹敌的解说。

蕺山之前的多数宋明理学家们大多同意这一"天地之性"与"气质之性"的划分,然而蕺山他却明确反对这一架构:

> 须知性只是气质之性,而义理者,气质之本然,乃所以为性也。性只是人心,而道者人之所当然,乃所以为心也。人心、道心,只是一心,气质、义理,只是一性。识得心一、性一,则工夫亦可一。静存之外,更无动察;主敬之外,更无穷理。其究也,工夫与本体亦一。①

在蕺山看来,理、气、心、性、本体、工夫等概念都可以在合一的视角下进行审视,这样一种消除分际的一元论思想和"立人极"是一以贯之的。在此思路之下,恶之来源的问题在蕺山那里亦有了与其他宋明儒较为不同的回答,他认为人心即是道心,而此心是"无善而至善的",是"无善可著,更何不善可为","虽一善不立之中,而已具有浑然至善之际"(《人谱·证人要旨》)。也就是说,就其本然的状态而言,虽然没有表现出来善的任何迹象,但实际上在此无善之中所蕴含的乃是一种浑然无碍的至善,而此一至善是超越于普通意义上之"善"义。恶在这样一种无善而至善中如何有其来源呢? 蕺山在极具特色的《人谱·纪过格》中开篇就提到了微过(妄)蕴含了种种其他的过、恶,可谓恶之最早之表现。② 在蕺山那里,恶之根源来源自"妄",但这样一种"妄"就其来源而言,是一种在本体上的过恶,"原从无过中看出过来",而且这种妄因其在本体上之故,是无法去除的,"故学在去蔽,不必除妄"(《人谱·改过说·二》)。所以蕺山此处与传统宋明儒最为显著的不同就在于他将"妄"这样一种恶之来源收摄到本体的层面,"妄"与"独体"之诚乃是"一面明,一面暗"的关系。蕺山曾在其他地方指出:"论本体,决其有善

---

① (清)黄宗羲:《蕺山学案·天命章说》,《黄宗羲全集》,浙江古籍出版社,2005年,第1581页。

② 蕺山对于过、恶往往混用,其中虽有细微差别,但大体可以视为一体。

而无恶;论工夫,则先事后得,无善有恶也。"(《与履思九》)这似乎与之前所引内容有不合之处。不过如果将这句话放回到蕺山学融通合一、泯除分际的大背景下,本体与工夫是浑然而一,就其本体而言固然是有善无恶,这是无善而至善之义;而就工夫而言,蕺山力主去恶,故《人谱》中不记功,只记过恶,落实到实践上的工夫之所以必要,正是因为恶有着超越意义的依据。以本体与工夫一元的蕺山学观点视之,此处本体与工夫都是在一般理解之本体的层面上讲,前者是本体之本体,而后者是在讲工夫之本体。这实际上再一次说明了在蕺山那里,恶与善同样有着本体意义上的存有依据。牟宗三对蕺山此解评价甚高,他指出:

> 此中言微过之妄最为深透,盖与独体并行,……盖即"同体无明"也。诚与妄对,一真便是诚体,一虚欠便是妄根浮气。其旨深矣。诚体深至何处,妄浮随之;诚体达至极限,妄浮随之;诚体本是终极的,妄浮随之为终极。[1]

"妄"与"独体"是一体的,而不可分离。牟宗三此处所引"同体无明"是佛教用语,此义由中国佛教之天台宗最为彰显。佛教以无明为其十二因缘之起首,是烦恼、痴的别称。按照佛教一般的理解,尤其是南传佛教的思路,无明是一切烦恼障碍以及恶的起源,断除无明是成佛的必由之路。然而,天台宗创始人智者大师却以一种特殊的"即无明而法性""即烦恼而菩提"这样一种"不断断"的方式开决出"同体无明"之义,佛性本身不仅具备清净无染之性质,同时亦是无明之根源。而由这一层意思直接推出的心性论结论,即是天台宗最为独特的"性具善恶"说。因此,牟宗三在《从陆象山到刘蕺山》谈到此处时虽未明言,但他事实上是将蕺山之学的"妄"与"独体"之"一面明,一面暗"的关系类比于天台学之"性具善恶"。事实上,牟氏在《佛性与般若》中即以蕺山之《人谱·证人要旨》与天台智者大师在《摩诃止观》中之

---

[1] 牟宗三:《从陆象山到刘蕺山》,第371页。

"损己利人"之位居五品做过对比,认为蕺山之证人与智者大师所证得之佛教果位都是对"无明"这一概念有着极为深刻的认识而得。需要指出的是,牟宗三此处的类比是从"恶之来源"以及如何克制无明等问题切入并找到其相通点,而与此同时对于儒学与佛学之间在根本立足点上的分野,即儒佛之别依然有着清晰的认识。他认为天台智者针对"同体无明"的理论建构是在三界之内对无明的问题进行解决,而未能动摇三界之外"同体无明之潜隐深根"。而只有儒家的致良知教才能把这个"同体无明"做一个彻底的解决。①不过,虽然蕺山与智者大师有着不同的终极指向,但牟宗三敏锐地看到,在对于无明,对于恶之来源的问题上他们有着可以共通的地方,是在中国哲学中分别从儒家和佛教本身的思想资源中充分凸显了"恶之来源"的问题,而这也正是天台家在清净心为主流的中国佛教中主张性具善恶,蕺山在性善论传统下重视过、恶问题的异曲同工之妙所在。

三、明道与五峰对"恶之来源"的讨论

在宋明儒学的大框架内,蕺山之学虽然有着其十分独特之处,但其实际上依旧大致延续了宋明儒学本身的理论架构和问题意识。一些看似新鲜乃至有些颠覆性的问题,其实许多都是从一个全新的角度提出自己的创见,而实际可以追本溯源至理学已有的渊源脉络当中。以本文所讨论的"恶之来源"问题而言,事实上在程明道那里就已经点明:

善固性也,然恶亦不可不谓之性也。
善恶皆天理。②

虽然在明道那里已经清楚地指出了恶在性中实际上有其依据之义,但他自己本人并未对此有过多的阐释,而朱熹之后又根据自己的理论体系对此句

---

① 参见牟宗三:《佛性与般若》,联经出版公司,2001年,第1031—1033页。
② 《明道论性书说》,《遗书》卷一章五十六。

进行了疏解。在他看来,性中并没有善恶两样东西,而唯有善本身。只有在落实到气(朱熹概念下)的层面时,方有善恶之分别。而气之恶也是在相对形下之气的层面上的恶,若从形上之层面讲,气之恶的本性依然是纯然善的。这事实上是以朱熹自己气质之性与天地之性的划分来解释明道之语,将恶之来源归于气质之性,而将天地之性视为善的圆满境地。天地之性与气质之性的关系则是体与用、本与流的关系,气质之性的恶并不具备在本体上的依据。

朱熹的解释影响极大,进而影响到整个宋明儒学对明道此语的理解。从义理上讲,朱熹对明道的解释是有其依据的,气质之性与天地之性的区分本身有其合理之处,此上文已经详述。而且明道亦说"不是性中元有此两物(善恶)相对而生也",这似乎与性是善亦可是恶有所矛盾。朱熹的解释就可以很好地解决这一问题:性中并无"善恶之相对而生",将恶归之于形下之气质之性,而将形上之天地之性视为纯善。换言之,朱熹这里实际上是将明道所说之性进行了具体的分开定义。将"恶亦不可不谓之性也"的性解为"气质之性",而将"不是性中元有此两物相对而生也"之性解为"天地之性"。通过这样一种解释,在朱熹那里,"恶之来源"因为人生而有的气禀所以在"气质之性"中有其先天的根据,但这一先天的根据只是在形下层面而言,就形上本体层面而言,天地之性当中只是纯善,而并没有恶。

朱熹的解释固然有其理据所在,但他将明道所讲同一段话中的性做二解,在笔者看来是可以继续讨论的。明道本身并无此二性之区分,这种解法多少有概念滑转之嫌疑。而朱熹所谓"人虽为气所昏,流于不善,而性未尝不在其中"与明道所说"善固性也,然恶亦不可不谓之性也"实际上已有相当显著之不同。在朱熹那里,气是恶之根源,性虽然在气之中,但是就其本身而言依然是纯善的,"未尝不在其中"的性更多的是天地之性的意思。而明道那里善和恶都应当称之为性。与之相应的,就性之善恶而言,我们亦可有以下不同于朱熹的理解:性虽然有善有恶,但都是性之本来所具有之特性。从根本上讲性为善,但性之善恶乃是一体之两面,而并无形上形下、天地气质之分。

因此,朱熹的解释可能只是明道论性的一个面向,而若就"恶之来源"的问题意识入手,则明道所谓"恶亦不可不谓之性"完全可以有另一个面向的解释。明道论学素来点到即止,不做过多的阐释,其门人对此亦无太多着墨。之后的宋明儒由于朱熹的巨大影响,对明道论性也大都沿着朱熹的路数进行梳理。在蕺山之前,在这一问题上直接继承明道之学而与朱熹不同意见的,以胡五峰最为典型。

牟宗三对五峰之学特别注重"天理人欲同体而异用,同行而异情"一句,而我们也不难发现此句与明道之"善恶皆天理"有着相通甚至是继承之处。而从思想史而言,从明道到五峰,亦有着清晰的师承关系。朱熹在《知言疑义》中认为五峰实际上是一种"性无善恶"说,是将天理和人欲进行了混淆。本体上讲,应只有一个天理,而无人欲。对此,牟宗三特别指出,五峰此处同体而异用之"体",并非本体之义,而是事体。如同之后半句所讲的"同行而异情"一样,是针对同一件事情,可以有着相异的表现而言。如果我们借用现代伦理学的分类,五峰原文所说,是一种拒斥功利主义看重后果计算的思想,而希冀在君子在修德之时要在源头上把握好儒家传统"义利之辨"的义务论伦理学立场,因此才有紧接着"天理人欲同体而异用,同行而异情"的那句"进修君子,宜深别焉"。而五峰在此所论的天理人欲之善恶,都是在《明道论性书》中所谓"才说性时,便已不是性。凡人说性,只是说继之者善也"的背景下来讲善恶。儒家心性论中以性善论为主,但此一性善之"善"并非通常理解之于"恶"相对之"善",而是在一定程度上超脱于世间善恶标准的"至善"。故五峰有言:"孟子之道性善云者,叹美之辞,不与恶对也。"而就"恶之来源"的问题上,五峰虽然未有像蕺山一样对过、恶有着极为详尽的分析,但在保留至今的材料里,可以看出他对于"恶"的问题是由"天理人欲同体而异用"而发扬开来的。在五峰看来,凡事一旦"溺于流"即是人欲,而"不溺于流"即是天理。夫妇之道,圣人行之有道而安,是天理,庸人溺之而无节制则是人欲。同样一件事情,我们评价它是善还是恶,并不是根据其本身的属性,而是要看其具体的时机、尺度。因而在五峰那里,善恶实际上同系于一事体之中,为同一事体之两面。此一事体并非朱熹所理解的本体之义,曾亦与郭晓东认为,在对胡宏的疏解上,牟宗三较之朱熹更符合胡宏的原义。朱熹在此对本然之善有重大误解,将"将五峰之所非尽归之五峰",他们还进一步指出,胡宏的"同体"其实也未必如牟宗三所讲,完全不可以作本体讲,所谓"天理人欲同体而异用"也可以从伦理意义的价值都是由那无善无恶之性派生出来的角度来理解,只是同一个本体的不同发用而已。明道"恶亦不可不谓之性"之说,正是说明这个道理。①

在"天理人欲同体异用"之外,而五峰又以"好恶性也"来说其认为至善之性体。牟宗三认为,五峰此处由好恶说性,即是由好善恶恶说性体之超越的绝对性。至善之性体在明道处已有端倪,而至五峰处得以彰显,之后无论是阳明之"无善无恶"抑或是蕺山之"无善而至善"都可以从中找到若干线索。而五峰"天理人欲同体异用"之同一事体可有不同的善恶分别实际上亦是一种在存有意义论上"圆具"的可能性,更多地是一种在逻辑关系上的具备,而非就本体意义而言的善恶。这与蕺山之学"妄"与"独体"之"一面明,一面暗"的关系又有着极大的相通。而五峰以好善恶恶来讲性,将善恶系之于人心本身是否能够就其性体而发、不夹杂任何私欲。小人以一己私利而好善恶恶则其性自然为恶。而蕺山之"好善恶恶意之静"正是认为意是好善恶恶的心体。在蕺山那里,意是心之所存,非心之所发,它是以一种超越的方式蕴含于心,此与五峰由好恶说性体之超越虽然用词迥异,但思路是一以贯之的。

四、"具善恶而至善"与"恶是善之缺乏"结构性差别

以"恶之来源"的问题意识切入蕺山与五峰之学,进而上溯至明道,我们不难发现他们对此一问题的解答有着极为类似的理论架构。

首先,他们不同于其他传统儒家将孟子以来传统下的性善之善视为与恶相对之概念,而都将此一性善视为一种在更高的层次上之"至善",传统意义上之善并不足以名之。这一超越善恶之"至善"之义,在明道处是由"凡

---

① 曾亦、郭晓东:《宋明理学》,南京大学出版社,2009年,第146—147页。

人说性,只是说继之者善"的意义上展开,在五峰是由"不与恶相对"的意义上发明此意,而蕺山更是经历了对阳明后学"四有句"与"四无句"的深刻反思而得"有善有恶"的"心之动"是在后天的工夫用处,而不是没有"至善"贞定住的无善无恶心之体。虽然他们各自的路径有所不同,但却殊途同归。

其次,就善恶之关系以及恶之具体来源而言,他们都认为恶与善一样有着存有意义上的原因,但必须强调的是,这丝毫并不意味着恶在超越意义上可以有独立的来源,可以在超越面独立存在。恶在超越层面的唯一原因只是因为善的"过或不及",追根溯源却还是在超越层面。明道点明"善恶皆天理",肯定性中"过或不及"即是恶,但此义一直未能得到充分发扬。五峰以"天理人欲同体异用"明确了天理人欲在同一事体的基础上即可以为善,亦可以为恶,在超越的性体意义上而言并无差别。而在蕺山那里,作为恶之来源的"妄"与"独体"之诚是一体而不可分离的,恶与善具有同样的深层依据。牟宗三以天台宗之"同体无明"归纳蕺山学之这一特色。而实际上,此一"同体无明"乃是其"三系论"中的五峰—蕺山系除"以心著性"之外的另一重要特色。

最后,这种特殊的"具善恶而至善"又区别于柏拉图—基督教神学以及近现代西方伦理学所常用的所谓"恶是善之缺乏"的讲法,①这一讲法有着很深的神学背景,其背后实际上以一个全知全能的上帝为模型,最为圆满的是上帝这样的纯善之全体朗现。这一思想在哲学层面的表现就是以柏拉图理念论为模型,严格区分理念世界和现象世界。如果承认"恶是善之缺乏",实际上就是对二元论哲学的接纳,从这个意义上讲,牟宗三判朱熹"别子为宗"或许也有其洞见所在。而明道所代表的传统则在强调性善的同时也重视"中",这一"中"的要求又由本体直接贯通于生活世界,强调在具体生活实践应事接物中的恰到好处,不能"过或不及",既不能缺乏,同时也不能过头。而且这一生活世界是与本体世界直接相关联,不能割裂开来,因此在做

---

① 这一讲法近些年来为不少研究中国哲学的学者所接受,李明辉先生2014年底在复旦大学所做有关刘蕺山与性恶说的讲座中就提到"恶是善之缺乏"是一个具有普遍意义的模型,可以用在中国哲学上。在笔者看来,此毫厘千里之别,须慎之再慎。

工夫上也必须是即体即用,这一切都迥异于"恶是善之缺乏"下的二元论结构。

总结而言,明道—五峰—蕺山系的理论特色重要性在于,它为儒家传统性善论与工夫论之间理论张力的解决提供了新的道路。宋明儒学关于天地之性与气质之性的划分,其理论本身的未尽之处前文已述。而若以"同体无明"的理论架构来看,人和人之间的气禀固然有所差别,但这种差别并不具备超越的依据。就其本体而言,性固然是至善的,但一旦落实到个人的气质上,恶虽然在超越意义上没有根基,但其来源的依据却还是在超越层面。因此无论个人天生的气禀是如何清明,他依然不能摆脱那种存有意义上的恶之存在。因此就需要不断地进行道德实践,战战兢兢如履薄冰。而一旦做出恶行,人们亦不能以自己的气质之性作为辩解来开脱自己的罪行,因为恶之存有只是在超越意义上一种逻辑的具备,并不是有一个具体的恶性在我们的本性之中。我们的本性可以因为我们的意念或是好恶而具体表现为恶行,其与善行的分野完全在于人本身的行为是否夹杂了私心杂欲。正如天台宗"性具善恶"实际上是强化了止观修持的必要性,自明道以来经五峰至蕺山在"恶之来源"上的回答也强化了儒家内部道德修行的需要。蕺山学对过、恶的细致考察,对于王学末流之纠弊,其"归显于密"的学说特色亦是这一系统下的题中应有之义。

在人类思想的发展历史上,在完全独立的环境之下做出类似成果的案例不胜枚举。而宋明理学从宽泛意义上言,乃是就同一方向所不断推进共同努力,他们研习的经典相同,问题意识类似。因此虽然蕺山与五峰之间完全没有师承的谱系,但他们在某些环节有极大的相通之处,也是不足为奇的。恶之来源的问题是具普遍性之哲学共同问题,不仅宋明理学,儒家、佛教、道教以及西方哲学内部都对此一问题有着极为详尽的描述和分析。虽然古今中西哲学家对这一问题的语词使用或有所不同,但他们的问题意识却因为这一人类之普遍问题而有相通之处可以供我们集思广益。而本文对这一问题也只是提供自己的一家之言,希望或可稍补于前贤往圣。

一脉贯注　方见精神
——刘宗周对王阳明"致良知"思想解读的"正"与"误"*

俞秀玲

（西北政法大学哲学与社会发展学院）

内容摘要：刘宗周是时代思潮转型中的儒学殿军人物，他在统合心学、理学和气学的基础上提出了其哲学思想。晚明时期，阳明后学中的弊端日益凸显，出现了对王阳明"致良知"思想的误解，使其流于"玄虚而荡""情识而肆"的玄虚之弊。这一倾向使得心性修养工夫无法落到实处。刘宗周试图救正王学末流流弊，他以程朱、阳明思想为源流，而又另成体系，以"诚意"为本，以"慎独"为要，两者相辅相成，其中不仅有对王阳明"致良知"学术思想修正之"正"，同时也有修正中的"误"，他正是在这样的修正中对王学进行改造，并发展自己的思想。可以说，在一定学术意义上来讲，刘宗周是改造王学之"殿军"，然而，其修正难免因缺少一定的反思性思考而失却阳明学之"真"。我们通过对刘宗周关于王阳明"致良知"思想的解读，发现刘宗周对于王阳明"致良知"思想的修正，的确有其适宜之处，然而，当刘宗周倾向于通过语言的"辩证性"阐释来对王阳明的"致良知"这一思想进行诠释时，实际上是对"心"学的倒退，这是对于王阳明"致良知"思想的"误"。

关键词：刘宗周；王阳明；致良知；诚意；慎独；正与误

---

* 本文系国家社会科学基金项目"明清之际关学价值论研究"（20XZX008）阶段性成果。

刘宗周(1578—1645)是晚明时期处于"天崩地裂"①时代思潮转型中的儒学殿军人物,他在统合心学、理学和气学的基础上提出了其别开生面的哲学思想。发展到晚明时期,阳明后学中的弊端日益凸显,出现了两大严重弊病:阳明后学在研学中对阳明的"致良知"思想多有误解,"心"之所发流于私欲,"心"的多重意义成为率性而为的理论依据,从而倒向自然主义;同时,阳明后学流于玄虚,逐渐与禅学合流,由王龙溪开启的浙中王学过于重本体而轻工夫,将良知导向"玄虚而荡""情识而肆",悬空悟道而流于禅,这一倾向使得心性修养工夫无法落到实处,从而,社会道德价值标准的落实出现了被悬空的架势。

也因此,明晚时期士大夫所形成的社会风气日益呈放纵而空虚之病态。刘宗周的思想正是在这样的学术背景下产生,他试图正本清源,救正王学末流流弊,修整王学末流所造成的不良社会影响。由此,刘宗周重新删定阳明文集,力图调和朱王之间的思想分歧,他以程朱、阳明思想为源流,而又另成体系,使其思想理论体系圆融自洽:

> 始疑之,疑其近禅也。中信之,信其为圣学也。终而辩难不遗余力,谓其言良知,以《孟子》合《大学》,专在念起念灭用工夫,而于知止一关全未勘入,失之粗且浅也。②

三次信仰的变更过程,从最初的质疑,到后来的彻底信奉,至最终不遗余力的辩难,刘宗周对阳明的致良知思想进行质疑、批评和修正,并以"意"

---

① 刘宗周生活的晚明之际是一个"天崩地解"(黄宗羲:《留别海昌同学序》)的时代,这不仅刻画出明亡的历史事件在传统士大夫心中所留下的无限悲痛,同时,更突出了这个时代主流价值之缺失。大多数思想家从学术上反思,往往把原因归于理学的治学方法,并由此否定其建筑在修养工夫上的本体思想,这一时期的基本取向在于:"强调经世,强调实用,强调闻见之知,强调气质之性,……或扬经学,或重史学,或开子学,或创'质测之学'。"参阅朱康有、葛荣晋:《清初诸大儒思想再评价》,《西南民族大学学报(人文社会科学版)》2006年第10期,第80页。

② (明)刘宗周著,吴光编:《刘宗周全集》第2册,浙江古籍出版社,2007年,第147页。以下凡引该著,只注明书名、页码。

作为重建道德本体的"心之体",通过传承修正、发展了阳明的致良知思想,进而提出自己的诚意、慎独修养工夫论。尽管其思想历程伴随着盛衰起伏,但他一直以"一脉贯注,方见精神"的治学原则追根溯源。

一、"意本"之道德本体的树立
——对王阳明"致良知"思想解读的"正"

王阳明一生最重要的成就即在于,创立了以"良知"为心性本体、以"致良知"为修养工夫和以"知行合一"为道德实践的心学思想体系,从而在中晚明浙东学术中走出了一条独特的"良知心学"之路。尽管在理论上刘宗周非常崇信阳明的良知之教,但他并非一味地附和阳明关于良知教法。黄宗羲在其《明儒学案》中对于王门学派详细划分,并未将刘宗周纳入其中,而是另立蕺山学派,由此可见,刘宗周与阳明并不属于同一个学术派系。① 在《刘宗周年谱》中也有相关记载:"刘宗周之学,推本于周敦颐及二程,而与朱、陆皆有龃龉。得源于王守仁,而为说又异。"②刘宗周的学术思想受益于程朱与陆王,但又与两者并不完全相同。刘宗周学术在阳明"良知即是独知时"的思想理论基础上,"通过'独知'这一概念找到了阳明良知教和他自己的慎独说之间的结合点"③,从而提出了其慎独之说。

需要留意的是,刘宗周的哲学思想体系并未超出心学范畴,其思想正是基于对阳明"良知""致良知"思想的诠释:

> 余谓先师之"意",即阳明之"良知";先师之"诚意",即阳明之"致良知"。阳明不曰"良知是未发之中"乎?又何疑于先师之言意非已发乎?④

---

① 牟宗三先生也指出,刘宗周与王阳明并不在一个系,他认为宋明理学可以分为程颐、朱熹一系、陆九渊、王阳明一系和胡宏、刘宗周一系,共分为三系。参见牟宗三:《心体与性体》,联经出版公司,2003年,第52—53页。
② (明)刘宗周著,吴光编:《刘宗周全集》第6册,第212页。
③ 参阅东方朔:《刘宗周评传》,南京大学出版社,1998年,第288页。
④ (清)黄宗羲著,吴光编:《黄宗羲全集》第10册,浙江古籍出版社,1985年,第454页。

在黄宗羲看来,刘宗周与王阳明的思想理论范畴在很多层面上是相契的①:

> 越中故讲学之林也。自阳明先生倡学龙山,一传为钱绪山、王龙溪,再传传为陶石篑、石梁兄弟。石梁沿流扬波,讲学白马山,创为因果说,直趋禅寂。念台刘先生起而正之,社署"证人",游其门者如升阙里之堂,登龙门之坂也。先生之学,切磋于东林而别启津梁,瓣香在阳明而柱其流失。顾阳明教人致良知,而先生教人证独体。②

王阳明的思想学说经过三传,后学重本体,轻工夫,其中的思想理论参杂了许多禅学思想。作为后起的刘宗周,其思想会不可避免受到王阳明思想的影响。正如前述,刘宗周对阳明良知之学的学术感悟和解证经历过三次转变,他是在继承王阳明良知思想的同时,又对其进行了修正和传承,以竭力扭转王阳明后学末流之弊。刘宗周以其圆融通一的思想贯通动静、未发已发等,试图构筑意之道德本体。

刘宗周对阳明良知说的修正主要从对阳明"心体意用""以意为心"的思想理论的质疑和责难入手的。需要注意的是,王阳明对于意的解读是为其致良知工夫服务的,阳明视"意"为"已发",主张心有善无恶,意为心之所发,而非心之主宰,意有善有恶,恶从意中而来。阳明将"意"认作心之所发,认为是心之本义,这就意味着意之有善有恶亦为心之所发,此时,我们发现,心的纯善而无恶状态就出现了问题。也就是说,依阳明致良知之说,意是属于感性层面的意念,而良知(知)则属于本体层面,因而可以"致知以诚意而正物",诚意正是致良知之实功,由此,意诚,则可转化为纯善。刘宗周则把王阳明视"意"为"已发"改为"未发",认为"意"为心之所存,即心之本然存

---

① 尽管牟宗三先生认为刘宗周与王阳明并不属于一个派系,但认为两者又可以归于一个大系,即:可归于胡宏、刘宗周一系,上接北宋五子中的周敦颐、张载、程颢,且都以心著性作为突出特征。故而,该系又可"与陆、王合而为一大系也"。参阅牟宗三:《从陆象山到刘蕺山》,联经出版公司,2003年,第371、234—235页。

② (明)刘宗周著,吴光编:《刘宗周全集》第2册,第724—725页。

在,并进一步提取出"独体"之概念(后面专题专门会进行论述),以此来说明"意"独一无二的学术地位:

> 意者心之所存,非所发也。朱子以所发训意,非是。《传》曰:"如恶恶臭,如好好色",言自中之好恶一于善而不二于恶。一于善而不二于恶,正见此心之存主有善而无恶也,恶得以所发言乎?如意为心之所发,将孰为所存乎?如心为所存,意为所发,是所发先于所存,岂《大学》知本之旨乎?①

在这里,我们可以看到,刘宗周的主"意"立场非常明确,他认为意是心之所存、心之主宰,而非心之所发。刘宗周认为,《大学》中以"好善恶恶"的态度所讲述的"诚意",并非已发之好恶,而是未发之内心所呈现出来的一种好恶倾向,这一倾向本身为至善。也就是说,在刘宗周这里,心之所存意义上的"意"是至善性的,他认为,阳明将意视作心之所发,以《大学》本旨观之,就会出现所发先于所存的情况:

> 《大学》之教,只要人知本。天下国家之本在身,身之本在心,心之本在意。意者,至善之所止也,而工夫则从格致始。正致其知止之知,而格其物有本末之物,归于止至善云耳。格致者,诚意之功,功夫结在主意中方为真功夫。如离却意根一步,亦更无格致可言,故格致与诚意二而一,一而二者也。②

刘宗周认为,《大学》的主旨在于"知本",心是身之本,而意则为心之本,心之所存为意,正是心本然具有好善恶恶品质的写照,意本身就是一种至善。格物致知之工夫即为诚意之工夫,离开意的格物致知,是无法寻求到

---

① (明)刘宗周著,吴光编:《刘宗周全集》第2册,《学言上》,第390页。
② (明)刘宗周著,吴光编:《刘宗周全集》第2册,《学言上》,第390页。

格致之依归的。

　　这里,我们需要留意的是,阳明关于良知的解说是依照其对《大学》的理解而有其内在理路。阳明将"诚意"的地位提高的目的即在于,为其致良知思想服务。阳明认为,诚意即诚此有善有恶之意,使其归于至善之良知,而致知则为致能发挥好善恶恶作用的起主宰作用的内在良知。可以说,阳明的良知说是依《大学》而立的,但刘宗周认为阳明将《大学》中诚意、正心的顺序颠倒了,他所做的功夫即为及时进行修正。刘宗周对"意"所具有的"好善恶恶"功能的强调,意在强调意能够成为道德本体成立的特质,他所赋予"意"以至善本体地位的这一特质,在某种意义上来说,只是较阳明而言先点出了超越意义上的"意",这的确是对良知理论的进一步完善,"但在除却此意,仍有感性层面的意会影响人,即意念之意,阳明所说'诚意'即是诚此意念之意。故而刘宗周意为心之所存,诚体本天等等自可成立,不必与阳明良知说辩难,原是两路,不应以此路强套彼路"①。

　　在刘宗周这里,他更重视立诚,认为主体所达到的心体是比良知更为基础和根本的道德本体。由此,刘宗周对阳明之好恶之说进行进一步剖析:

　　　　此是先生洞见心体处,既不是立个心去好恶,则绝不是起个意去好恶可知。故知意不可以起灭言。②

　　在刘宗周看来,好恶之意并非可以起灭之念虑,而是心体进行道德评价的主体。刘宗周更对阳明"心之所发便是意""意之所在便是物"的说法提出质疑:

　　　　以心之所发言意,意之所在言物,则心有未发时,却如何格物耶?请以前好恶之说参之。③

---

① 参阅高海波:《刘宗周与〈阳明传信录〉》,《中国哲学史》2019 年第 5 期,第 83 页。
② (明)刘宗周著,吴光编:《刘宗周全集》第 2 册,第 54 页。
③ (明)刘宗周著,吴光编:《刘宗周全集》第 2 册,第 55 页。

刘宗周对阳明"意在于事亲,即事亲为一物"之说法进行质疑,他指出,按照阳明的说法,意念为已发之心,若将物视作意念之对象,那么,格物工夫就只能局限于已发之时,此时,未发就缺失了格物工夫。刘宗周认为,阳明将意视作已发,这就导致诚意工夫会有所不足,未发的良知和已发的修身工夫之间就容易造成工夫之支离,为其后学进入本体功夫分而为二的结局埋下了伏笔;他更提出,阳明这一解法会将其陷入理论困境中。

实际上,刘宗周对阳明良知说的功绩是持肯定态度的,他清楚地意识到,阳明良知说旨在"救晚近之支离"。故而,刘宗周对阳明致良知说的辩难,不是依着良知说原本的逻辑展开的,他所做的学术努力只是在于,在面临王学末流"失之情识,失之玄虚"的学术状态时,他试图通过对阳明良知说的解证另立一路,从而将人们的关注进行转移:转向其诚意之说,从而将意打造为另一套新的工夫理论:

夫阳明之"良知",本以救晚近之支离,姑借《大学》以明之,未必尽《大学》之旨也……今之贼道者,非不知之患,而不致之患,不失之情识,则失之玄虚,皆坐不诚之病,而求之于意根者疏也。①

在刘宗周这里,"意"具有重要的道德本体意义。刘宗周对"意"从其超然地位的角度做出了解构,认为意未心之所存、心之主宰,并具有好善恶恶的功能,如此,意既是客观而超越的存在,又具有主观能动性。刘宗周正是以"心性不二"的角度构建其即本体即工夫的意本体论。

二、以"慎独"为"意"存养之工夫
——对王阳明"致良知"思想的创新

阳明治学以"致良知"为宗,体现了其"本体""工夫"的统一。然而,阳明后学王龙溪、泰州学派王艮等则片面理解和发展了阳明的"致良知"思想,

---

① (明)刘宗周著,吴光编:《刘宗周全集》第2册,《证学杂解》,第278页。

使其流入空疏之风。刘宗周"慎独"思想的提出正是出于对这一问题的纠偏和补正。

刘宗周以"意"为学术切入点,力图构建出既超越存在,同时又能连接现实的经验世界的至善之道德本体。然而,需要注意的是,刘宗周的这一努力,其最终目标要落实到人的日用生活践行中。作为刘宗周,其学术努力的建构就需要能于本体中呈现工夫,同时又能于工夫中呈现本体。也就是说,刘宗周意识到重视本体,而忽视道德实践功夫所导致的"猖狂纵恣"的流弊与后果。由此,他强调必须先用敬慎的工夫,才能真正透悟本体;若忽略工夫,则将会导致空疏之弊端。

由此,刘宗周在对阳明致良知思想的解构下,从其以意为主的道德本体中提取出了"独体"这一理念,来实现其于本体中呈现工夫,又于工夫中能呈现本体的修养工夫,这一修养工夫是其"意"的存养与体用。如此,则既确立了形而上学之依据,又避免了阳明后学"玄虚而荡""情识而肆"之流弊。与阳明以及前人把"慎独"思想单纯理解为修养不同,刘宗周认为"慎独"是一本体概念,"独"为本体,"慎独"则为工夫,体现的是本体与工夫合一。

刘宗周的"慎独"思想纠正了王学左派的"空疏""玄虚",使王学的发展重新回到了正轨。这对晚明学术的发展有重要的积极作用,也对蕺山学派及清代学术的发展有一定的指导作用。

当然,刘宗周"独体"之说源自于《中庸》中的"慎独"一词:

> 知善知恶,行善去恶。"《中庸》是有源头学问……说功夫只说个'慎独',独即中体,识得慎独,则发皆中节,天地万物在其中矣。"[①]

能够看出,刘宗周将"独"体视作天命之性,认为它是"维天之命,於穆不已"之天,是最高的至善存在,人借"独"体来开展工夫。同时,"独"作为

---

① (明)刘宗周著,吴光编:《刘宗周全集》第2册《学言上》,第382页。

本体并非独立存在的实体性本体,而是万事万物的统一。需要注意的是,刘宗周所提出的的"独"与阳明的良知一致:"独者,本心之谓,良知是也。"①然而,刘宗周的"独"与阳明的良知又有很大区别。在刘宗周这里,"独"是一种发挥万物本原作用的实体性存在,这一实体存在既是万物之本原,又是天命之性:

> "天命之谓性"。以其情状而言,则曰"鬼神";以其理而言,则曰"太极";以其恍兮惚兮而言,则曰"机"、曰"希";以其位而言,则曰"独"。②

按照前述所探讨,在刘宗周那里,"意"是一种道德本体,是心之本体。实际上,这里所讲到的"独"就相当于其"意":"独,即'意'也。"③如此,则"独"成为一个贯穿于宇宙万物与人之间的道德本体概念:"独,一也。形而上者谓之性,形而下者谓之心。"④"独者,物之本。"⑤

刘宗周确立"慎独"宗旨以后,对阳明"良知只是独知时"之讲法非常赞同:

> 迩来深信得阳明先生"良知只是独知时"一语亲切,从此用功,保无走作。独只是未发之中,未发之中正是不学不虑真根底处。……学者只为离独一步说良知,所以面目不见透露,转费寻求,凡所说良知都不是良知也。……须知良知无圣凡,无大小、无明昧,若不向独上讨下落,便是凡夫的良知。⑥

---

① (清)陈确撰:《陈确集》(下),中华书局,1979年,第240页。
② (明)刘宗周著,吴光编:《刘宗周全集》第2册《学言上》,第383页。
③ (明)刘宗周著,吴光编:《刘宗周全集》第3册《答史子复》,第380页。
④ (明)刘宗周著,吴光编:《刘宗周全集》第2册《学言上》,第390页。
⑤ (明)刘宗周著,吴光编:《刘宗周全集》第1册《大学古记约义》,第649页。
⑥ (明)刘宗周著,吴光编:《刘宗周全集》第3册《答履思六》,第314页。

在刘宗周看来,"慎独"工夫是对未发心体的省察和体认,目的在于求未发之中,而非经过思虑之后或者情感迸发之后的已发工夫。他指出,在某种意义上来说,真正的良知其实就是,未发之中之独体所具有的道德知觉。① 在刘宗周看来,阳明后学所讲述的致良知,执着于在应用流转中于念虑、情感已发后的工夫,这样的工夫已经与本体相脱节。由此,他强调,更应关注和体认未发中的"慎独"工夫,而非掺入了念虑和情感已发的工夫,否则,就不是真正意义上的良知。也正因为如此,刘宗周强调通过"慎独"工夫来修正阳明后学的致良知思想。

刘宗周是以"慎独"的视角来对阳明致良知思想进行审视的:

千圣相传,只慎独二字为要诀。先生言致良知,正指此。但此独字换良字,觉于学者好易下手耳。②

良知常发而常敛,便是独体真消息。若一向在发用处求良知,便入情识窠臼去。然先生指点人处,都在发用上说,只要人知是知非上转个为善去恶路头,正是良工苦心。③

良知只是独知时,然馀干主谨独,先生言致知,手势大不同。先生是出蓝之见。④

通过上述,我们可以看出,刘宗周与阳明不一样之处即在于,通过慎独在未发之体上的工夫来对阳明的致良知思想进行理解,并指出,良知的"独知"特点是避免现成良知可能导致的"凡夫的良知""在发用处求良知,便入情识窠臼去"等将良知导向感性情欲,即已发的片面性,片面强调已发,导致人们缺乏对心体的自我反省而无法发挥自主性,以保证心体的纯粹性。

刘宗周的"独"除了是一种最高的至善存在,同时还是万事万物的统一,

---

① 参阅高海波:《刘宗周与〈阳明传信录〉》,《中国哲学史》2019年第5期,第83页。
② (明)刘宗周著,吴光编:《刘宗周全集》第1册,第59页。
③ (明)刘宗周著,吴光编:《刘宗周全集》第1册,第79页。
④ (明)刘宗周著、吴光编:《刘宗周全集》第1册,第87页。

故而,"独"也是一种修身尽性之学。

> 说本体先说个"天命之性",识得天命之性,则率性之道,修道之教在其中。①
> 独,即天命之性所藏精处,而慎独即尽性之学。独中具有喜怒哀乐四者,即仁义礼智之别名。②

能够看出,刘宗周的"独"又回到《中庸》中的"慎独"本意,强调独所具有的修身尽性之特质,认为性到极至处,只要尽心之功,就一定能修身尽性。

> 心体本自圆满,忽有物以撄之,便觉有亏欠处。自欺之病,如寸隙当堤,江河可决。故君子慎独。慎独之功,只向本心呈露时随处体认去,便得全体荧然,与天地合德,何谦如之!③

刘宗周还指出,圆满的心体因受到了外物的侵扰而产生不足,此时若不及时调整以回归,就会带来弊端,故而,必须坚持"慎独"的修养之功,以心体体认心体,以达到天地万物与心体的融合。

能够清楚地看到,在刘宗周这里,他将"慎独"发展为无所不包的本体概念,这是他与阳明致良知思想,乃至以往儒家思想不同的地方,也是其"意"之道的本体独到之处。刘宗周以意为出发点,通过"诚意"修正阳明的"致良知",并突出"良知"的客观性,这对于救治阳明后学的空疏之偏确有补治之功。④

---

① (明)刘宗周著,吴光编:《刘宗周全集》第2册《学言上》,第382页。
② (明)刘宗周著,吴光编:《刘宗周全集》第2册《圣学宗要》,第258页。
③ (明)刘宗周著,吴光编:《刘宗周全集》第3册《证学杂解》,第234页。
④ 在后世中,有些学者认为刘宗周的学术思想以"诚意"为宗,如其子刘汋等儒家学者;有些学者则认为刘宗周的学术思想体系以"慎独"为宗,如以黄宗羲为代表的儒家学者。黄宗羲指出:"儒者人人言慎独,唯先生始得其真。"详见(清)黄宗羲:《明儒学案》卷六二《蕺山学案》,中华书局,1985年,第1514页。

可见，刘宗周的学术努力是对阳明思想的修正，两者既有差异，又有相同之处。在某种意义上来说，刘宗周对阳明致良知思想的修正，并非要抛弃程朱理学，他意图弥合两者之间的差异，使之向孔孟原始儒学复归：

> 道统之传，自孔、孟以来，晦蚀者千五百年。有宋诸儒起而承之，濂溪、明道独契圣真，其言道也，合内外动静而一致之。至晦庵、象山而始分，阳明子言良知，谓即心即理，两收朱、陆，毕竟偏内而遗外，其分弥甚。至先君子复合。①

在刘宗周看来，他之所以在学术上做出复合朱王的努力，就在于，阳明意图对朱熹和陆九渊的学术之弊进行纠偏时，出现了矫枉过正、偏内而遗外的嫌疑，故而刘宗周力图使两者皆不偏废：

> 蕺山立教，既不似朱子心外言理，也不似阳明己心说理，而是时时将主体之心与客体超越之性双向展开，然后再打合为一，这样心之与性便成为一表里、一显微之有机整体。②

刘宗周就是为了让朱子和阳明两派"归而一之"，从而使其学术趋于更圆融、完美。刘宗周的"慎独"思想的确在纠正阳明后学左派的"空疏""玄虚"方面具有重要的引导作用，他的这一学术举措使得王学的发展重新回到了正轨，③这对晚明学术思想的良性发展有重要的引导作用。

三、以至善之"知识"诠释"良知"
——对王阳明"致良知"解读的"误"

刘宗周希望通过对"意"道德本体的确立来探求内在超越的道德本体，

---

① （明）刘宗周著，吴光编：《刘宗周全集》第 6 册，第 174 页。
② 参阅李振纲：《证人之境——刘宗周哲学的宗旨》，人民出版社，2000 年，第 32 页。
③ 高海波：《刘宗周与〈阳明传信录〉》，《中国哲学史》2019 年第 5 期，第 85 页。

由诚意而进至正心、修身,乃至齐家、治国、平天下,从而找到能够更好地实现实际生活中进行道德实践的思想理论基础,以达到本体与功夫的有机合一。牟宗三先生将刘宗周突出"诚意""慎独"地位的思想学说以"以心著性""归显于密"来进行概括,能够看出,刘宗周思想诚意、慎独的内倾性极其明显。①其"慎独"思想的提出,对纠正阳明后学片面理解和发展阳明的"致良知"思想,具有纠偏和补正作用。

我们知道,《大学》在"三纲""八条目"结构下对"诚意"进行理解,这一思路倾向当在二程时开启,到了南宋时期,朱熹对《大学》格外用功,用其大半生时间对《大学》重新进行研读和修正,至其《大学章句》形成,朱熹是从经一章和传十章两个层面进行展开的,并进一步进行了"格物致知"传文的补正,一直到元以后其所集注的《四书章句集注》被官方正式钦定为科举考试必读书籍为止,开启了学术界学人纷纷深入到朱熹的解读思维中进行《大学》解读的学术进路。此时关于《大学》的研究,其思路基本上都绕不过朱熹的研究视阈,一直到阳明这里,以朱熹的《大学章句》为读本,率先提出恢复《大学》古本,由此,阳明对《大学》中的"诚意"展开了其学术解读:

> 《大学》之要,诚意而已矣。诚意之功,格物而已矣。诚意之极,止至善而已矣。正心,复其体也;修身,著其用也。以言乎己,谓之明德;以言乎人,谓之亲民;以言乎天地之间,则备矣!是故至善也者,心之本体也;动而后有不善。意者,其动也;物者,其事也。格物以诚意,复其不之动而已矣!不善复而体正,体正而无不善之动矣!是之谓止至善。……旧本析而圣人之意亡矣!是故不本于诚意,而徒以格物者,谓之支;不事于格物,而徒以诚意者,谓之虚;支与虚,其于至善也远矣!合之以敬而益缀,补之以传而益离。吾惧学之日远于至善也,去分章而复旧本,傍为之什,以引其义,庶几复见圣人之心,而求之者有其要。②

---

① 高海波:《刘宗周与〈阳明传信录〉》,《中国哲学史》2019年第5期,第85页。
② (明)王阳明:《王阳明全集·大学问》(下),上海古籍出版社,2006年,第1197页。

我们能够看出,阳明的出发点正在于对"求理于外"之弊端的纠偏,他直指朱子《大学》改本,强调从格物和诚意两条目为入手,实现两者合一。实际上,阳明对诚意的展开,并非朱子《大学》中的"八条目"所预设的"诚意"之内涵,阳明所讲述的"修身""诚意",是基于其"致良知"的学术视阈来展开的。

"敢问欲修其身,以至于致知在格物,其工夫次第又何如其用力与?"曰:"此正详言明德、亲民、止至善之功也。盖身、心、意、知、物者,是其工夫所用之条理,虽亦各有其所,而其实只是一物。格、致、诚、正、修者,是其条理所用之工夫,虽亦皆有其名,而其实只是一事。……物者,事也,凡意之所发必有其事,意所在之事谓之物。格者,正也,正其不正以归于正之谓也。正其不正者,去恶之谓也。归于正者,为善之谓也。夫是之谓格。《书》言'格于上下','格于文祖','格其非心',格物之格实兼其义也。……然后物无不格,而吾良知之所知者无有亏缺障蔽,而得以极其至矣。"[1]

阳明通过对"明明德""修身为本"这段进行注释,以表达"求理于物外"之弊。阳明指出,"良知"之学并非立"言"之教,以"致良知"为教法只是针对"时病"的治疗"药方",这一点是儒家一直以来的思想指向,其高明处皆在此。在阳明看来,若不以语言文字来进行详尽说明,则难以直抒胸臆而表达清楚,然而,通过语言文字进行分析则又有读之难免陷入朱子学先入为主所预设的"三纲""八条目"的思维框架中去。当朱子强调"诚意"的重要性时,他指出:

其第五章乃明善之要,第六章乃诚身之本,在初学尤为当务之急,读者不可以其近而忽之也。[2]

---

[1] (明)王阳明:《王阳明全集·大学问》(下),第971—972页。
[2] (宋)朱熹撰:《四书章句集注》,中华书局,1983年,第13页。

朱子非常重视诚意的地位,然而其论述更偏重于逻辑层面上的顺序。刘宗周以"意"道德本体为出发点,强调"诚意"即为"致良知",然而,值得注意的是,刘宗周所讲的"诚意",似乎更倾向于朱子关于《大学》解构的思路框架,他把阳明关于"格致""诚意"的讲法视作朱子在《大学》中处于平等逻辑层次上的工夫环节。如果我们仔细阅读刘宗周所注《大学古记》,会发现,其文本顺序尽管大部分与《大学》古本顺序一致,但是他的解读专门致力于强调"诚意"的重要性:"右第三章,申诚意之义,而致知、正心皆举其中"①;同时,在后来的研究中又专门分出"格物致知"章:

> 止言"必诚其意"以应首句,更不言"先致其知",正以见诚意之为专义也,亦了义也。……阳明子曰:"大学之道,诚意而已矣。"而解"诚意"仍作第二义,以迁就其"致良知"之旨,无乃自相矛盾。②
>
> 问:"格物于动处用功否?"(阳明)曰:"格物无间动静,静亦物也。孟子谓'必有事焉',是动静皆有事。"(蕺山按)"此是先生定论。先生它日每言'意在于事亲,即事亲为一物'云云,余窃转一语曰:'意不在于事亲时是恁物?'先生又曰:'工夫难处全在格物致知上,此即诚意之事。意既诚,大段心亦自正,身亦自修。但正心修身工夫亦各有用力处,修身是已发边,正心是未发边,心正则中,身修则和'云云。先生既以良知二字冒天下之道,安得又另有正修工夫?只因将意字看作已发,故工夫不尽,又要正心,又要修身。意是已发,心是未发,身又是已发。先生每讥宋学支离而躬自蹈之。千载而下,每欲起先生于九原质之而无从也。"③

我们看到,刘宗周是在朱子修订的《大学章句》"八条目"框架下对"诚意""致知"进行探讨,他认为按照阳明的诠释,若"意"为"心"之所发,则在

---

① (明)刘宗周著,吴光编:《刘宗周全集》第3册,第630页。
② (明)刘宗周著,吴光编:《刘宗周全集》第3册,第614页。
③ (清)黄宗羲著,沈芝盈点校:《明儒学案·姚江学案》,中华书局,2008年,第204—205页。

"意"上用功无法达到对于良知本体的澄明,此时"心"与"意"出现了实不相合的情况。故而,刘宗周指出,若依据阳明所讲"诚意",则必须要对"意"进行修正,刘宗周的这一进路势必出现步入朱子学术时弊的矛盾,在这个层面上,实际上刘宗周对阳明的致良知思想是有误读的。

在就阳明与其弟子徐爱进行的对话交流进行点评时,刘宗周指出:

(阳明言)"故《大学》指个真知行与人看,说如好好色,如恶恶臭。见好色属知,好好色属行;只见好色时已自好了,不是见后又立个心去好。……"

(蕺山按):只见那好色时已是好了,不是见了后又立个心去好。……此是先生洞见心体处,既不是又立个心去好恶,则决不是起个意去好恶可知,故知意不可以起灭言也。①

的确,刘宗周对于"意"之解释与前儒大有不同,不以起灭而言"意",认为阳明关于好恶的解说实际上是"有善有恶"之念,而实际上"意"本来就是"有善无恶"之念,是"心"之本然所"存"。表面看来,刘宗周的这一诠释似乎与阳明的"《大学》之道,诚意而已矣"之说是相合的,但刘宗周更受朱子《大学章句》本的逻辑框架结构限制,从而导致对阳明诚意说的误读。

总体言之,刘宗周关于诚意的解读方式在学理上乃是"心学"之倒退,他对于阳明思想的"批评"实际上是其对于阳明"致良知"的"误读"。②

需要注意的是,若我们把王阳明、刘宗周共同置于宋明理学的思想发展史中,我们会发现,两者共同构成了理学发展的趋势。不管是朱子的"格物",还是阳明的"致知",抑或是刘宗周的"诚意""慎独",三者都力图向更深入人心的纵深方向进行探究。"物格而后知至,知至而后意诚"其实是一个循序渐进的渐修过程。

----

① (清)黄宗羲著,沈芝盈点校:《明儒学案·姚江学案》,第99—200页。
② 参阅张慕良:《刘宗周对王阳明思想的"误读"——以〈阳明传信录〉按语为例》,《北京师范大学学报(社会科学版)》2019年第4期,第113页。

四、结　语

综上所述,刘宗周的重要学术贡献就在于,他通过建构"意"之道德本体,力图对阳明的致良知之学进行修正和创新,以对阳明后学造成的玄虚空禅之风予以纠正,重建心学体系。他从对阳明思想从"中信"到"终而辩难不遗余力",的确能够看到刘宗周试图努力通过修正阳明致良知思想而救正阳明后学所引发的空疏流弊之风,由此,刘宗周以"诚意"为本,以"慎独"为要,两者相辅相成,其中不仅有对阳明致良知学术思想修正之"正",同时也有修正之"误"。他正是在这样的修正中对王学进行改造,"一脉贯注,方见精神",发展自己的心学思想。可以说,在一定学术意义上来讲,刘宗周是改造王学之"殿军",然而,其修正难免因缺少一定的反思性思考而失却阳明学之"真"。我们通过对刘宗周关于阳明致良知思想的解读,发现刘宗周对于阳明致良知思想的修正,的确有其适宜之处,然而,当刘宗周倾向于通过语言的"辩证性"阐释来对阳明的致良知这一思想进行诠释时,实际上是对"心"学的倒退,这是对于阳明"致良知"思想的"误"。

刘宗周的心学思想在现代信息社会,依然对人意志的培养、诚信与自信的树立,以及人自我修养、价值的提升和实现等具有深刻的启迪意义。[①] 宋明理学是中国传统哲学发展的重要时期,其中所涉及到的气、理、心本论、"朱陆之争""致良知""慎独"等问题具有代表性,依然是当今学术界持续关注的学术研究重点问题。在某种意义上来说,刘宗周的心学思想对于整个宋明理学、中国哲学史研究具有重要的学术理论意义。

[①] 高海波:《刘宗周与〈阳明传信录〉》,《中国哲学史》2019年第5期,第85页。

政治学、史学与文学研究

封建之义的解构与重构
——以柳宗元和张载为中心*

陈佩辉

（山东大学哲学与社会发展学院）

内容摘要：封建制一直被认为是圣人所造的神圣家国制度。柳宗元径直从社会历史变迁的角度分析郡县代替封建的必然性，并从制度设计和制度价值等层面否定了封建制，解构了封建作为儒家政治理想载体的意义。张载在反驳柳论的过程中重塑了封建制，并从制度设计和价值层面论证了作为道德共同体的封建制优于郡县制，最后通过《西铭》为封建制奠定了坚实的本体论和价值论根基，使封建制重新获得了生命力，在一定程度上扭转了柳宗元对于封建的解构，为后世儒者坚守封建政治理想树立了典范。

关键词：张载；柳宗元；封建制；郡县制；道德共同体

封建郡县之辨在秦以后历代都有展开，是关乎政治体制选择的关键问题。[①] 柳宗元与张载的封建郡县之辨是封建郡县之辨演变过程中的关键一环。柳宗元在《封建论》中抛弃了圣人立制的传统观念，从社会历史变迁的角度探究封建制的起源，并在制度设计和制度价值上论证了郡县制优于封建制，全面否定了封建制作为实现儒家政治理想的制度载体的意义，解构了封建之义。面对这一挑战，张载调整封建制的具体设计并在新的理论基础

---

* 本文曾刊于《平顶山学院学报》2022年第3期。
① "封建"一词的含义在近现代发生重要变迁，本文所采用的是"封建"之义是未经西方概念影响的中国古代思想家所理解的"封建"。参见冯天瑜：《"封建"考论》，武汉大学出版社，2006年，第19—31、69—73页。

上重构了封建之义,有力地为封建制作了辩护。然而,目前学界的研究大都聚焦于柳宗元的解构,而对于张载之重建的研究远未充分,更未展开对这一解构和重构过程的考察。因此本文尝试侧重从张载的角度考察封建之义的解构与重构:首先,我们探讨柳宗元对经典中的封建之义的解构及其影响;其次,我们讨论张载如何回应柳氏的挑战以为封建制辩护;最后,我们讨论张载如何通过《西铭》为封建制重建理论根基。

一、柳宗元对封建之义的解构

学界对柳宗元《封建论》的研究汗牛充栋,本节仅就柳氏对封建之义的解构作一简明分析。在展开具体分析之前,我们先借助王国维《殷周制度论》来理解经典世界中的"封建"。王国维认为西周制度的目的在于"纳上下于道德,而合天子、诸侯、卿、大夫、士、庶民以成一道德之团体"[1]。王国维所言的道德团体,事实上是政治宗法化的天下共同体。王氏强调封建制以亲亲尊尊贤贤为原则,其中宗法是封建制的核心。[2] 而井田和分封也即狭义的封建则是另外两个重要因素。但在西周封建制下,无论在伦理上还是政治上庶民都未得到恰当的对待,即使庶人之贤者也无入仕之途。随着社会结构的不断变化,这一制度必然会被认为是不公的。注重"至公"的柳宗元对封建制提出了最为深刻的质疑,其《封建论》力图取消封建制的神圣性并从根本上否定了封建制是儒家政治理想的载体。

在《封建论》中,柳宗元首先透过人类社会发展的视角论证了国家在起源阶段必然采用封建制,否定圣人创设封建制。他说:

> 彼封建者,更古圣王尧、舜、禹、汤、文、武而莫能去之。盖非不欲去之也,势不可也。势之来,其生人之初乎?不初,无以有封建。封建,非圣人意也。彼其初与万物皆生,草木榛榛,鹿豕狉狉,人不能搏噬,而且

---

[1] 王国维:《观堂集林》,中华书局,1959年,第454页。
[2] 王国维:《观堂集林》,第474页。

无毛羽,莫克自奉自卫。荀卿有言:"必将假物以为用者也。"夫假物者必争,争而不已,必就其能断曲直者而听命焉。其智而明者,所伏必众;告之以直而不改,必痛之而后畏;由是君长刑政生焉。故近者聚而为群。群之分,其争必大,大而后有兵有德。又有大者,众群之长又就而听命焉,以安其属,于是有诸侯之列。则其争又有大者焉。德又大者,诸侯之列又就而听命焉,以安其封,于是有方伯、连帅之类。则其争又有大者焉。德又大者,方伯、连帅之类又就而听命焉,以安其人,然后天下会于一。是故有里胥而后有县大夫,有县大夫而后有诸侯,有诸侯而后有方伯、连帅,有方伯、连帅而后有天子。自天子至于里胥,其德在人者,死必求其嗣而奉之。故封建非圣人意也,势也。①

柳宗元认为,在人类社会发展初期,出于自我保存的需要人与人之间必然联合成群,而群与群之间为了获得更多自我保存的物质基础就必然相互争夺。在不断争斗中,有智有德者胜出,兼并诸群,从而形成包括里胥、县大夫、诸侯、方伯、连帅和天子在内的共同体层级,这就是封建制形成的过程。但有智有德者并不能改变基于血缘关系而形成的共同体的内部结构,是以群与群之间有相互妥协而难以相互消灭。在共同体层级结构形成后,经由血缘继承而传递到后世,即使圣人也只能因之而不能去之。因此,封建制是社会历史发展必然产生的制度,而非圣人有意创立的制度。

柳宗元从人类社会起源的角度论证封建制非圣人所创,虽然破除了封建制的神秘面纱,但并没有否定封建制是理想制度,要从根本上否定封建制还要从制度本身去寻找更多论据。柳氏首先从制度设计之优劣上寻求证据。② 基于周秦兴衰和汉初分封之弊的历史经验,柳氏认为封建制的权力配置容易造成诸侯尾大不掉的局面,削弱中央对地方的支配性,不利于维持天下一统的局面。周之所以亡即在于诸侯盛于下而分其权,汉初郡国制的

---

① (唐)柳宗元:《柳宗元集》,中华书局,1979年,第70页。
② (唐)柳宗元:《柳宗元集》,第71—72页。

实践也再次证明了封国容易叛乱,威胁国家稳定。而秦之郡县制则能够保障中央管摄天下,统一支配郡县之权,消除地方叛乱的根源。柳氏这一论断之所以得到后世诸多儒者认同,正是因为其透过历史兴衰洞察到了地方分权过重导致的"其专在下"和地方叛乱问题。

而比制度设计之弊更为严重的是隐藏在制度背后的价值取向之弊,柳氏说:"夫殷、周之不革者,是不得已也。……夫不得已,非公之大者也,私其力于己也,私其卫于子孙也。秦之所以革之者,其为制,公之大者也;其情,私也,私其一己之威也,私其尽臣畜于我也。然而公天下之端自秦始。"①柳氏一反先儒封建为公的论断,认为郡县为公。柳氏认为汤武获得各地诸侯的依附才拥有了革命和延续社稷的力量,同时分封诸侯也可以保证其继续坐拥天下。因此,封建诸侯事实上是自私而非大公。而郡县制虽然是秦皇为了一家之私而设,但却在制度上消除了众多封国,在客观上保证了公平。要理解郡县制之所以为公还需要结合接下来一段文字:"今夫封建者,继世而理;继世而理者,上果贤乎,下果不肖乎?则生人之理乱未可知也。将欲利其社稷以一其人之视听,则又有世大夫世食禄邑,以尽其封略,圣贤生于其时,亦无以立于天下,封建者为之也。岂圣人之制使至于是乎?吾固曰:'非圣人之意也,势也。'"②柳宗元极其强调尊贤的重要性,它关乎政治治理的成败,贤人在上则天下安,小人在上则天下乱。柳宗元认为因为世袭制的缘故封建制无法保障在上位者皆贤,只能按照一定比率保证其为贤者,可能这一比率因为贵族家庭教育得当而高于整体的贤人比率,但周代的制度实践证明这一比例并不能保障贤人在位从而延续周之社稷。在此情况下,政治治乱的不确定性大大增加,而这与圣人为公之意是相悖的。同时,由于世禄的缘故,贵族占据了大量的公共职位和公共品,贤人入仕的空间被大大削减,虽有圣贤之人也无法立于上位。这就必然导致贤愚不能上下分,降低施政效率,从而降低国家治理能力,最终导致天下乱

---

① (唐)柳宗元:《柳宗元集》,第74页。
② (唐)柳宗元:《柳宗元集》,第74—75页。

多而治少。显然,这不是圣人设立制度的初衷。与此相反,郡县制却开放了几乎所有的公共职位给予贤人,更利于实现公天下。两相比较,封建制劣于郡县制。因此,封建制不仅不是圣人所创,也并不符合圣人之意。必须指出,柳宗元尊贤的背后是其天下为公的政治理想以及追求公义的政治价值,在亲亲贤贤之间,柳宗元更重视贤贤的优先性。① 这与西周封建制重视亲亲迥然不同。

总之,柳氏之分析抛弃了封建制的政治哲学意义,纯粹从人类社会发展史的角度论述封建的起源,能讲述其历史之理,而不能究经典之深意;从制度设计出发认为诸侯尾大不掉,容易形成叛乱,但也否定了地方分权的积极意义;从公义价值出发否定封建为公,但也忽略了封建制作为道德共同体的价值。同时,柳氏对作为封建制三要素之义的井田制避而不谈,最终使封建制变为一种尾大不掉的区域行政制度,且妨碍贤人居位和导致地方叛乱。

柳宗元《封建论》颇具说服力的洞见借助其文笔在宋代产生了广泛的影响。苏轼认为"柳宗元之论,当为万世法也"②,程颐认为"封建之法,本出于不得已。柳子厚有论,亦窥测得分数"③。但志在三代的张载却不同意柳论,接下来一节我们分析张载对柳论的反击。

二、张载对柳宗元《封建论》的反驳

针对柳宗元从制度起源、制度设计以及政治价值三个方面对封建制的质疑,张载必须做出回应。前文已经指出,柳宗元从人类社会起源的角度分析封建制之形成,并未从根本上否定封建制的价值,而从制度设计和政治价值的角度否定封建制则彻底消除了封建制所寓的圣人之意。因此,张载只需从制度设计和政治价值的角度重新肯定封建制即可证明封建制乃圣人创设的理想制度。

---

① 在《六逆论》中,柳宗元进一步否定了"贱妨贵,远间亲,新间旧"为乱的观念,强调圣贤可以超越贵贱亲疏。参见(唐)柳宗元:《柳宗元集》,第95—97页。
② (宋)苏轼:《东坡志林》,中华书局,1981年,第104页。
③ (宋)程颢、程颐:《二程集》,中华书局,1981年,第291页。

首先看在制度设计上张载如何反驳柳宗元。张载说:"所以必要封建者,天下之事,分得简则治之精,不简则不精,故圣人必以天下分之于人,则事无不治者。圣人立法,必计后世子孙,使周公当轴,虽揽天下之政,治之必精,后世安得如此!且为天下者,奚为纷纷必亲天下之事?今便封建,不肖者复逐之,有何害?岂有以天下之势不能正一百里之国,使诸侯得以交结以乱天下!自非朝廷大不能治,安得如此?而后世乃谓秦不封建为得策,此不知圣人之意也。"①在制度设计上,张载从两个方面反驳柳宗元所指出的权力配置问题。第一,权力配置与治理效率有着密切关联,事权越简越有利于治理效率的提高。在封建制下,圣人通过分封诸侯和授田于民而将天下事分于天下人,天下人皆有其具体的职分并可自由发挥而不受上下层级结构的制约,是以封建制能尽天下之力以成天下之事。与此相反,在郡县制下,天子或中央总揽天下之事,事权过于集中且人与事间隔层级过多,除非圣人在位,否则天子要么无法一一处理天下事,要么在位者忽略具体事务的地方性和特殊性,从而导致行政效率的低下。因此,从行政效率的角度看,封建制之分权优于郡县制之过度集权。正如有些学者指出的那样,这是张载观察宋代中央集权之弊而得出的洞见,从正面反驳郡县制优于封建制。② 第二,针对柳氏所提出的诸侯分权造成地方叛乱的问题,张载从权力制约的角度为封建制辩护。张载认为,封建制下天子亦可罢黜或讨伐不肖之诸侯,且天子王畿之地远大于百里之国,诸侯叛乱只能发生在天子无德且中央政府治理极其败坏的极端情况下。因此,张载认为诸侯分权之弊并不影响封建制本身的卓越设计。但张载也改变了诸侯世袭的条件,同时缩小了诸侯封地面积,在此情况下,诸侯无力构成对中央的威胁。这当是其吸收柳论而做出的调整,后世不少儒者继承了这一思想以反驳"封建制引起叛乱"的观点。

柳宗元还从政治价值的角度认为郡县制为公而封建制为私,而其重要

---

① (宋)张载:《张载集》,中华书局,1978年,第251页。
② 鲍新山、张其凡:《张载分权思想初探》,《暨南学报(人文科学与社会科学版)》2005年第1期,第95—100页。

依据则是封建制之亲亲妨贤入仕。针对这一点,张载说:"古者诸侯之建,继世以立,此象贤也,虽有不贤者,象之而已。天子使吏治其国,彼不得暴其民,如舜封象是不得已。"①圣人之所以设计诸侯世袭的制度原因在于"象贤",即使贤人之子弟有不贤者,也要给予其世袭之位,以此作为贤人的象征,凸显贤人之德的意义。但不肖子弟在位并非任其蹂躏百姓,而是由天子派遣贤人代其治理,舜封象而剥夺治权即是如此。而圣人之所以如此设计更重要的原因在于"象贤"引导共同体朝向道德之维。张载在《策问》中说:"世禄之荣,王者所以录有功,尊有德,爱之厚之,示恩遇之不穷也。为人后者,所宜乐职劝功以服勤事任,长廉远利以嗣述世风。而近世公卿子孙,方且下比布衣……盖孤秦以战力窃攘,灭学法,壤田制,使儒者风义浸弊不传……莫不降志辱身,起皇皇而为利矣。求口实而朵其颐,为身谋而屈其道,习久风变,固不知求仕非义,而反羞循理为不能,不知荫袭为荣,而反以虚名为善继。"②张载观察到在郡县制和科举制下的士人日渐沉沦,降志以求利,屈道以谋身,士人群体逐渐丧失了道德共同体的面向,这是对北宋士人的真实写照。唐代高门和寒门之间就有关于进士与门荫孰高孰低的争论,高门认为其优良的家庭教育能够培养经明修行之士,而寒门则认为高超的文学技艺表明自身也具有传承斯文和佐佑王化的能力。③ 张载的策问就是针对这一现象而延续其讨论的。

张载认为郡县制由于缺乏三代学法和田制不利于培养和选拔经明行修之士,是以郡县制和以功名为导向的科举制并非修身进德的理想制度。而封建制能给予诸侯和公卿大夫士一定的爵禄,为其道德修养的展开提供保障。世袭之家的子孙后代并非仅仅以承袭爵位为荣,更重要的是以承袭贤德之风为荣,以传承父祖之德为己任。由于具有了基本的物质保障,世禄之家更容易做到以廉自居、重义轻利。此外,要保障子弟修德,还需要一套家

---

① (宋)张载:《张载集》,第296页。
② (宋)张载:《张载集》,第355—356页。
③ [美]包弼德:《斯文:唐宋思想的转型》,刘宁译,江苏人民出版社,2017年,第41—43、49页。

法,也即张载非常重视的宗子法。总之,在世禄和宗法下,士人形成以家族为单位并相互联结的道德共同体,传承父祖之德,兢兢业业,服勤事任,自修为贤,化及其民,这才是"象贤"真正的指向所在。而郡县制虽然更有利于贤人入仕,但在培养贤人上缺乏相应的价值指引和制度设计,表面上进贤而事实上则是妨贤。因此,封建制相较于郡县制更有利于圣贤的养成,而这是用贤的前提。两相比较,郡县制更为妨贤。由此,张载从道德共同体的角度为"封建为公"做了很有说服力的辩护。

同时,张载也不同意封建制妨贤。前文已经指出,天子可以罢黜不肖之诸侯,也可以任命贤人为官吏制约不肖之诸侯,从而在政治治理上保证贤人居位。因此,世袭制度虽然增加了治理成本,但并未显著降低治理效率。再加上世禄对于养贤以教万民的作用,世袭制度的优势是明显的。不特此也,受柳论的影响,张载还力图平衡亲亲贤贤,将贤贤的优先性提升到与亲亲几乎相等的地位,为封建制下庶民之贤者入仕奠定了价值基础。他说:"'亲亲尊尊',又曰'亲亲尊贤'……若尊贤之等,则于亲尊之杀必有权而后行。急亲贤为尧舜之道,然则亲之贤者先得之于疏之贤者为必然。'克明俊德'于九族而九族睦,章俊德于百姓而万邦协,黎民雍,皋陶亦以惇叙九族、庶明励翼迩可远之道,则九族勉敬之人固先明之,然后远者可次叙而及。"①张载认为在亲亲与贤贤之间的冲突中,不能不顾亲亲的因素而只考虑贤贤,也不能只循亲亲而忽视贤贤的重要性。前者与实践中选贤的由近及远的渐进原则相违,后者则与儒家选贤治国的原则相悖。因此,王者在贤贤的同时要兼顾亲亲,他以尧为例说明如何做到"权"。尧舜皆先选亲族之贤者,然后再选百官亲族之贤者,最后挑选庶民之贤者。质言之,在贤均的情况下要以亲亲尊尊来定用贤之序。张载的这一创见既有伦理价值的考虑也有实践效果的考量:由亲及疏的选贤原则在以家族为基本单位的共同体中一方面照顾到了亲亲的伦理价值,另一方面也有利于选贤实践的不断推进。那么当亲亲和贤贤出现冲突时怎么处理呢? 前文已经指出,张载认为应当罢黜不贤者,

---

① (宋)张载:《张载集》,第58页。

从而保障贤者居位。

总之,张载从权力配置、养贤用贤等方面反驳了柳论的立论之基,从道德共同体的角度论证了封建制是理想的政治制度。此外,张载还重视封建与井田之间的关系,他认为只有通过封建才能最终保证井田的贯彻,[1]并从根本上消除悬殊的贫富差距,[2]从而为万民的基本生活提供根本保障。

但肯定封建是圣人之意,并不意味着作为圣人之迹的封建制可以在当代复活。张载则不仅肯定封建制作为圣人之迹具有永恒性,同时又怀着极大的热情复原封建制并为其可行性作论证。《经学理窟·自道》言:"上曰:'慕尧舜者不必慕尧舜之迹。'有是心则有是迹,如是则岂可无其迹!"[3]与宋神宗观点不同,张载为体现天道的圣人之心与圣人之迹是不可分离的,复三代不仅是精神上的复归,也需要具体物质形态上的复归作为基础。在三代之制的可行性上,张载认为井田制得万民之心是以甚易行。他认为要实行井田制需要君相有德有才,同时在制度设计上多考虑兼并之家的利益。[4]他还认为通过"以地换权"的方式可以解决大地产所有者的抗阻,[5]他们在获得一定的封地或采地或者田官作为补偿后自然会减少对实行井田制的阻扰。在官本位的古代中国,这一举措具有一定的可行性,也反映张载制度思考的创新性。

但驳斥柳论只是张载重构封建理想的第一步,要焕发封建制的生命力,还必须为其提供新的理论根基。这是张载撰写《西铭》诸多目的中最为重要的一个,接下来我们分析《西铭》如何为封建制立基。

三、《西铭》:新封建制的理论根基

正如前文所言,张载重塑了经典意义中的"封建"。前文已经指出,封建

---

[1] (宋)张载:《张载集》,第251页。
[2] (宋)张载:《张载集》,第248、384页。
[3] (宋)张载:《张载集》,第290页。
[4] 杨立华:《气本与神化:张载哲学述论》,北京大学出版社,2008年,第145—148页。
[5] 李蕉:《张载政治思想述论》,中华书局,2011年,第107—108页。

(分封)、宗法和井田是经典意义中封建制的三要素,三者之间相互配合,共同构成了道德共同体的制度基础。在三要素中,宗法是最为核心的因素,张载也继承了这一思想并有很大的推进。张载认为:"井田而不封建,犹能养而不能教;封建而不井田,犹能教而不能养。"①井田制为共同体成员的基本生活提供了制度保障,是谓"能养"。而分封诸侯、大夫世禄则为士人修身提供了重要的物质基础,解除了其后顾之忧。这看似属于"能养"的层次,但正如前文所说,隐藏在封建背后的是亲亲贤贤的原则,世袭之子孙必须以绍述先人之德为己任,从而为封国内的子民提供效法的道德楷模,因此"封建"是"能教"。而"能养""能教"的目的则是为了更好地实现儒家的人伦价值,是以"能养""能教"的井田与封建必须围绕宗法这一核心要素来构建道德共同体。张载通过"能教"反驳了柳宗元封建妨贤的观点,给予了贤贤更多的优先性,同时又通过新宗法思想增加了封建论的理论厚度。

宗法并非如一些批评者指出的那样一定会破坏公正、否定民主,②宗法不仅仅是家族规范,其背后也寓居着更为根本的道德原则,在古代中国发挥了非常重要的积极作用。我们先看《西铭》在宗法思想上的突破,然后分析新宗法及其背后的价值观如何为封建制立基。张载在《西铭》中说:"乾称父,坤称母;予兹藐焉,乃混然中处。故天地之塞,吾其体;天地之帅,吾其性。民吾同胞;物吾与也。大君者,吾父母宗子;其大臣,宗子之家相也。尊高年,所以长其长;慈孤弱,所以幼其幼;圣其合德,贤其秀也。凡天下疲癃残疾、惸独鳏寡,皆吾兄弟之颠连而无告者也。于时保之,子之翼也;乐且不忧,纯乎孝者也。违曰悖德,害仁曰贼,济恶者不才,其践形,惟肖者也。知化则善述其事,穷神则善继其志。不愧屋漏为无忝,存心养性为匪懈。"③针对张载宗法思想,学界多有研究,我们首先结合时贤的研究梳理《西铭》在宗法思想上的新突破。第一,在道德价值上,《西铭》基于宇宙家庭共同体提倡"民胞物与"的仁爱观。《西铭》的平等仁爱观与张载在他处对爱有差等的

---

① (宋)张载:《张载集》,第297页。
② 何炳棣:《儒家宗法模式的宇宙本体论》,《哲学研究》1998年第8期,第69页。
③ (宋)张载:《张载集》,第62页。

肯定有一定张力,但对差等之爱的肯定是为了更好地推进平等之爱,平等之爱的仁爱观对差等之爱的实践具有范导作用,能够促进仁爱范围的不断扩大。① 第二,在形上学上,张载通过宇宙生成论论证了天地乃人与万物之父母,为民胞物与的仁爱观奠定了形上学基础。因此,人不仅要对生身父母尽孝,也要存心养性、穷神知化、成己成物以对天地父母尽孝,这也就扩大了孝的范围。② 同时,由于每一个个体都直接禀赋了天地之性,也都拥有独立修德以尽孝事天的能力,这就弱化了在上位者的教化作用,突出了每个个体的道德主体意识。③ 第三,在宗法结构上,天地成为万民之父母,天子从民之父母变而为宗子。这就使得"宗法大家庭"囊括了天下万物,最大化了宗法的适用范围,不再如西周宗法那样主要为贵族而设。宗法适用范围的扩大,不仅意味着道德共同体的扩大,也意味着庶民之贤者也被纳入某种亲亲序列之中,从而获得了更多的任用机会。以上几点,学界或多或少皆有所论述,但对《西铭》何以成为封建制之基础这一逻辑环节尚未分析。我们接下来结合张载的其他论述,尝试揭示这一环节的内在逻辑。

首先,《西铭》为封建制奠定了价值方向。封建制所构筑的共同体与《西铭》中所设想的宇宙共同体都是道德共同体,都以共同体成员的德性修成为第一目的。正如前文所言,张载认为相较于郡县制以功利为导向,助长求利求仕之心,封建制则以道德为依归,更有利于共同体成员德性的实现。任何一个共同体都有政治、经济、道德等诸多面向,不可否认郡县制在调动资源以发展经济、增加财富上有其显著优势,在维护社会政治稳定上也更为有力。但郡县制之目的外在于道德,容易导致财富集中于皇权之下等诸多问题,这是其不可能被张载视为理想制度的根本原因。而封建制在制度设置上将财富分配固化,并附属在道德之下,共同体成员在修德之外难以获得更多财富,凸显了道德在封建制中的优先性和支配性。因此,在制度设置的目的上,比之于郡县制,封建制更符合《西铭》的内在要求。同时,《西铭》也引领了封建

---

① 林乐昌:《张载〈西铭〉纲要新诠》,《中共宁波市委党校学报》2013年第3期,第108页。
② 林乐昌:《张载〈西铭〉纲要新诠》,《中共宁波市委党校学报》2013年第3期,第109页。
③ 李蕉:《张载政治思想述论》,中华书局,2011年,第161—169页。

制的价值方向,将封建制共同体的境界从道德境界提升到天地境界。

其次,《西铭》为封建制确立了价值序列。《西铭》的宇宙共同体是拟家庭式的宗法共同体,宗法居于核心支撑地位,因此,其制度落实也必然选择宗法为核心框架的封建制。众所周知,郡县制在制度设计上剥离了亲亲原则,宗法几乎丧失了其在政治上的影响,无力在孝悌之道上为万民示范,是以郡县制不是实现宗法共同体的理想形式。但如果封建制完全以亲亲为原则也与《西铭》的精神相背离。正如前文所言,张载以亲亲贤贤为原则构建的封建制也与经典意义上的封建制有很大不同,他提升了贤贤的优先性,几乎与亲亲相抗,这是对以往封建制过于重视亲亲的重大调整。事实上,这种调整恰恰是《西铭》的仁爱观的内在要求,虽然宗法依然是宇宙共同体的核心支撑框架,但寓居于其中的价值原则已经发生了重要变化。《西铭》民胞物与的仁爱观必然要求对基于血缘的亲亲原则加以限制,防止仁爱局于私家之中。而要平衡公私,必须使贤人居位,因为唯有圣贤方可穷神知化以继天之志,方可爱必兼爱,使鳏寡孤独皆有所养。因此,在价值序列上,《西铭》为封建制的亲亲贤贤奠定了基础。

最后,《西铭》为封建制中各级共同体勾勒了具体形式。首先,民胞物与的仁爱观并不否定差等之爱,无论对天地、大君、大臣还是鳏寡孤独者之爱都是通过拟家庭化的方式获得的,这就决定了亲亲是最根本的爱。因此,博爱落实到实践中,也必然按照爱由亲始的差序展开。同时,张载肯定私亲为公,他说:"虽货色之欲,亲长之私,达诸天下而后已。"① 而为亲亲提供物质保障的制度自然是井田、世禄和世位。其次,《西铭》同样强调每个个体自立的道德主体意识,穷神知化以实现其天命之性的自然流行。由此,在制度设计上,张载必然强调分权,从而保障每个共同体基于自立的自我实现。郡县制强调上下统属关系显然不适合《西铭》要求,而封建制中家、比、闾、族、党、州、乡、大小诸侯和天子各自拥有与其相适应的自主权,与《西铭》对道德自主性的强调相适应。最后,如果大小共同体只有自立而无合作是无法联结

---

① (宋)张载:《张载集》,第32页。

为天下或宇宙共同体的,因此张载还强调公私相济。张载说:"后世不制其产,止使其力,又反以天子之贵专利,公自公,民自民,不相为计。"①郡县制下君主以其势专天下之利,役百姓之力以供其需,放弃了养民教民的责任,上下之间不相为计。而封建制的各共同体之间则相互成就:庶民养公田以奉公;乡里也有相互救助的制度安排;诸侯对下要养民、教民,对上要上贡天子;而天子要成为天下的道德楷模。总之,封建制内部各共同体之间形成了既相互独立又相互配合以相养相成的道德共同体,与《西铭》之仁爱精神相表里。

终上所述,《西铭》规定了封建制宗法共同体的道德境界,预设了封建制亲亲贤贤的价值序列,同时也在某种意义上确定了其井田、封建等具体的形式。因此,《西铭》必然以封建制为依归,同时封建制也只有在《西铭》的范导下才能重新迸发新的生命力。

四、结　语

柳宗元从制度设计和制度价值等诸多层面否定了封建乃神圣理想政治制度,消解了封建制的政治哲学内涵,使封建制沦为一种"坏制度",产生了深远影响。张载则认为柳宗元不识圣人之意,并从制度设计和制度价值层面论证作为道德共同体的封建制优于郡县制,有力地驳斥了柳论,扭转了柳宗元对封建制的解构,张载在反驳柳论过程中也改造了封建制的具体设计,提升了贤贤在封建制中的地位,同时也改变了诸侯世袭的条件以及封国的大小,显现出其思考的深度和创造力。更为重要的是,张载通过《西铭》为封建制提供了本体论基础和新的价值根基,使封建制重新获得了生命力,也为后世儒者坚守封建政治理想树立了典范。

---

① (宋)张载:《张载集》,第249页。

北宋《春秋》学"尊王"思潮下的程颐经权思想探析

彭 鹏

(浙江大学马克思主义学院)

内容摘要：自汉代至赵宋王朝建立，儒家探讨经权问题大多认同《春秋公羊传》"祭仲知权"的论断，并以"权者反于经，然后有善"作为经权关系的经典表述。北宋儒者在"尊王"思想指导下，对《公羊传》"祭仲知权"的判定大力批驳，否定《公羊传》的经典地位，动摇了自汉以降儒家探讨经权问题的经典依据。程颐顺应此潮流，明确反对"反经合道为权"这种观点，主张回归《论语》《孟子》，重新诠释经权理论，提出"权亦是经也"的观点。他的经权思想，是政治立场先于理论论争，改变了《论语》《孟子》以及汉儒探讨经权问题豫设的语境，回避了对《论语》当中记载的孔子行权之事及《孟子》书中涉及的行权之例的探讨，存在理论缺陷。

关键词：《春秋》学；经权；《公羊传》；程颐；尊王

经权问题是儒家政治道德学说的重要问题，追其端绪，可至《论语》《孟子》相关之记载，但是对经权关系、如何行权等相关问题，这些典籍并没有作出具体明确的说明。《春秋公羊传》认为"祭仲知权"并以"权者反于经，然后有善者也"论述经权关系及行权之宗旨，揭开了具体探讨经权问题的序幕。自汉至于北宋，学者普遍认同，"权"与"经"相对，"反经"是行权的基本表现形式，围绕着行权之旨归，"有善""合道"等说先后迭出。

经五代十国之乱，赵宋王朝建立，在以治《春秋》学为代表的儒家学者如孙复、孙觉等高举"尊王"大旗,重建以君臣大义为核心的伦理纲常背景下,《公羊传》关于"祭仲知权"的判定遭到儒者激烈批判。与此同时,在宋初疑经运动当中,《公羊传》的经典权威地位也遭到了否定,如何对经权问题进行新的经典解释,成为当时儒者所面临的现实理论问题。以程颐为代表的宋儒,应此潮流,高举反汉儒经权观之旗帜,以"反经合道为权"作为汉儒经权观,大加攻伐,他主张回归《论语》《孟子》,提出"权亦是经也"的观点,对于经权问题进行重新诠释与建构。

当前学界,有不少关于程颐经权思想的研究成果,但从《春秋》学及北宋"尊王"思潮的角度出发,探寻程颐经权思想产生的现实来源及学理背景,却很少有学者关注。正是因为这个研究视角的缺失,前人对于程颐经权观存在的问题,虽有指出,但都没有把握到问题的症结所在。从根本上说,程颐对于汉儒"反经合道为权"经权观的批判,是政治立场先于学术立场,而不仅是一个单纯的学理批判。

一、经典危机:"尊王"思潮与《公羊传》"祭仲知权"判定的批驳

众所周知,汉儒论经权,最早可追溯于《春秋公羊传·桓公十一年》:

> 古人之有权者,祭仲之权是也。权者何?权者反于经,然后有善者也。权之所设,舍死亡无所设。行权有道:自贬损以行权,不害人以行权。杀人以自生,亡人以自存,君子不为也。[1]

在此处,《公羊传》明确提出了"反经"为"权"的思想,并对行权的结果"有善",行权的原则"自贬损以行权,不害人以行权。杀人以自生,亡人以自存,君子不为也",作出了明确说明。《公羊传》提出的这种"权者反于经,然后有善者"经权观,为汉儒所普遍认同,董仲舒在《公羊传》的基础上,更

---

[1] 李学勤主编:《春秋公羊传注疏》,北京大学出版社,1999年,第98页。

进一步,对于行权的范围作出了限定,他说:"夫权虽反经,亦必在可以然之域,不在可以然之域,故虽死亡,终弗为也。"①(《春秋繁露·玉英》) 东汉赵岐注《孟子·离娄上》"嫂溺援之于手,权也"之"权"字,采纳《公羊传》的观点,说:"权者,反经而善也。"②魏晋时期韩康伯将王弼对于"权""道"关系的理解"权者,道之变。变无常体,神而明之,存乎其人,不可豫设,尤至难者也。"③融入到经权关系的探讨当中,提出了"反权而道为权"的思想,他在补注王弼未完成的《周易注》中的《系辞传》"巽以行权"时说:"权,反经而合道,必合乎巽顺,而后可以行权也。"④皇侃对于经权关系的理解与韩康伯类似,认为"权者,反常而合于道也"⑤。

自两汉至北宋初期,儒者对于经权问题的阐释,大都是以《公羊传》为经典依据的,其间虽有损益,但主流观点是认同经权对立,"权者反而经,然后有善者也"一直都是学者探讨经权问题的理论基点。以"反经"为"权"之表现形式,以"有善"或"合道"统摄经权,作为行权之目的。

然而,在以"尊王"为核心重建儒家伦理政治纲常的北宋庆历前后,这种经权思想的立论根据,即《公羊传》关于"祭仲知权"的论断遭到了儒者的激烈批判,同时《公羊传》的经典地位在宋初的疑经运动中,也被否弃。

回顾《春秋》学发展史,我们知道,早在宋以前,《春秋》学内部对于《公羊传》"祭仲知权"的批判与否定,业已存在。《春秋》三传中的《左传》与《穀梁传》将祭仲视为权臣。如东汉时期治《左传》的古文经学者贾逵就以祭仲、纪季、伍子胥、叔术之事,两传记载有别,认为"《左氏》义深于君父,《公羊》多任于权变"⑥。晋

---

① 苏舆撰,钟哲点校:《春秋繁露义证》,中华书局,1992年,第79页。
② 李学勤主编:《孟子注疏》,北京大学出版社,2000年,第241页。
③ (魏)王弼著,楼宇烈校释:《王弼集校释》,中华书局,2012年,第627页。
④ (魏)王弼著,楼宇烈校释:《王弼集校释》,第569页。
⑤ 《论语集解义疏》,王云五主编:《丛书集成初编》,商务印书馆,1937年,第129页。
⑥ (南朝宋)范晔撰,(晋)司马彪撰志:《后汉书》,《文渊阁四库全书》,第252册,台湾商务印书馆,1986年,第252—801页。对于上述材料当中,贾逵提到的祭仲、纪季、伍子胥、叔术之事,学者有过考究研究,柳存仁先生认为:"就贾逵所举之四事言之,除祭仲外,皆无与于行权。贾逵所攻之据点多不可知。"(柳存仁:《说权及匡之行权义》,载《中国文哲研究通讯》第九卷第一期)赵伯雄先生则征诸相关经典,考证史实,认为贾逵所谓《左传》义深于君父,《公羊》多任于权变,前面三事都不成立,"倒是第四件事说得还有些道理"(赵伯雄:《春秋学史》,山东教育出版社,2004年,第193—196页)。

朝治《穀梁传》的范宁,在对《春秋》三传之优劣进行比较时,以《公羊传》肯定祭仲行权之事为由,对《公羊传》大加批评,他说:"《公羊》以祭仲废君为行权,妾母称夫人为合正,以兵谏为爱君,是人主可得而胁也,……以废君为行权,是神器可得而窥也。"(《春秋穀梁传序》)①

我们看到,无论是治《左传》的贾逵还是治《穀梁传》的范宁,有着明确的维护王权至上政治立场,贾逵认为《左传》"义深于君父",范宁认为人主不可以胁迫,神器不可以窥窃,而祭仲行权从事实上形成了对于王权至上性的威胁。贾逵、范宁站在维护王权至上的立场上,对于《公羊传》"祭仲知权"的批评,严格意义上来说,并不是从经权问题的学理上进行批判,而是出于政治上经学地位争夺的攻击。

《左传》《穀梁传》站在王权至上的立场上,对《公羊传》"祭仲知权"的批判这种思想,延续至宋。北宋建国初期,儒者有鉴于五代十国权臣乱国之祸,将重建以君臣大义为核心的政治伦理纲常,作为当时儒家经典诠释的重心。庆历前后,治《春秋》学的儒者高举"尊王"之大旗,对"祭仲行权"之事,进行大力批判。被儒家誉为"宋初三先生"之一的孙复著《春秋尊王发微》,发掘诠释《春秋》"尊王"之大义,开此风气之先河。孙复注《春秋》桓公十一年"九月宋人执郑祭仲,突归于郑,郑忽出奔卫"说:

> 宋人,宋公也,宋公执人,权臣废嫡立庶,以乱于郑,故夺其爵。祭仲,字者,天子命大夫也。突,忽庶弟,突不正归于郑,无恶文者,恶在祭仲。为郑大臣,不能死难,听宋逼胁,逐忽立突,恶之大者。况是时忽位既定,以郑之众,宋虽无道,亦未能毕制命于郑,仲能竭其忠力,以距于宋,则忽安有见逐失国之事哉!②

由孙复的上述观点,可以看出,孙复认为祭仲是权臣,逐忽立突,为恶

---

① (周)穀梁赤撰,(晋)范宁集解,(唐)杨士勋疏,(唐)陆德明音义:《春秋穀梁传注疏》,《文渊阁四库全书》,第145册,第145—542页。
② (宋)孙复:《春秋尊王发微》,《文渊阁四库全书》,第147册,第21页。

最大。不能竭忠尽力，致使忽被逐失国。孙复的《春秋》学在当时影响很大，北宋学者王得臣称："泰山孙明复先生治《春秋》，著《尊王发微》，大得圣人之微旨，学者多宗之。"①孙觉也力主"尊王"，在君臣关系上，他明确提出"君虽不君，臣不可以不臣"，认为"天王之尊，天下莫之有敌"②。在解读祭仲行权的问题上，他延袭孙复的观点，视祭仲为权臣。认为祭仲"废嫡立庶，以乱于郑"③。与程颐同时代的苏辙则说："夫以出君为行权，乱之道也。"④这一时期的刘敞，对于"祭仲知权"问题做了更细致的分析，他说：

> 十一年，宋人执郑祭仲，《公羊》以为知权，非也。若祭仲知权者，宜效死勿听，使宋人知虽杀祭仲，犹不得郑国乃可矣。且祭仲谓宋诚能以力杀郑忽而灭郑国乎？则必不待执祭仲而劫之矣。如力不能而夸为大言，何故听之？且祭仲死焉足矣，又不能是，则若强许焉，还至其国而背之，执突而杀之可矣。何故黜正而立不正，以为行权？乱臣贼子孰不能为此者乎？⑤

在刘敞看来，《公羊传》判定"祭仲知权"完全是不成立的。如果祭仲知权则被宋人所执之时应"效死勿听"，又或者可以先勉强答应宋人，归国之后将突杀了。但他却黜正而立不正，这种行为完全是乱臣贼子所为。

通过上述分析，我们可以看到，北宋治《春秋》学的学者如孙复、孙觉、苏辙、刘敞等人皆主"尊王"思想，否认"祭仲知权"，对于祭仲出忽立突之事，大加批判。

此外，我们需要注意的是，自唐中期后，以啖助、赵匡、陆淳师徒三人为代表的《春秋》学研究者，开启了折中三传，怀疑三传，弃传求经义，成为《春

---

① （宋）王得臣：《麈史》，《文渊阁四库全书》，第862册，第620页。
② （宋）孙觉：《孙氏春秋集解》，《文渊阁四库全书》，第147册，第729页。
③ （宋）孙觉：《孙氏春秋集解》，《文渊阁四库全书》，第147册，第574页。
④ （宋）苏辙：《苏氏春秋集解》，《文渊阁四库全书》，第148册，第14页。
⑤ （宋）刘敞：《春秋权衡》，《文渊阁四库全书》，第147册，第271页。

秋》学研究的风气。① 宋代儒者治《春秋》学,断承了他们折衷置疑的风气,在《春秋》学内部,兴起了疑经运动。欧阳修在批评《春秋》三传的弊病时说:"及其失也,欲大圣人而反小之,欲尊经而反卑之。"又说:"经不待传而通者十七八,因传而惑者十五六。"②王安石认为《春秋》之旨难知,而三传不足为信,他说:"至于《春秋》三传,既不足信,故于诸经尤为难知。"③(《临川文集》卷七十二)故而力主不将《春秋》列于学官,而宋神宗采纳其言。

北宋时期,治《春秋》学的儒者在"尊王"思想的主导下,对"祭仲知权"的否定,以及疑经运动下《公羊传》自身经典解释权威地位的沦丧,使得自汉以降立基于《公羊传》"权者反于经,然后有善者"而建立起来的经权观,丧失了其理论支撑及经典依据。因此,从儒家经典出发,另择经典,对于经权问题进行重新诠释,是当时儒者面临的现实理论问题。

二、回归《论语》《孟子》:程颐对经权问题的重新建构

作为宋明理学的标志性人物,程颐以昌明圣学,接续儒家道统自任。在经权问题上,程颐自觉的与当时学者对于"祭仲知权"的批判及对于《公羊传》的否定立场保持一致,这表现在两个方面:其一,在《春秋》学上,他非常认同啖助、赵匡、陆淳,而这师徒三人皆视祭仲为权臣,认为"祭仲逐君,其恶大矣"④。其二,程颐认为《春秋》三传不大可信。有材料为证:"问:'《左传》可信否?'曰:'不可全信,信其可信者耳。某年二十时,看《春秋》,黄赟隅问某如何看,答之曰:'有两句法云:以传考经之事迹,以经别传之真伪。'又问:'《公》《榖》如何?'曰:'又次于《左氏》。'"⑤在经典地位上,程颐认为

---

① 关于唐中期,《春秋》学研究之特点,赵伯雄先生有过专门研究,他说:"唐代中期以后,剪裁三传、折衷三传,进而怀疑三传、舍弃三传自求经义,渐成为《春秋》学的主流。"赵伯雄:《春秋学史》,山东教育出版社,2004年,第414页。
② 李逸安点校:《欧阳修全集》,中华书局,2001年,第311页。
③ (宋)王安石:《临川文集》,《文渊阁四库全书》,第1105册,第599页。
④ (唐)陆淳:《春秋集传微旨》,《文渊阁四库全书》,第146册,第546页。在《春秋》学上,程颐认为啖助、赵匡、陆淳三人"绝出于诸家外,虽未能尽圣之蕴,然其攘异端,开正途,功亦大矣"。(宋)程颢、程颐:《二程集》,中华书局,1981年,第466页。
⑤ (宋)程颢、程颐:《二程集》,第266页。

《论语》《孟子》高于《春秋》。他说:"学者不必他求,学《春秋》可以尽道矣。然以通《语》《孟》为先。"①又说:"尝语学者,且先读《论语》《孟子》,更读一经,然后看《春秋》,先识得个义理,方可看《春秋》。"②

庆历之际,治《春秋》学的儒者从"尊王"的立场出发,对于"祭仲知权"的否定,动摇了儒家探讨经权问题的根基,这种动摇是与当时政治需要关系极其紧密。而程颐则更进一步,对于《公羊传》"权者反于经,然后有善者也"开创的以"反经"为"权"的经权思想,在学理上进行了批判。

程颐以"反经合道为权"作为汉儒之经权观,极力批判,程颐说:"汉儒以反经合道为权,故有'权变''权术'之论,皆非也。"③在经权问题上,程颐的基本思路是以《论语》《孟子》为经典依据,对于经权问题进行重新解读。具体而言,程颐是以"称锤"释"权",主张以"义"行权,并明确提出"权亦经也"的观点。

首先,就"权"之释义而言,《说文》释之曰:"权,黄华木,从木藋声。一曰反常。"④但在儒家经典《孟子》当中"权"字,有指"称锤"之义,孟子曰:"权然后知轻重,度然后知长度",此处即是以"权"为"称锤"。朱熹释此"权"曰:"权,称锤也。"⑤程颐释"权",以《孟子》为据,以"称锤"释之,他说:"权之为言,称锤之义也。"⑥"权之为义,犹称锤也。"⑦"称量轻重"为"权"之基本作用,他说:"权只是称锤,称量轻重。"⑧

其次,就行权之标准而言,程颐提出了以"义"行权的观点,他说:"权之为言,秤锤之义也。何物为权?义也。"⑨

什么是"义"?儒家经典当中,主要有两层含义,其一,"义"为"五常"之

---

① (宋)程颢、程颐:《二程集》,第1200页。
② (宋)程颢、程颐:《二程集》,第164页。
③ (宋)朱熹:《四书章句集注》,第116页。
④ (汉)许慎撰,(宋)徐铉校定:《说文解字》,第117页。
⑤ (宋)朱熹:《四书章句集注》,第195页。
⑥ (宋)程颢、程颐:《二程集》,第164页。
⑦ (宋)程颢、程颐:《二程集》,第295页。
⑧ (宋)程颢、程颐:《二程集》,第234页。
⑨ (宋)程颢、程颐:《二程集》,第164页。

一,是处理与兄长、长辈之间人伦关系的重要原则,以敬、从为其主要表现方式。如《中庸》称:"义者,宜也,尊贤为大。"《孟子·告子上》:"敬长,义也。"《孟子·离娄下》:"义之实,从兄是也。"其二,以"宜"为其义,以正义、道义为其内涵,是评判一切伦理道德、政治行为是否恰当的准则,为孔子、孟子所大力推崇。如《论语·里仁》说:"君子之于天下也,无适也,无莫也,义之与比。"孟子曰:"大人者,言不必信,行不必果,惟义所在。"(《孟子·离娄下》)

程颐对于作为行权标准的"义",取的"义"的第二层含义,即是以"宜"为义,以正义、道义为其基本内含,并将其作为伦理道德及政治行为是否得当的评判标准。程颐释"义"常与"仁"并论,他说:"仁者,全体,四者,四支。仁,体也。义,宜也。"①"仁,人此,义,宜此。"②又说:"仁者,公也,人此者也;义者宜也,权量轻重之极。"③

由程颐关于"仁"、"义"的相关论述,我们可以看到,程颐是以"仁"为体,"义"是用,"仁,人此"说的是为人处事,以"仁"为旨归,或者立足于仁心仁性,是人之为人的根本所在,"义,宜此",强调的是做人处事在伦理道德政治实践当中,就应当以"义"为准的,为人处事以恰到好处为目标。程颐虽然说"义者,宜也,权量轻重之极。"但是"义"并没有具体的内涵,它只是一种灵活的原则,或者说,以"义"行权,在程颐的行权理论当中,即是以"合义"为权,程颐说:"夫临事之际,称轻重而处之以合于义,是之谓权。"④

再次,针对汉儒以"反经"为权的观点,程颐明确提出"权只是经也"的观点。他说:"汉儒以反经合道为权,故有权变权术之论,皆非也,权只是经也。自汉以下,无人识权字。"⑤什么是经?程颐以"常道"释之,他认为"中庸"之"庸"是常道、是定理,而"经"即是"天下不易之理",他说:"庸只是常,犹言中者是大中也,庸者是定理也。定理者,天下不易之理

---

① (宋)程颢、程颐:《二程集》,第14页。
② (宋)程颢、程颐:《二程集》,第80页。
③ (宋)程颢、程颐:《二程集》,第109页。
④ (宋)程颢、程颐:《二程集》,第1176页。
⑤ (宋)朱熹:《四书章句集注》,中华书局,1983年,第116页。

也,是经也。"①而"权"如何是"经"？程颐解释说:"权只是经所不及者。权量轻重,使之合义。才合义,便是经也。"②

我们知道经权问题是一个道德实践、政治实践的问题,为了更准确的把握程颐的经权观,我们有必要对程颐所探讨的行权之例进行分析。通过传世文献的查阅,我们可以发现,程颐具体探讨经权问题,只有关于汉文帝杀薄昭一例,其文如下:

> 汉文帝杀薄昭,李德裕以为杀之不当,温公以为杀之当,说皆未是。据史,不见他所以杀之之故,须是权事势轻重论之。不知当时薄昭有罪,汉使人治之,因杀汉使也;还是薄昭与汉使饮酒,因忿怒而致杀之也。汉文帝杀薄昭,而太后不安,奈何？既杀之,太后不食而死,奈何？若汉治其罪而杀汉使,太后虽不食,不可免也。须权他那个轻,那个重,然后论他杀得当与不当也。论事须着用权。古今多错用权字,才说权,便是变诈或权术。不知权只是经所不及者,权量轻重,使之合义,才合义,便是经也。今人说权不是经,便是经也。权只是称锤,称量轻重。孔子曰:"可与立,未可与权。"

汉文帝杀薄昭一事,现可考与之相关之记载,最早见于东汉荀悦所作《前汉纪》中"十年冬,上行幸甘泉,将军薄昭有罪自杀"一语。③ 后来虽陆续有记载,如《三国志》《后汉书》,但皆语焉不详。我们知道,薄昭是太后之弟,汉文帝之舅舅,汉文帝时期多有功绩,但薄昭因有罪而被汉文帝赐酒自杀。因为汉文帝与薄昭的这种关系,所以后人对汉文帝杀薄昭一事的评判有岐见,唐代李德裕认为"汉文诛薄昭,断则明矣,义则未安",司马光则认为"法者,天下之公器,惟善持法者,亲疏如一,无所不行"。④ 李德裕与司马光

---

① (宋)程颢、程颐:《二程集》,第160页。
② (宋)程颢、程颐:《二程集》,第234页。
③ (汉)荀悦:《前汉纪》,《文渊阁四库全书》,第303册,第266页。
④ (宋)司马光:《资政通鉴》,《文渊阁四库全书》,第304册,第268页。

的分歧,其实质是存孝道还是遵国法之间的分歧。

但程颐认为二人"皆执一之论,未尽于义"。① 程颐认为,古人所谓的忠孝不两全,恩义有相夺,这种观点并不准确,而是"忠孝恩义一理也。不忠则非孝,无恩则无义,并行而不相悖"。② 具体落实到汉文帝杀薄昭一事,因为无史可征,所以程颐假设了各种评判标准,而对于各种情形的综合把握,首先要分清薄昭杀汉使之缘由,其次要判断杀薄昭可能对太后产生的影响,最终经过在守孝道与遵国法之间进行的权衡轻重,作出相应行为,即是行权。

程颐认为,这种守孝道与遵国法之间轻重权衡,即是行权,根据各种具体情形而作出是否应杀薄昭之判断,则是以"义"为判断原则,以"合义"为标准,而无论是守孝道,还是遵国法,在这两种行为之间进行轻重权衡,其行权之依据皆可以在儒家的相关典章制度当中,找到相关依据,因此,行权在此并不构成"反经",行权之行为恰恰也是以"经"为据。故而"权只是经也"这种观点得到了实践论证。

综上所述,程颐以《孟子》"权然后知轻重"为依据,以"称锤"释"权",以"权衡轻重"为其基本功用。以《论语》"中庸之为德也"之"庸"有常道、定理之义为据,释"经"为"常道""定理"。吸收《论语》"君子之于天下也,无适也,无莫也,义与之比"和《孟子》"大人者,言不必信,行不必果,唯义所在",以"义"作为政治道德实践内在尺度的思想,以"义"作为行权准则。程颐的行权思想就是在具体的伦理道德政治实践当中,以"经"为实践依据,因具体境遇而权衡各种"经"在具体实践当中的适用性,则择宜者而用之,使之合"义"。因此,行权不是对"经"的背反,而是"经"的灵活运用,"权"与"经"并不是一对平行对立的范畴,"行权"以"合义"亦即合宜为目标,也就意味着行权即是守经,在此意义上,"权只是经也"的观点得以成立。程颐说:"权量轻重,使之合义,才合义,便是经也",即是对这种观点的说明。明

---

① (宋)程颢、程颐:《二程集》,第585页。
② (宋)程颢、程颐:《二程集》,第585页。

代儒者冯从吾高度评价了程颐的这种经权观,他说:"权虽通变,不离乎经。事事有权,时时有权,非专为经处常、权处变也。程子谓'权只是经',可谓独见。"①

三、程颐诠释"经权"理路的反思与批判

综上所述,北宋时期儒家经权观的重新建立,由治《春秋》学的儒者率先在"尊王"思潮之下,以重建以君臣大义为核心的儒家伦理纲常为目的《春秋》学内部批判"祭仲知权",以及疑经运动当中《公羊传》经典权威地位的沦丧为背景展开的。治《春秋》学儒者的批判,动摇了《公羊传》开创的以"反经"为行权表现形式的经权理论依据,这种批判,是一种政治立场色彩鲜明的批判。程颐则将批判更进一步,从政治立场的角度,转向了学理上的批判。换言之,治《春秋》学的儒者,是从政治学的角度动摇了前人的经权观,而程颐则是从学理的角度上动摇了汉人的经权观,两者合其力,共同建立起了宋代理学家的经权思想。

自北宋开始,儒学内部兴起了一场"四书升格"运动。虽然这场运动早有渊源,但在北宋时期表现的最为突出。这次升格运动,不仅表现为"四书"经典系统官学地位的确立,更表现为北宋儒者回归"四书",对于儒家经典问题的重新诠释。经权问题就是在这种风气之下,由以《公羊传》为经典依据转向以《论语》《孟子》为经典依据的诠释理路,因此,程颐这种回归《论语》《孟子》解释经权问题的方式,无疑也成了"四书升格"运动中的一个推力。

尽管宋明儒家对于程颐的经权理论不泛赞誉之言,如南宋赵顺孙说:"有程子之说,则经权之义始正。先儒明道之力,至是而始备矣。"②明末清初王夫之认为在前人的诸种经权的理论当中,"唯程子之言为最深密"③,但是,程颐对于前人"反经合道为权"的经权观的批判,以及他回归《论语》《孟子》所重新建构的以"称锤"释"权",以"称量轻重"为权之基本作用,以

---

① (明)冯从吾:《少墟集》,《文渊阁四库全书》,第1293册,第64页。
② (宋)赵顺孙:《四书纂疏》,《文渊阁四库全书》,第201册,第354页。
③ (清)王夫之:《读四书大全说》,中华书局,1975年,第349页。

"义"行权原则,主张"权只是经也"的经权思想,存在问题。

其一,"反经合道为权"这种观点,并非出于汉儒,因此,以"反经合道为权"作为汉儒的经权观,并予以攻击,并不恰当。① 此外,我们知道以董仲舒为代表的汉儒,对于"经"的理解,是以具体的历史境遇当中的礼仪规范典章制度为"经",因此,在具体的伦理道德政治实践当中,因受限于特定的境遇,行权不得不以"反经"的形式表现出来,但其是以"有善"为目标或出于"善"之动机。不论是行权还是守经,皆是以是否有"善"或出于"善"之动机为最高原则。而在以程颐为代表的攻击"反经合道为权"的儒者眼中,"经"虽然会表现为具体的典章制度礼仪规范,但是"经"是这种表现形式后面的根据,也就是说,程颐他们是从形而上的角度来理解"经",以"常道"解经,程颐说:"定理者,天下不易之理也,是经也",即是指此,他们突显的是"经"的形而上特征,"经"为常道,故而"反经合道为权"之说,自然不能成立。因为二者对于"经"的理解不同,所以也就造成了二者对于经与权关系的理解出现分歧,程颐以"反经合道为权"作为汉儒的经权观,有强难汉儒之嫌。

其二,我们看到程颐在具体探讨经权问题之时,针对汉儒以"权变"释"权",提出以"权衡轻重"释"权",以"常道""定理"释"经",突显"经"的形上性,取代汉儒所理解的特定的历史境遇当中所通行的礼仪典章制度为"经"。以"合义"为行权之准则,取代或消解他所理解的汉儒所主张的"合道"为准则,明确反对"反经合道为权"所蕴涵的经权对立思想,而主张"权亦是经也"。这种观点,有其合理性,对于后世理学家影响很大。但是这种行权观,其实也转换了汉儒及孔孟探讨经权问题的语境,程颐以"义"行权的这种观点,并将"行权"当作了一种具有普遍性的伦理道德政治实践行为,这

---

① 前文讲过,魏晋韩康伯最先明确提出"反经合道为权"这种思想。当前学界有些学者对于这种观点非起于汉代也有过说明,如刘增光指出:"程颐以'反经合道'来概括汉儒经权观是有误解的。准确地说,把权和道扯上关系的是王弼,他说:'权者,道之变。'"见刘增光:《汉宋经权观比较析论——兼谈朱陈之辩》,载《孔子研究》,2011年第3期。吴震先生认为:"程颐所谓'汉儒反经合道为权',其出典在此,尽管王弼并非汉儒,然在程颐看来,王弼'反经'说当是源自公羊学或董仲舒,故统称为'汉儒'亦情有可原。"吴震:《从儒家经权观的演变看孔子"未可与权"说的意义》,载《学术月刊》2016年第2期。

也就意味着，程颐将一种只有在特定情境下才可行的"行权"理论，变成了一种具有普遍性意义的"行权"理论。这偏离了汉儒甚至孔子、孟子探讨行权问题时所预设的伦理道德政治实践所面临的困境。

其三，需要注意的是，以"合义"作为行权准则的观点，唐代孔颖达就明确提过，他甚至就以"权者，反经合义"来陈述《公羊传》的经权观，孔颖达注释《诗经·大雅·文王之什·绵》"古公亶父，陶复陶穴，未有家室"时说："公刘与大王皆避难迁徙者，《礼》之所言谓国正法，公刘、大王则权时之宜。《论语》曰：'可与适道，未可与权。'《公羊传》曰：'权者，反经合义。'权者，称也，称其轻重，度其利害而为之。"①据此，我们可以清楚的看到孔颖达以"权"为"称"，有"权衡轻重"之义，甚至他认为《公羊传》的行权思想，就是主张"反经合义"。此外，我们再往前追溯，在汉代公羊学家眼中"权"为"权衡轻重"之意，这一点同样也为他们所认同，如董仲舒说："明乎经变之事，然后知轻重之分可与适权矣。"②何休说："权者，称也，所以别轻重。"③汉儒对于"权"为"反经"的观点，恰恰也是立足于"权"有"权衡轻重"这一基本意义的基础之上的。因为在具体的道德政治实践境遇当中，没有现成的礼法可依，也即是无"经"可据，所以，所作所为只能表现为对于特定的"经"的背反。从根本上说，在儒家的经权思想当中，"权"有权衡、权变之意，而这种两种意思作为儒家的伦理道德政治实践皆有体现，孔子见南子，孔子欲响应公山弗扰、佛肸之召，孟子解释"嫂溺援之以手""舜不告而娶"，皆是孔子、孟子行权之实例或论述行权之实例。程颐认为"汉儒以反经合道为权，故有'权变''权术'之论，皆非也"。否认"权"有"权变"之意，证诸《论语》《孟子》相关行权例子，这种观点值得商榷。

其四，程颐虽然力主"权"为"权衡轻重"之意，并以此为据提出"权亦是经也"的观点，也主张回归《论语》《孟子》，但是他在探讨具体的行权之例时，却抛弃《论语》《孟子》当中现成的行权之例不予分析，反而以"汉文帝杀

---

① 《毛诗正义》，李学勤主编：《十三经注疏》，北京大学出版社，1999年，第983页。
② 苏舆撰，钟哲点校：《春秋繁露义证》，中华书局，1996年，第75页。
③ 《春秋公羊传注疏》，李学勤主编：《十三经注疏》，第97页。

薄昭"这一事例，作为其经权思想的佐证，①这无疑是程颐经权思想的理论漏洞，究其原因，或许正是因为程颐认识到自己的经权思想难以得到《论语》《孟子》当中所提及的行权实例的证明，故而不提。朱熹对于程颐"权亦是经也"思想的不满，恰恰就在于这一点，所以他说："然以《孟子》嫂溺援之以手之义推之，则权与经亦当有辨。"②朱熹折中调和二家，就是要承认"权"有"权衡"和"权变"二义。"权衡"适用于常态下的行权情况，"权变"则适用于特殊的伦理道理政治实践境遇当中，"反经"也是存在的，故而他说"事也有那反经底时节"，又说"事有必不得已处，经所行不得处，也只得反经"③。程颐经权理论之所以存在上述问题，其根本原因，就在于他对汉儒经权观的批判，虽然表现为学理问题的批判，但是他的精神内核及其根本出发点，与庆历之际治《春秋》学的儒者一样，有着明确政治立场，其实质是要维护或者重建以"尊王"为核心，以君臣大义为根底的儒家伦理纲常。也即是政治目的高于学理论争。

总而言之，程颐释"权"为称、以"义"行权的思想，并没有真正超越汉人的经权理论。他对于汉儒经权思想的批判是片面的，且在一定程度上是留于形式的。学界对于程颐经权思想的研究，应当与北宋的《春秋》学所兴起的"尊王"思潮相结合。程颐认为汉儒经权思想有"权谋""权术"之弊病，其批判的切入点是政治实践领域，而不是在伦理道德实践领域。学者们从道德伦理哲学解读程颐经权思想，而忽视春秋学这一维度，在研究程颐经权思想时就可能偏离程颐探讨经权问题的初衷，也就无法把握程颐经权理论存在问题的根源之所在。

---

① 这个例子，是否得当，值得商榷，汉文帝杀薄昭，从程颐的分析来看，虽然表现为守国法还是存孝道的冲突，但其实质，则是循私情还是存公义的问题。
② （宋）朱熹：《四书章句集注》，中华书局，1983年，第116页。
③ （宋）黎靖德编：《朱子语类》，中华书局，1986年，第992页。

宋以来道学人士的心疾问题考论*

袁鑫忞

(浙大城市学院人文学院)

内容摘要：宋以来道学人士罹患心疾的情况，其病发率总体不高，史书留下若干病例可寻，其症乃个人原因造成；而另一方面，由于程朱学重"思"，宋明道学家"因思致疾"的现象着实较多，连朱子、王阳明一派宗师也不能免，构成近古知识分子一个群体现象。道学苦思道德心性命理之类，穷深极奥，概念纠缠、莫衷一是，由此造成的精神压力问题即是哲学形上学运思活动的普遍副产品，应当引起重视。明代心学惩朱学流弊而起，于心疾防治有独特贡献。阳明良知学以"不学不虑"为教，号简易直截，其用意之一，就是解放思索义理之苦；泰州学派颜钧于南昌张榜"急救心火"，则已发展成专门的精神疾病治疗活动。先是，程颐、朱熹已明了心疾之非，认为心疾终非圣贤气象；其惩治心疾，提出要"善其思"，忌泛滥无归或专深不止，心无所安，提出相证而解等思维方法，并有澄心静坐等操练法门，指明了对于难以放弃读书致知任务的学者来说更可常态化的心疾防范之道。

关键词：道学；心学；心疾；因思致疾；精神(心理)疾病

一、患心疾的总比例无特别

哲学家或思想家是否更容易精神异常，是现代精神病学、变态心理学、

---

* 本文为2020年度教育部人文社会科学研究一般项目规划基金项目"宋明理学对心理疾病的应对研究"(20YJA720011)成果。

社会学以及普通人都在问的问题。20世纪以来,西方学界的相关研究多数表明,创造力与精神异常的确存在一定的亲缘关系。① 那么,中国的情况如何?本文便聚焦宋以来的儒学人物,主要是道学家(或称理学家),他们是最近一千年中国哲学、思想的代表性人群。现代中国因学科分别与翻译问题而有的精神障碍、精神疾病、心理障碍、心理疾病等不同名词,中国传统语境中也有纷繁的叫法,但基本出自"心"范畴,如"心疾""心风""心火""情志之症"等,兹统称为心疾。以下便首先对病情确凿的道学家心疾案例做一概览。

案例1:北宋范仲淹长子范纯祐(1024—1073)。② 他三十岁患心疾,需人照料,卧病十九年后去世。纯祐曾受学于宋代新儒学的开山胡瑗。他具体患哪种心疾,不得其详。我们知道,德国哲学家尼采晚年患痴呆,死前丧失生活自理能力也长达十二年。③ 但从关于纯祐的记载推测(富弼来访,"犹能感慨道忠义"),大抵能排除痴呆症。笼统地说,自是一种心身障碍。心理因素能够引起多种躯体疾病,现实生活中常见心疾患者而连带身疾。

案例2:北宋徽宗朝的名臣陈瓘(1057—1124)之子陈正汇。④ 他是在强刺激下生病的。正汇原被贬海岛,被钦宗召返时见父亲已下世,"痛不得见,

---

① 代表性的有:A. Juda, "The Relationship between Highest Mental Capacity and Psychic Abnormalities," *American Journal of Psychiatry*, 106 (1949): 296—304; G. Becker, *The Mad Genius Controversy: A Study in the Sociology of Deviance* (Beverly Hills: Sage Publications, 1978); K. R. Jamison, "Mood Disorders and Patterns of Creativity in British Writers and Artists," *Psychiatry*, 32 (1989): 125—134; N. Kessel, "Genius and Mental Disorder: A History of Ideas Concerning Their Conjunction," in P. Murray ed., *Genius: The History of An Idea* (Oxford: Basil Blackwell, 1989); S. H. Carson, "Creativity and Psychopathology: A Shared Vulnerability model," *Canadian Journal of Psychiatry*, vol. 56, no. 3 (2011): 144—153.

② (清)黄宗羲原著,(清)全祖望补修,陈金生、梁运华点校:《宋元学案》卷三《高平学案》,中华书局,1986年,第143页。脱脱等撰:《宋史》列传第七十三"纯祐",中华书局,1985年,第10276页。

③ 长期以来,尼采的痴呆被诊断为由梅毒引起的麻痹性痴呆(GPI)。但近年来质疑声颇多,例如有神经学专家认为尼采患的是额颞叶痴呆(FTD),与梅毒无关。见 M. Orth and M. R. Trimble, "Friedrich Nietzsche's Mental Illness—General Paralysis of the Insane vs. Frontotemporal Dementia," *Acta Psychiatrica Scandanavia*, Vol. 114, No. 6 (Dec. 2006): 439—444.

④ (清)黄宗羲原著,(清)全祖望补修,陈金生、梁运华点校:《宋元学案》卷三五《陈周诸儒学案》,第1224页。

遂得心疾,上殿已不能对"。与纯祐类似,正汇的心疾带有生理病症,他在应激条件下神经系统受损,致使语言功能失调。

案例3:程颐身边某人。① 他"患心疾",有幻觉,"见物皆狮子"。程颐教他看见了便上前去捉。捉了没东西,"久之,疑疾遂愈"。伊川此法,妙在顺势释放病情,与现代精神分析学派的手段有某种相似。一般来说,有幻觉病状的,可能是精神分裂症。但由于该患者症状单一且康复顺利,我们猜测只是一种神经症。

以上3例,或者还有其他例子,情形不一,其共同点是,患病皆出于患者特殊的心理—生理—社会构造,与从事的学问(儒学)看不出有何因果关系。下面继续考察儒家"现代三圣"中的梁漱溟、马一浮二例,他们都曾有过中度以上的精神障碍。二人继承宋明哲学,是颇纯粹的道学家。

案例4:梁漱溟(1893—1988)。他二十岁左右曾数度轻生,乃父梁济则于稍后的1918年自杀身亡。漱溟在最艰难的时刻,皈依了佛法,表明当初令他生不如死的东西是悲观厌世。"梁漱溟在分析自己当时皈依佛学时其原因之一就是神经衰弱和神经过敏。"②当漱溟之少年,世道黑暗,自己身体多病,敏感而又聪慧。也就是说,可能是社会、生理、心理三方面综合起作用。但确切的诊断还有待精神病学专家,其自杀的家庭史也不得不考虑。

案例5:马一浮(1883—1967)。也是二十岁左右,他驻留美国,"发狂疾","厌苦欲死"。与梁漱溟相似,马一浮体弱,特别是对中国对现实极度不满,并有亲人遭逢不幸。不同的是,梁先生大概是先遭苦厄然后皈依佛学,而马先生思想上已先有取于佛家人生是苦这种观念,而后来的焦虑受此催化。请看他的日记:

(1903年夏历)十一月十三日:

---

① (清)黄宗羲原著,(清)全祖望补修,陈金生、梁运华点校:《宋元学案》卷一六《伊川学案下》,第648页。
② 陈锐:《马一浮与梁漱溟》,吴光主编:《马一浮思想新探——纪念马一浮先生诞辰125周年暨国际学术研讨会论文集》,上海古籍出版社,2010年,第435页。

日来多睡而少起,大病将作,烦忧结于中,发狂疾,而自托游戏快乐,此岂能久乎?①

(1904年)正月廿四日:

闷极无聊,与一小孩下棋。忽觉心中非常悲恸。过去之痛苦,未来之憾懑,如海潮涌,便欲大哭,亦不自知其感情之暴动失常至如是也。②

正月廿七日:

今日伤于风寒,头微痛,鼻流涕涔涔,可厌。予不能有小病,盖无病时且感于外界之痛苦,恨有此身之累,加之以病,更不可一刻耐矣。哀哉!③

正月廿九日:

病未已,头痛发炎,厌苦欲死。……头痛甚剧,不食竟日。④

廿九前一日,他还感叹"人类一日不灭,苦痛罪孽一日不减。快乐者,否定者也。苦痛者也,永续者也"⑤。平情而论,马先生没有像梁先生那样为革命奔波,也没有一位汲汲寻死的父亲,在留美的1903—1904年也未曾睹革命之后民初之惨,他的超常抑郁,主要是受自己身体病痛折磨所致(加上孤身留洋的愁绪),所以相对而言,比较是短暂的情绪,不是那么浓烈而不解。当然,这么说并没有否定这位伟大思想家悲天悯人的深层悲情。马先生心痛、头痛联动,其心身障碍是很典型的。

马、梁以上精神之苦,都发生在少年。就哲学之于心疾的关系而言,只有马略受佛家悲观主义哲学影响,而皆与儒家哲学无涉,这点与宋代的三个案例是一样的。总的来说,把宋明以下有名的儒家学者全体作为样本,精神异常的比例实无惊人之处。反而是同时期的诗文家、书画家比例较高,单论明中后期,名士中便有唐寅、张灵之纵酒无度,徐渭之重度抑郁,李

---

① 马一浮:《马一浮集》第2册,浙江古籍出版社、浙江教育出版社,1996年,第281页。
② 马一浮:《马一浮集》第2册,第304页。
③ 马一浮:《马一浮集》第2册,第305页。
④ 马一浮:《马一浮集》第2册,第306页。
⑤ 马一浮:《马一浮集》第2册,第306页。

贽之洁癖,袁宏道、袁中道、屠隆、张岱等之变态同性恋。兹不详。文人多"疯子",学士则否,英国精神病学家 Felix Post 所调查的西方情况也是如此。[1] 合而言之,不论中西,哲学家、思想家之于心疾,算不上最可观的人群。

二、因思致疾者偏多

Felix Post 的另一个发现是,人类各种精神病症中,在专业人群十分突出的是抑郁症。思想家群体比作家群体稍好,然而重度抑郁发病率仍然达到16%,比作者征信的(欧美)流行病学数据5%要高数倍。[2] 具体到中国,下文将显示,宋明道学人士有过抑郁经历的比例也是偏高的。究其原因,又与程朱道学重"思"这种特征有着密切联系,而重思实为世界哲学的共同特征。Felix Post 的统计其中一个样本是英国著名哲学家、经济学家约翰·穆勒(1806—1873),据其自传,少年穆勒学习如饥似渴,身心不得休息,终于在二十岁那年神经崩溃。[3] 以下病例,大多属于此类,皆因心气劳耗、内在紧张而起。

朱子、吕祖谦《近思录》第三卷载有程颐(1033—1107)的一段话:

> 欲知得与不得,于心气上验之。思虑有得,心气劳耗者,实未得也,强揣度耳。尝有人言,比因学道,思虑心虚。曰:人之血气,固有虚实。疾病之来,圣贤所不免。然未闻自古圣贤,因学而致心疾者。[4]

这位"因学道而思虑心虚"的无名氏,想来是二程门生。据笔者有限的

---

[1] Felix Post, "Creativity and Psychopathology: A Study of 291 World Famous Men," *British Journal of Psychiatry*, 165 (1994): 22—34.

[2] Felix Post, "Creativity and Psychopathology: A Study of 291 World Famous Men," *British Journal of Psychiatry*, 165 (1994): 32.

[3] 详见[英]约翰·穆勒著,吴良健、吴衡康译:《约翰·穆勒自传》,商务印书馆,1998年,第五章。

[4] (宋)朱熹、吕祖谦撰,严佐之导读:《朱子近思录》,上海古籍出版社,2000年,第51—52页。

掌握,他(她)分明是因道学关系陷入精神障碍的一位"先驱"。伊川先生在此区分了"血气"的疾病和"心"的疾病,与现代生理疾病和心理疾病的分法一致,同时定下学道的一条标准——没有心疾。然而伊川说的是圣贤境界,是理想,现实中道学家或说学道者染心疾是多发现象。

道学集大成者朱子(1130—1200)年轻时的"心恙",就是确凿的事实。首先是来自老师李侗的观察:

> 罗先生(罗从彦)令静中看喜怒哀乐未发之谓中,未发时作何气象,此意不唯于进学有方,兼亦是养心之要。元晦(朱熹)偶有心恙,不可思索,更于此一句内求之,静坐看如何,往往不能无补也。①

朱子从学李侗,在二三十岁间。看得出来,他的问题是运思太甚。李侗有感于弟子心疾,拈出了"养心"概念,可以说这就是道学家预防与克治心疾的专门学问,而此前养心之事唯许之释老。李侗提出罗从彦的静中观象工夫,熟悉学术史的人知道,这就是他提炼的程门道南学派的"澄心默坐"法。李侗"于此一句内求之"的"一句",据上下文,是指孟子的夜气说。他是要朱子借静坐养气——养气也养心。需要指出,道南学派的静坐,并不要求绝去思虑,其重点是专注(即"主一"工夫)。换句话说,在道南学派(包括李侗、朱熹),思虑的价值并没有因心疾问题而被否定。

朱子之深思穷索,以至失控,童年已显露端倪。他自己回忆,四五岁时"烦恼这天地四边之外,是什么物事,见人说四方无边,某思量也须有个尽处,如这壁相似,壁后也须有什么物事。其时思量得几乎成病"②。这种状态,积极看是读书人榜样,现代科学精神尤其推崇;消极看,则是很大的身心隐患。可畏的是,朱子一生如此。约在二十多岁,他"因思量义理未透,

---

① (宋)朱熹:《延平问答》,(清)黄宗羲原著,(清)全祖望补修,陈金生、梁运华点校:《宋元学案》卷三九《豫章学案》,第1286页。
② (宋)黎靖德辑:《朱子语类》卷九四,(宋)朱熹撰,朱杰人、严佐之、刘永翔主编:《朱子全书》第6册,上海古籍出版社、安徽教育出版社,2002年,第3129—3130页。

直是不能睡。初看子夏'先传后倦'一章,凡三四夜,穷究到明,彻夜闻杜鹃声"①。门人黄榦记录他中晚年修《四书集注》的情景:"先师之用意于《集注》一书,愚尝亲睹之,一字未安,一语未顺,覃思静虑,更易不置。或一日二日而不已,夜坐或至三四更。"②两相比较,同样是连日覃思、夜以继日,早年多一分困顿,晚年则多一分从容。据信,朱子中晚年的岁月,其学术生命是顺畅愉悦的。简言之,他年轻不免因思成疾,后来尽管思考未停,精进如常,却也无事。这是因为此时朱子已善于自我调节,此外也有身体禀赋上乘的缘故。

朱子的生平及其学说的巨大影响,为整个道学注入了重思穷究的深刻烙印。可以推测,后学师法朱子,因个体差异,或多或少经历精神异常必有相当的普遍性。朱子高足黄榦,刻苦受业,夜不设榻,睡不解带,朱子称赞他"志坚思苦"③。当然,不是所有人都得到了记录。朱门胡季随的心疾,是被记载的一例。陈栎(1252—1334)《勤有堂随录》:"胡季随学于朱子,读《孟子》至'于心独无所同然'一句,朱子问如何解,季随以所见对。朱子以为非,且谓其读书疏莽,季随苦思成疾。"④"心"是孟学的顶层概念,致广大而尽精微,季随苦思成疾,不亦宜乎?我们不知道胡季随当时的岁数,作为朱子较初级而被批评的学生,估计年少。年轻学子竟日思考哲学终极问题以致精神恍惚或累倒,今亦时时得闻。

明代,陕西王之士(1528—1590)又是一例。他曾"潜心理学,闭关不出者九年"⑤。整整九年,从社会眼光看来,王之士难道没有一点社交心理障碍吗?潜心理学九年,一方面说明其笃志之深,一方面说明他思想积久未悟,其间难免伴随种种瘀滞与焦灼处。道学不同于汉学,其积年之功,罕有

---

① (宋)黎靖德辑:《朱子语类》卷一〇四,朱熹撰,朱杰人、严佐之、刘永翔主编:《朱子全书》第6册,第3432页。
② (宋)郑元肃录,陈义和编:《勉斋先生黄文肃公年谱》淳熙十一年甲辰条,(宋)黄榦撰:《勉斋先生黄文肃公文集》"年谱"卷,线装书局,2004年,第七页。
③ (元)脱脱等撰:《宋史》列传第一百八十九道学四"黄榦",第12777页。
④ (元)陈栎:《勤有堂随录》,《文渊阁四库全书》子部十,第3页右。
⑤ (清)黄宗羲:《明儒学案》卷九《三原学案》,中华书局,1985年,第177页。

为了"皓首穷经",做专业知识的渐进积累,而是为了体悟人生宇宙的根本命题,需要思考抽象义理。连年想同一个问题而未通,用通俗的话说,容易"憋出病来"。

以下转入道学中的心学一门。王守仁(1472—1529),原是程朱"格物致知"之教的忠诚践行者。他"格竹"七日而病倒,这个故事众所周知。此外,钱德洪《阳明年谱》记载了阳明先生第二次因运思活动不当而病倒的事:弘治十一年(1498),27岁的阳明依朱熹"循序致精"之教求理,而"物理与吾心终判而为二",于是旧疾复作。① 毋庸置疑,两次都是因思致疾,且主观上明确是由于师法朱子而起。这些负面的精神体验,最终引导阳明离开朱子旧辙,走向"不思不虑"的良知学。良知学号简易直截,其用意之一,就是解放苦思义理带来的精神压力。

陈献章(1428—1500)较王阳明早,经历却相仿。② 陈献章年二十七从吴与弼学程朱思想,归乡后"静坐一室","专求所以用力之方,既无师友指引,日靠书册寻之,忘寐忘食,如是者累年,而卒未有得"。于此可知白沙先生内心深处的那种紧张沉郁。他终于转向主静求约法,生命状态随之一变:"迅扫夙习,或浩歌长林,或孤啸绝岛,或弄艇投竿于溪涯海曲,捐耳目,去心智,久之然后有得焉。"从累年枯坐一室到浩歌长林、垂钓水边,对比不可谓不鲜明。白沙因此成为明代心学的先驱。

白沙、阳明两位宗师的共同经历,把朱学的心疾流弊一展无余,同时预示着心学在心疾防治上可以做出独特贡献。阳明说:"心體疾痼,如镜面斑垢,必先磨去,明体乃见,然后可使一尘不容。"③换言之,明代心学指向明心见性的一系列工夫,包括静坐等,一开始就被赋予了消除心灵"疾痼"的功能。

江右王门的胡直(1517—1585),"少病肺,咳血,怔忡(笔者按,指惊

---

① 吴光、钱明、董平、姚延福编校:《王阳明全集》卷三三《年谱一》,上海古籍出版社,2015年,第1003页。
② 以下叙述依据黄宗羲:《明儒学案》卷五《白沙学案上》,第80—81页。
③ 吴光、钱明、董平、姚延福编校:《王阳明全集》卷三六《年谱附录一》,第1105页。

悸),夜多不寐",他先从罗洪先学"主静无欲",后与邓钝锋一起修禅静坐,功法"以休心无杂念为主"(与心学教导一致);如此密集静坐六个月后,"四体咸邕泰,而十余年之火症向愈,夜寝能寐"①。

又,属于泰州王门的罗汝芳(1515—1588)是有名的重度抑郁患者,其病历有较详实的资料。他少年时:

> 读薛文清语,谓:"万起万灭之私,乱吾心久矣,今当一切决去,以全吾澄然湛然之体。"决志行之,闭关临田寺,置水静几上,对之默坐,使心与水镜无二,久之而病心火。②

薛瑄治程朱学,为罗汝芳早年所服膺。汝芳行去私之法,不意而"病心火"。幸而后来遇到颜钧。颜钧说:"此是制欲,非体仁也。"所谓"制欲",便是朱学"存天理灭人欲"工夫,要求一分一分克去人欲以复天理。颜钧教以孟子扩充四端之说,已而汝芳病果愈。当然,整个治疗过程不止这么简单,兹不及。③ 准确地说,汝芳此时是受困于朱子克己灭欲之教,与前面因思致疾者有所不同。本案有意思的是,颜钧以孟子扩充说药罗汝芳之疾,可比李侗以孟子夜气说药朱子之疾。盖孟子乃宋明心性论的总源头。

颜钧(1504—1596)是阳明心学泰州学派王艮的传人,在江西南昌同仁祠,以"急救心火"为名进行讲学,有《急救心火榜文》,治病纲领是"单洗思虑嗜欲之盘结,鼓之以快乐,而除却心头炎火"④。换言之,针对的是思虑、嗜欲(制欲)两种"盘结"(郁结)引发的心火。罗汝芳的病情属于后种。同仁祠的活动吸引一千多人,他们主要是到省城乡试的士子,罗汝芳即其中一员。从颜山农的郑重其事及社会响应看,当时读书人群不同程度的"病心火"成为普遍现象,由此产生了社会性的救病需求。颜钧的终极目的是更高

---

① (清)黄宗羲:《明儒学案》卷二二《江右王门学案七》,第520—521页。
② (明)黄宗羲:《明儒学案》卷三四《泰州学案三》,第760页。
③ 可阅王汎森:《明代心学家的社会角色——以颜钧的"急救心火"为例》,氏著:《晚明清初思想十论》,复旦大学出版社,2004年,第1—28页。
④ (明)颜钧著,黄宣民点校:《颜钧集》,中国社会科学出版社,1996年,第3页。

层面的救世,但以现在的名词,他的确也扮演了心理咨询师或精神病医生的角色。他受益于心性论、心学在明代的发展,其同仁馆称得上中国最早的心理诊所。①

罗汝芳的故事还没结束。他的灵魂始终是个扰攘的思想者灵魂,他退休后"尝苦格物之论不一,错综者久之",陷入知识的纷乱。后来更是严重病倒,身心不安,失眠焦虑。这次自然是因思致疾,同时夹杂强烈的个人身心病因:

> 又尝过临清,剧病恍惚,见老人语之曰:"君自有生以来,触而气每不动,倦而目辄不瞑,扰攘而意自不分,梦寐而境悉不忘,此皆心之痼疾也。"先生愕然曰:"是则予之心得,岂病乎?"老人曰:"人之心体出自天常,随物感通,原无定执。君以见生操持强力太甚,一念耿光,遂成结习。不悟天体渐失,岂惟心病,而身亦随之。"先生惊起叩首,流汗如雨,从此执念渐消,血脉循轨。②

这位老人不知何人,但看得出,其教导是心学的一种教导。③ 这段记录显示,罗汝芳从小精神衰弱,身体也差,与梁漱溟先生差似。这导致其心病格外严重。

总之,宋明道学人士的因思致疾是多发的。以上案例,朱子、王子、白沙皆道学关键人物,具有十足的代表性。可以肯定地说,道学重思的一面与特定心疾存在正相关;倡导"不思不虑"的良心学(阳明心学)于这种心疾则有对症之效。

---

① 详见衷鑫恣:《颜钧:中国最早的专业心理医生》,《医学与哲学》2017 年第 8A 期,第 90—93 页。
② (清)黄宗羲:《明儒学案》卷三四《泰州学案三》,第 761 页。
③ 周汝登(1547—1629)《圣学宗传·罗汝芳》载,罗氏"一日倚榻而坐,恍若一翁来,言曰(略)"。文字雷同,或是黄宗羲所本。张崑将《中日阳明学者对"真我"的体验比较》,以之作为阳明门下"瘖瘵体验"以见真我之一例进行讲述,见《哲学与文化》2014 年第 2 期。如此则对话是梦,老翁是虚,老翁所言是罗汝芳自语(意之或为其服膺阳明,故投射于内心)。

思虑引发心病,中国古人很早就有观察。先秦韩非子已指出,"思虑过度则智识乱"(《韩非子·解老》);老子提倡"绝圣弃智",与此有关。唐代史学家李肇记录过多个明确被他归类为"心疾"的病例,并认为病因在于思与疑:"夫心者,灵府也,为物所中,终身不痊。多思虑,多疑惑,乃疾之本也。"[1]魏晋之际的清谈领袖卫玠,竟因思考梦的问题,"经日不得,遂成病"(《世说新语·文学》),可谓深中韩非、李肇所言。此玄学之思而致疾,与后来众多道学之思而致疾,在中国精神问题史上合于一辙。

哲学之思之于程朱道学,是极重要的。程颐说:"学原于思。"[2]又说:"学者先要会疑。"[3]程朱道学对儒学的形而上学化,方法上的哲学化、思辨化,是公认的事实。道学具有对思的自觉,对思的倚重继承并超过了魏晋玄学。[4] 职是之故,道学圈因思致疾必然相对高发。明儒胡居仁《居业录》谈如何"穷理":"思虑得之最深,行事得之最实。"[5]深得程朱工夫论之要。道学家以思虑深求,探索天道人心之幽微,西方哲学的主流传统也不过如此。章太炎曾以批判的口吻说道:"谈天论性者,在昔易入佛道,今则易入西洋哲学。"[6]信然。宋明道学达到了哲学思考的难能高度,但也付出了相应的代价,即思维型心疾的扩大化。

爱智的哲学活动,要求高密度的思考以及持续的精神投入,如此虽不大可能带来永久性的精神创伤,难保不为心理卫生之害。科学也重思考,但与科学家相比,哲学家更易抑郁,这是因为哲学思维(哲学方法)与科学思维(科学方法)有所不同。哲学家,包括宗教性的冥思者,所求之道微渺难寻,而又以全副生命付之,仿若以蛛网之虚承泰山之重,其艰其危可想而知。

---

[1] (唐)李肇:《唐国史补》中卷,《文渊阁四库全书》子部十二,第8页左。
[2] (宋)朱熹、吕祖谦撰;严佐之导读:《朱子近思录》,第52页。
[3] (宋)朱熹、吕祖谦撰;严佐之导读:《朱子近思录》,第53页。
[4] 详见衷鑫恣:《道学"思"的传统——从洛学到闽学》,《江淮论坛》2016年第2期,第97—102、115页。
[5] (明)胡居仁:《居业录》卷二,《文渊阁四库全书》子部一,第12页左。
[6] 章太炎:《适宜今日之理学》,章念驰编:《章太炎演讲集》,上海人民出版社,2011年,第365页。章太炎心目中的儒学是不事玄谈玄想的实学,是关于人的经验科学:"向来儒家之学,止于人事,无明心见性之说,亦无穷究自然之说。"(第266页)

三、道学对心疾的基本态度与防治思路

如前所述,明代心学兴起之初就带着消除程朱学的心疾流弊的动机,而阳明心学在泰州学派那里甚至演化出了专门的心疾治疗。然而,这不等于程朱一派无视心疾。前文提到,程颐心目中的圣贤是去心疾的。伊川的明确态度,尚有他对张载的批评可资佐证。他说,横渠之学"有苦心极力之象,而无宽裕温厚之气。非明睿所照,而考索至此,故意屡偏,而言多窒,小出入时有之"①。苦心极力、意偏言窒云云,正是准心疾之兆,或已是心疾本身。伊川颇以此为戒。

朱学与王学固有种种不同,但不可否认,二者都受过理学鼻祖周敦颐"求孔颜乐处"的问题意识滋养。求乐者,以无心疾为必要条件。颜钧救人心火,"鼓之以快乐",是活用王艮的求乐哲学。而追根溯源,是孔子在揄扬"乐"。梁漱溟介绍自己的心路历程:

当初归心佛法,由于认定人生唯是苦,一旦发见儒书《论语》开头便是"学而时习之",不亦乐乎,一直看下去,全书不见一苦字,而乐字却出现了好多好多,不能不引起我极大注意。②

这是孔颜之乐对一个心疾患者的直接触动。儒家整体,包括道学,无不寻求心的快乐。《论语》中"风乎舞雩,咏而归"的曾点气象,既志于道又身心愉悦,是道学之乐的象征。朱子所编《近思录》,最后一卷专论此等圣贤气象。在这点上,朱子与伊川、阳明完全一致。换言之,道学无不以心疾为患而欲惩治之。

前面说到两类心疾,道学责备的,是因思因学致疾。这种心疾乃个体主动的(不当)行为所致,本人理应负责。至于先天性、遗传性或其他非自致的

---

① (宋)程颐:《答横渠先生书》,王孝鱼点校:《二程集》上册,中华书局,2004年,第596页。
② 梁漱溟:《我的自学小史》,氏著:《梁漱溟全集》卷二,山东人民出版社,1989年,第698页。

精神异常,虽然也不正常,但非个人所能做主,故不应受到任何谴责。

因思致疾既然不对,那么现在的问题是,难道朱熹、胡季随、陈献章、王守仁、罗汝芳、马浮一干人,青春期全走了一段不必要的弯路甚或不正确的歧路?前面说过,程颐"未闻自古圣贤,因学而致心疾者",乃关于理想的表述,是对学者未来的期待。儒家把学问之人分为生知安行、学知利行、困知勉行三型。现实中人基本属于后面两型,而因思致疾就出在困知勉行途中;血气旺盛之青壮年最能负压勉强而行,故也集中了最多的病例。对那些借此成功或悟道的人来说,此等病心火,不仅无伤大雅,客观上还成为人生的助益。例如陈献章、王守仁,他们发现的心学工夫是对程朱的穷理致思的否定,而对他们本人来说,早年严毅的学问思辨及其失败过程却是其境界突破必不可少的前提。

因思致疾,辩证地看有其合理性,然而终究不是必然的,更不是必需的。依程朱道学的态度,若是真得疾,万不可矜此为哲人的高贵气质,须是克服超越之,至于无疾的圣贤之域而后止。那么,如何克服超越?如何防治?心学一派的"不思不虑""不学不思"是种彻底的策略,颜钧的快乐法也有实效,前已述之。但是,若先肯定程朱的工夫,保持穷理致思,又当如何?现代多数哲学工作者、思想者的工作常态正是如此。此时防治心疾,一言以蔽之,曰"善思"。善思就是要使心回归自然,自然则无病。凡人皆思,而思乃思维活动的自动展开,只要遂其自然之性,无为而为,如道学家强调的"必有事焉而勿正,心勿忘勿助长"(孟子语),心身没有理由产生负担感。李侗用于养心的"澄心默坐"法、夜气法等,便有意引导朱子回归这种自然状态。反之,如以人力去助长,则身心超载,灵明受损,不免发狂疾、郁疾之类。

如何善思,且看朱子解释《中庸》的"慎思":"使其思也,或太多而不专,则亦泛滥而无益,或太深而不止,则有过苦而有伤,皆非思之善也。"[①]这也可看做是朱子对自己早年心恙的反省,故所述格外真切有验。不能善思或

---

① (宋)朱熹:《中庸或问》,朱熹撰,朱杰人、严佐之、刘永翔主编:《朱子全书》第6册,第594页。

慎思,即为"强思"。程颐说"强思":"思曰睿,思虑久后,睿自然生。若于一事上思未得,且别换一事思之,不可专守着这一事。盖人之知识,于这里蔽着,虽强思亦不通也。"①陈栎大概受此启发,以同样的语言评价了胡季随的苦思成疾:"要之亦不必如此。且丢下在此,别去理会,或可因彼而明此。"②程朱理学的致知论、读书法,包含着具体而微的对做学问的指导,其中对单向度、走极端的思维一贯是不鼓励的。《朱子语类》卷八十七载朱子论问学之道,也说:"须先其易者,难处且放下,少间见多了,自然相证而解。"③程子、朱子、陈栎都相信世间道理相通,互相支持、互相证明。"相证而解",朱子一个"解"字,可以说是认识上的问题的解决,也是精神的解放。如不能退而相证,必求一事一理之唯一与绝对(事实上总会有矛盾),就变成了孔子批判的"意必固我"。这是精神的泥淖,会越陷越深。一些"深刻"型知识分子往往犯此毛病,其中一些就是激情满纸而思想极端的作家。另有一种人,不从"思"入而从"信"入,但同样耽于心中的唯一与绝对,从而陷入精神的不正常,他们就是一些迷狂的宗教徒,在常人眼里即是心疾患者。

道学对于求知义理,至于"安"而止,道理未得或不真时常用"不安"二字表达(不安之甚者即为心疾)。既要求安,就不是单纯追求外在的所谓客观真理,而是求内外之合,主客之洽,而这也是人心的自然倾向。

---

① (宋)朱熹、吕祖谦撰,严佐之导读:《朱子近思录》,第53页。
② (元)陈栎:《勤有堂随录》,《文渊阁四库全书》子部十,第3页右。
③ (宋)朱熹撰,朱杰人、严佐之、刘永翔主编:《朱子全书》第17册,第2971页。

蜀中二李的易学与史学

谢 辉

(北京外国语大学国际中国文化研究院)

内容摘要：李焘的易学著作包括《易学》五卷、《大传杂说》一卷，还曾刊刻有《周易古经》，今均已不传，但尚可考见其部分内容，其现存的文章与史学著作中，也有多处涉及易学的部分。李心传《丙子学易编》虽仅有节本传世，但能基本反映其易学特点，其史学著作中论《易》之内容较少，但也有参考价值。李焘的易学和史学呈现交融态势，既以史学的眼光审视易学，又引《易》证史。其易学与史学研究均秉持"贵自得""明分合"的原则，具有"重实用""明鉴戒"的特点。李心传的研究路径为先史后《易》，其《丙子学易编》中表现出的儒家学者入世的立场，以及博采诸家、分别主次、褒贬自现的研究方式，都可看作其史学研究在易学领域的延续。但其易学研究对其晚年关注道学历史，也有一定促进作用。

关键词：李焘；李心传；《周易》；易学与史学；《丙子学易编》

宋代巴蜀地区的史学发展颇为繁盛，出现了一批优秀史学家，尤以李焘(1115—1184)、李心传(1167—1244)最负盛名。《四库全书总目》将二人列入"宋人私史卓然可传"的三家之中，[1]傅增湘亦谓"后人言宋代史学名家，必推蜀中二李"[2]。值得注意的是，除治史之外，二人还都曾研究过《周易》，

---

[1] (清)永瑢：《四库全书总目》卷五〇，中华书局，2003年，第449页。
[2] 傅增湘：《藏园群书题记》卷五，上海古籍出版社，1989年，第268页。

并撰述有易学著作。近年来李心传的易学思想逐渐引起学界关注,[1]但李焘易学则尚未见专门研究成果,特别是未有将二人的易学与史学联系起来,进行分析对比者。有鉴于此,本文即拟对蜀中二李的易学著作进行全面考察,并在此基础上探讨其易学与史学的关系。

一、蜀中二李的易学著作

作为一位高产的学者,李焘一生著述约六十余种,计三千卷,可谓极为丰富。其中易学著作可考者有二:

一是《易学》五卷,见周必大撰李氏《神道碑》。其书早佚,《厚斋易学》引李仁父曰:"龙之鳞八十一,为九九之数,亦以象乾也。"[2]或即此书佚文。其后董真卿《周易会通》也引此条,[3]大约是从他书转引。该书卷前《古今名贤》列出"李氏仁父",而称为"《宋志》不载何朝"[4],可见董氏连李仁父是何人都不清楚,也可反映出其书亡佚已久。李过《西溪易说》谓:"龙之鳞八十一,九九之数也。鲤之鳞三十六,六六之数也。此亦物理之自然者。"[5]与此类似。但《厚斋易学》引李过之说,皆作"李季辨",而引李焘之说,则作"李仁父"。如卷末所附《先儒著述》论古《易》诸家,谓"今李仁父再刻者止一卷……李仁父谓晁吕二家不相祖述"[6],都是指李焘而言。可见,如冯椅援引无误,此条还是可以确信为李焘《易》说的佚文。

二是《大传杂说》一卷,见《宋史·艺文志》经部易类。《神道碑》亦载

---

[1] 较具代表性的研究成果有:金生杨《宋代巴蜀易学研究》第 3 章第 4 节《李舜臣与李心传的易学成就》,四川大学博士学位论文,2007 年;田君《李心传〈丙子学易编〉札记》,《宋代文化研究》第 27 辑。

[2] (宋)冯椅:《厚斋易学》卷五,《景印文渊阁四库全书》第 16 册,台湾商务印书馆,2008 年,第 79 页。

[3] (元)董真卿:《周易会通》卷一,《中国易学文献集成》第 65 册,国家图书馆出版社,2013 年,第 227 页。

[4] (元)董真卿:《周易会通》卷首,《中国易学文献集成》第 65 册,第 34 页。按,董氏此书多采自其师胡一桂《易本义附录纂注》之后定本,胡一桂另一部易学著作《周易本义启蒙翼传》中篇专门列有《传注》一章,但似未著录李焘此书。《厚斋易学》附录《先儒著述》亦无。

[5] (宋)李过:《西溪易说》卷一,《景印文渊阁四库全书》第 17 册,第 645 页。

[6] (宋)冯椅:《厚斋易学》附录《先儒著述上》,第 819 页。

之,但接于《尚书百篇图》下,似乎是一种《尚书》学著作。后人为弥缝此歧异,故将其离析为《易大传杂说》《尚书大传杂说》二种。① 但《宋志》书类并没有李焘《大传杂说》的记载,《玉海》也只著录"宋朝李焘著《大传杂说》《七十二子名籍》各一卷"②,故《大传杂说》只能是一种书。按李焘《严道郡学圣贤画像记》谓:"孔安国著《书传》,因以三坟系之三皇,五典系之五帝,而三皇五帝之称则亦非安国所创言。外史分职,固掌是书也。附会《周礼》,安国若可信矣。而司马迁实安国并时人,作《史记》遽弗用《周礼》,黜三皇,纪五典。岂迁不见《周礼》,抑疑而未信故邪?"可见李氏对于伪孔传《古文尚书》提出的三皇五帝的说法并不认同,而对于刘恕的"独取《易大传》所序伏羲、神农、黄帝、尧、舜而解之",李氏则颇为肯定,认为"既不违经,又即人心"③。由此推测,所谓《大传杂说》,可能也是李氏对《易传》中所载帝王进行考证的一部著作。严道在今四川雅安,而李氏于绍兴二十年(1150)任雅州军事推官,该书大约成于此时或其后。

除了此二书之外,李焘还曾刊刻过《周易古经》八篇。其刊刻时间,南宋末年税与权《易学启蒙小传》谓在"绍兴辛未"④,即绍兴二十一年(1151),宋末元初俞琰《读易举要》同。⑤ 今传本《易学启蒙小传》即是传自俞琰抄录本,二者之记载可能同出一源。其书朱彝尊注曰"存",然今未见,但其基本结构,可以通过留存至今的李氏序言加以推测。据李氏所述,其曾见两种宋人所编的古《易》,即元丰五年(1082)吕大防本(分十二篇)与建中靖国元年(1101)晁说之本(分八篇)。吕本刻于成都,晁本刻于宜春,李焘则"合二氏之说刊焉"⑥。其合会二家的具体办法是,分篇方面依据晁本,分为卦爻、

---

① (清)朱彝尊著,林庆彰等整理:《经义考新校》,上海古籍出版社,2010年,第1308、1529页。《李焘学行诗文辑考》从之。
② 武秀成、赵庶洋校证:《玉海艺文校证》,凤凰出版社,2013年,第317页。
③ (宋)李焘:《严道郡学圣贤画像记》,《李焘学行诗文辑考》,上海古籍出版社,2011年,第109页。
④ (宋)税与权:《易学启蒙小传》,《通志堂经解》第2册,江苏广陵古籍刻印社,1996年,第211页。
⑤ (宋)俞琰:《读易举要》卷四,《中国易学文献集成》第44册,第658页。
⑥ (宋)吴仁杰等:《古周易》,《通志堂经解》第1册,第487页。

彖、象、文言、系辞、说卦、序卦、杂卦八篇,命名则取吕本,所谓"八篇次第实从晁氏,总名《周易古经》则从吕氏"①。晁本带有一些考订文字的内容,李氏本可能也有。其所编《春秋古经》,思路为"即三家所传,纯取遗经,心以为是者则大书之,仍细书其不然者于其下"②,《周易古经》的情况应与之类似。如从广义的角度而言,此也可以被视为李氏的一种易学著作。此外李焘还有一些与易学有关的文章,如为李鼎祚《周易集解》所作的《李氏易传序》,为郭京《易举正》所作的《易举正跋》等,也都能一定程度上反映出其易学思想。

与李焘的情况类似,李心传的著述也十分丰富,目前可考者约有十余种,其中经学类著作,基本都完成于嘉定九年(1216)后的几年间。在这一段时间内,其先后撰述了《丙子学易编》《丁丑三礼辨》《诵诗训》《春秋考义》《读书志》等书,对儒家"九经"作了全面考察。《丙子学易编》是最为早出的一部,成于嘉定九年。李氏自述其撰述过程曰:"起丙子月正元日,尽是岁除夕,凡三百八十有四日。其间斋祠宾旅寒暑疾病事役居十之三,为工盖二百八十日也。"③全书十五卷,卷帙编排为:卷一之三上经,四之六下经,七之八《彖上传》《彖下传》,九之十《象上传》《象下传》,十一之十二《系辞上传》《系辞下传》,十三《文言传》,十四《说卦传》,十五《序卦传》《杂卦传》《易外编》。④但当时似未刊刻,至李氏去世四年后的淳祐八年(1248),方由高斯得与《诵诗训》合刻于严州。⑤这也是《学易编》全本目前所知的唯一一个宋刻本,今已不传。

目前传世的《学易编》仅为一卷节本,乃宋末元初易学家俞琰(1258—1327)所摘抄。今传《学易编》卷末有其跋文,谓抄于泰定元年(1324)。全

---

① (宋)李焘:《周易古经序》,《李焘学行诗文辑考》,第121页。
② (宋)李焘:《春秋古经后序》,《李焘学行诗文辑考》,第123页。
③ (宋)李心传:《丙子学易编后序》,《丙子学易编》卷末,《景印文渊阁四库全书》第17册,第794页。以下所引《丙子学易编》内容,除特别注明者,均出此本。
④ (宋)李心传:《丙子学易编目录》,《通志堂经解》第2册,第196页。
⑤ 来可泓:《李心传事迹著作编年》,巴蜀书社,1990年,第232页。参见高斯得:《跋李秀岩先生学易编诵诗训》,《全宋文》第344册,上海辞书出版社,2006年,第171页。

书约二百四十余条,不列原书卷帙,也不标《周易》经传之文,但大致能看出是照原书次序所抄。俞琰在自己的易学著作《周易集说》《读易举要》中,也引用了三十多条李心传之说,内容多不出今传节本《学易编》的范围。俞氏之外,宋元时期的其他学者很少提到《学易编》。至于明代,易学家著作中引用的《学易编》,多是从俞琰《周易集说》转引,如熊过《周易象旨决录》引秀岩李氏说四条,皆不出俞氏书之范围。而明末清初少数藏书家收藏的《学易编》也均为传抄的节本,如《天一阁书目》著录乌丝栏抄本《周易集说》十二卷,后附《学易编》一卷,有俞氏识语,①《绛云楼书目》《季沧苇藏书目》著录之本,也皆为一卷或一册。朱睦㮮《授经图》著录十五卷本,②大约只是据前代目录抄撮,并不能说明全本在明代还有留存。至于清康熙间刻《通志堂经解》时,《学易编》之节本才被收入其中而首次付刻,其底本可能是《传是楼书目》著录的抄本。③ 通志堂本质量不高,存在大量显而易见的讹误。如:"愚谓以恒九四田无禽到之","到"明显是"例"字之误。"'不可大事'与'丰其沛'之意同,盖刚虽得位而不中,是以可大事","以"下明显脱"不"字。④ 但其优点在于保存了《学易编》原书目录,以及附录的《秀岩与黄直卿论易编往来书》,该书信的部分内容见于《周易集说》援引,当是原刻本即有者。《四库全书》据通志堂本收录,并对其中讹误作了较全面的校改,初步统计,校改数多达四五十处,且大都较为合理。⑤ 其缺点一方面在于删去了原书目录和附录的书信,另一方面还有脱漏,如通志堂本有"以其居中,故不失于卑谄而得吉"一条,四库本即无。故通志堂本仍不可废。

尽管《学易编》仅存节本,但除了《序卦传》与《杂卦传》外,其余《周易》

---

① (清)范邦甸:《天一阁书目》,上海古籍出版社,2010年,第66页。
② (明)朱睦㮮:《授经图》,中华书局,1985年,第23页。
③ (清)徐乾学:《传是楼书目》,《续修四库全书》第920册,上海古籍出版社,2002年,第638页。
④ 以上二条见美国哈佛大学图书馆藏清康熙刻《通志堂经解》本,同治翻刻本第一条已改,然第二条及本书中绝大多数讹误仍未改。
⑤ 参见杨新勋:《〈四库全书〉南宋人〈易〉类著作提要辨证十则》,《中国典籍与文化论丛》第二十二辑,凤凰出版社,2020年。

经传的各个部分都有留存,仍能在相当程度上反映出李氏易学的特色,故《四库全书总目》即说:"(俞)琰邃于易学,凡所采撷皆其英华,则大旨犹可概见也。"①《学易编》之外,李氏其他论著中,涉及《周易》者很少。《全宋文》第 301 册收李心传文二卷,除了出于《学易编》的两篇序文及《与黄直卿论易编书》,别无论《易》之文。《建炎以来系年要录》中言及《周易》之处,多为李心传自他书引录。《建炎以来朝野杂记》论历法沿革,谓:"余尝考《易》之《象》曰:'泽中有火,革,君子以治历明时。'革者变也,治而明之,则非但因其已成而无所事乎损益也。"②是李氏为数不多的据《易》立论之处。这类零星的易学论述虽然不多,但可与《学易编》联系起来,考察李氏易学思想的发展变化,仍具有一定价值。

二、李焘易学与史学的交融

今人评价李焘曰:"李焘的学术造诣主要表现在史学上,经学思想方面并不突出。""李焘经学方面著作甚多,但声名不高,存者无几。"③此固然是实情,但另一方面,也要注意到李焘对经学及易学十分熟悉。其自号"巽岩",即取自《周易》巽卦,并在二十四岁时,即作《巽岩记》以申其义。其留存下来的文章中,也多有引《易》立说者。如《蒲井盐官厅壁记》谓:"《易》称'改邑不改井',盖邑多迁徙,而井故在也。"④其易学与史学存在着内在联系,呈现一种交融互动的态势。

首先,李焘多以史学的眼光去看待易学。前引李氏以龙麟八十一数解乾卦之说,可见其易学中应有象数的一面。其卜居巽岩时,"向东南,面西北,其位为巽为乾"⑤,用后天八卦,可能对易图也有一定认识。此外其大约受蜀地学术传统与司马光的影响,对《太玄》亦较感兴趣。然而,从现存资料来看,李氏对易学的研究,多数还是从史学的角度出发。前述其《大传杂说》

---

① (清)永瑢:《四库全书总目》卷三,第 16 页。"琬"即"琰",乃避讳所改。
② (宋)李心传:《建炎以来朝野杂记》乙集卷五,中华书局,2000 年,第 591—592 页。
③ 胡昭曦、刘复生、粟品孝:《宋代蜀学研究》,巴蜀书社,1997 年,第 99—100 页。
④ (宋)李焘:《蒲井盐官厅壁记》,《李焘学行诗文辑考》,第 106 页。
⑤ (宋)李焘:《巽岩记》,《李焘学行诗文辑考》,第 98 页。

一书,据《易传》考证三皇五帝,实际上是把《周易》当作一种史料对待。其所作《李氏易传序》,综合李鼎祚自序、《新唐书·艺文志》《崇文总目》《邯郸图书目录》等材料,考证该书的卷数,并述李鼎祚之生平曰:"鼎祚,资州人,今州城东十里读书台尚存云。"又《易举正跋》谓:"京,开元后人,故所为书不得著录,本末亦未详。"按,《易举正》作者郭京生平不详,其自序提及开元御注《孝经》,故知为开元后人。其书《旧唐书·经籍志》未著录,因《旧唐志》本之于毋煚《古今书录》,不录开元以后书。《新唐书·艺文志》是在《旧唐志》的基础上,增补《崇文总目》等材料而成,但不很完善,亦未收《易举正》。① 李焘推本而言之,故谓"所为书不得著录"。这种知人论世、穷原竟委的考辨方式,也带有很强的史学色彩。相比之下,与李氏大约同时的晁公武,在著录《周易集解》时,未言李鼎祚生平,在著录《易举正》时,大约只据卷端题名或《崇文总目》言郭京为苏州司户,未作考辨。② 由此可看出二家在思维上存在着明显区别。

其次,李氏研究易学和史学的原则有相通之处。其《周易古经序》中有两段很值得注意的论述:

> 吕、晁各出所见,初不相祖述,亦犹李敏仲与王子雍殊隔,而传《易》《书》《诗》《礼》,其指归则暗合。学者必贵自得,大抵如此。
>
> 或疑孔子有因爻辞而申言之,若无所损益于其辞之义者甚众,盖合而观之也。若别而观之,殆无可疑。故读书必别其合者,合其别者,一合一别,则其义过半。③

此处李氏提出两个观点,即"学者必贵自得"与"别其合者,合其别者",

---

① 参见马楠:《〈新唐书·艺文志〉增补〈旧唐书·经籍志〉的三种文献来源》,《中国典籍与文化》2018年第1期。文中指出:"《新唐志》据《崇文总目》、史传文献补入'不著录'部分也是或补或否。"《周易举正》即是见于《崇文总目》,而未被补入《新唐志》之一例。

② (宋)晁公武著,孙猛校证:《郡斋读书志校证》,上海古籍出版社,1990年,第18—19、23页。

③ (宋)李焘:《周易古经序》,《李焘学行诗文辑考》,第121页。

虽因治《易》而发,实际也是其治史的重要原则。其最为重要的史学著作《续资治通鉴长编》,乃因"每恨学士大夫各省所传,不考诸实录、正史,纷错难信",遂"发愤讨论,使众说咸会于一"①。这就是"合其别者"。而在具体纂修过程中,遇有诸说不同,难以统一者,则明其歧异,存疑待考,亦即是李氏所说的"别其合者"。除了分合问题之外,李氏的另一个观点"贵自得",在其史学中也有明显反映。例如,其虽认为纂修当代史要本之于实录、正史,但遇有差错时,也应该"旁采异闻,考验增损"。其修《长编》时,就"颇尝收集参究,《实录》外略得一二"②。所谓"略得一二"实是谦辞,据学者考证,《长编》中仅引用宋人私家传记就有270种之多。③ 可见其并不满足于就实录、正史敷衍成文,而是加入了大量自己的考辨。总的来看,"贵自得"与"别其合者,合其别者"的原则,贯穿于李焘的易学与史学研究中,将二者联结成为一个整体。

再次,在论述史学的地位与作用时,李焘也表现出一定程度的易学色彩。今传李焘著《六朝通鉴博议》,卷前有《乞尚史学札子》:

> 臣闻士之于学,必经史兼通而后可。经所以明理,史所以考古今成败兴亡之变,然后其学为有用。切见近日学校科举之弊,患在士子视史学为轻。④

以下论士大夫持论好崇经而略史,场屋考校又专以经义诗赋定得失,而轻视论策。因请考官程试命题杂出史传,去取之际稍以论策为重,"庶几士子博古通今,皆为有用之学,其益非浅"。此文未题作者名,《李焘学行诗文辑考》与《全宋文》李焘部分也未收录。但从内容来看,该文批评"王安石新学之弊",倡导有用之学,均与李焘的思想一致,应即是其作品无

---

① (宋)李焘:《隆兴元年进续资治通鉴长编奏状》,《李焘学行诗文辑考》,第158页。
② (宋)李焘:《请专意讨论徽宗事迹纂述长编疏》,《李焘学行诗文辑考》,第166页。
③ 杨佳鑫:《〈续资治通鉴长编〉注引私家传记考》,《商丘师范学院学报》2018年第11期。
④ (宋)李焘:《六朝通鉴博议》,南京出版社,2007年,第146页。

疑。在此文中,李氏虽然声称士子应经史兼通,但史学在其心目中地位无疑更高。之所以如此,是因为其认为史学乃有用之学。其在《六朝通鉴博议》卷前的序论指出,研究孙吴至南朝陈的六朝历史,有其现实意义。其意义即在于从地、民、兵、将、机五个方面,分析历代之失,总结其不能北定中原、统一全国的原因,为南宋提供借鉴,最终达到"合蜀吴之全力,以恢复中原"的目的。① 可见,其认为史学之"用",即是为现实提供鉴戒。其在《乞尚史学札子》中论述史学作用曰:"进取之得失,守御之当否,筹策之疏密,计虑之工拙,与夫兵民居处之方,形势成败之迹,前事之失,后事之戒,不为无补。"②也是此意。其撰《续资治通鉴长编》,详载熙宁以来大废置、大征伐等"关天下之大利害者"③,目的也是为了"梳理出一代兴衰治乱之迹,为当世取鉴"④。

李焘重视作为有用之学的史学,并强调史学的鉴戒作用,这一观点即与易学有一定关系。一方面,《周易》中包含有明确的历史鉴戒思想,如《系辞下》曰:"《易》之兴也,其当殷之末世,周之盛德耶?当文王与纣之事耶?是故其辞危。危者使平,易者使倾,其道甚大,百物不废,惧以终始,其要无咎。此之谓《易》之道也。"又云:"夫《易》,彰往而察来,而微显阐幽。"为李焘所服膺的司马光,其治《易》也主张"求之空言不若验之实事"⑤,所著《温公易说》,多与北宋政局密切相关。⑥ 这些思想都可能对李焘产生了一定影响。另一方面,李焘论《易》时,亦多重视应物之用。其所著《巽岩记》曰:

处己非乾健无以立,应物非巽顺无以行。《易》六十四卦,仲尼撷其

---

① (宋)李焘:《六朝通鉴博议》,第156页。
② (宋)李焘:《六朝通鉴博议》,第146页。
③ (宋)李焘:《淳熙元年论修续资治通鉴长编奏状》,《李焘学行诗文辑考》,第161页。
④ 陈其泰、屈宁:《论李焘的历史编纂学成就:以〈续资治通鉴长编〉为中心》,《中国高校社会科学》2014年第5期。
⑤ (宋)司马光:《答韩秉国书》,《司马温公集编年笺注》第5册,巴蜀书社,2009年,第89页。
⑥ 参见梁山:《司马光〈温公易说〉的政治思想》,《宋代文化研究》第25辑。

九而三陈之,起乎履,止乎巽,此讲学之序也。语曰:"可与共学,未可与适道。可与适道,未可与立。可与立,未可与权。"夫人各有所履,善恶分焉。惟能谦,可与共学。惟能复,可与适道。知所适而无以自立,则莫能久,故取诸恒。使久于其道,或损之,或益之,至于困而不改,若井未始随邑而迁,则所以自立者成矣。虽然,吉凶祸福,横发逆起,有不可知。将合于道,其惟权乎?然非巽则权亦不可行。学而至于巽,乃可与权,此圣贤事业也。①

此段论述是发挥《系辞下传》"履德之基也"至"巽以行权"一段,即所谓"三陈九卦"之意。在李氏看来,由履至巽这九卦,所言者为讲学之序。即从履卦之践履不同而善恶分,到以谦德问学,复于正道,恒久守之,或损或益,困而不改,最后达到"改邑不改井"的境界,不再随波逐流,则自立之道已成。但这仍只是停留在内修德行的阶段,遇外来吉凶祸福之时,如何通之以权变以合于道?此时即需巽顺以行之。可见,在李氏看来,乾健自立之体固然重要,但巽顺应物之用更值得重视,其自号"巽岩"亦缘于此。这与其虽认同经以明理,但更强调史以致用的思想,是完全一致的。实际不仅史学,在研究其他学术时,李焘也对通变适用十分重视。其撰《说文解字五音韵谱》之修订本(即今通行本),改《说文》之始一终亥为《集韵》之始东终甲,即是为了检索方便,所谓"赋诗断章,取所求而已"②。总之,重实用,明鉴戒,可谓是李焘史学和易学的共同特征。

最后,李焘也有一些引《易》论史之处。其在《六朝通鉴博议》中,论隋取江南事曰:

圣人之于坎之《象》曰:"天险不可升,地险山川丘陵,王公设险以固其国。"故倚岳为城,堑海为池,高而不可攀,深而不可测。此天地之

---

① (宋)李焘:《巽岩记》,《李焘学行诗文辑考》,第98页。
② (宋)李焘:《说文解字五音韵谱后序》,《李焘学行诗文辑考》,第128页。有关《五音韵谱》的情况,参见[日]白石将人:《说文文本演变考》,中华书局,2021年。

形,而王公之险不与焉。虽使山海四蔽,而国家无政,形势不立,敌人过之,如涉平地。譬之千仞之山,万仞之渊,而无龙虎之威,则牛羊牧其上,舟楫泳其间,而无所其惮,知其不足畏也。故欲立国者,先立其势,不可犯而后国可守。①

李氏提出,坎卦《象传》所谓天地之险与王公之险,并非一事。王公所设之险,乃是"明政刑,立法制,厚风俗,上下立分,臣主一心,使国势岌然,敌不敢近",在此基础上再加以天地之险,方能为长久之计。如政刑不立,臣民离心,虽有天然之险,并不足恃,譬如南朝陈,"万里长江,守之者无人,隋人取之,如拾草芥"。在李焘之前,解《易》者将天地之险与王公之险分开解释的情况并不多见。如程子曰:"高不可升者,天之险也。山川丘陵,地之险也。王公,君人者。观坎之象,知险之不可陵也,故设为城郭沟池之险,以守其国、保其民人。"②只强调设城郭沟池之险。胡瑗谓:"圣人谓王公设险以守国者,将使治天下者必有仁义以兴治道,亦须设险厄以崇备也。若但有其德而不能设备,则不可以保其国也。若但设其险阻而无其德,其国固不能以保也。"认为兴德设险二者不可偏废,但更重视设险,所谓"王公法天地之险,而扼冲要之地,据形势之会,以建其国,高城深池,外为之固,坚甲利兵,内为之戒,严刑法以除奸,饬教化以厉俗"③。李焘的解法与二家完全不同,与天险相比更重人事。这与其"地无常势,强弱在人"的思想是一致的,④其根本目的是为了劝诫南宋政府修明政治,"明法立制,务耕织,选将吏,修守战之备,君臣一心,而斗北人"。可见,此处李焘对《周易》的解说,是为其史学乃至现实政治服务的。其论庾亮,引师卦上六《象传》"小人勿用,必乱邦也"⑤。论南宋聚敛之多,引节卦《象传》"节以制度,不伤财,不害民",及小过《象传》"君子以行过乎恭,用过乎俭",而

---

① (宋)李焘:《六朝通鉴博议》,第 261—262 页。下段引文未注明者同。
② (宋)程颐:《周易程氏传》,《二程集》,中华书局,2004 年,第 845 页。
③ (宋)胡瑗:《周易口义》,中国社会科学出版社,2021 年,第 93、176 页。
④ (宋)李焘:《六朝通鉴博议》,第 214 页。
⑤ (宋)李焘:《六朝通鉴博议》,第 184 页。

论之曰:"节者,事之折中;而过者,损之又损之谓也。节可施于太平,而过当行于方今。方今民力凋耗,虽节之未易复也,必过乎俭,然后能济。"①也都是其引《易》证史的事例。

三、李心传的以史法治《易》

李心传早年曾随其父李舜臣到杭州,得见南宋玉牒所藏史籍,②此段经历对其影响颇深,故其五十岁之前,研究兴趣一直集中在史学上,对易学并未深究。其曾自言:"始心传年四十余,朋友为言当读《易》,意忻焉乐之。既而终日蒙然,如眇者之视,莫知《易》之为何书也。"③而其开始研究易学时,其最主要的史学著作《建炎以来系年要录》已经完成。因此,李氏易学与史学的关系,主要表现为其史学立场、思路、方法等在易学领域的延续。具体可包括以下三个方面:

第一,儒家学者入世的立场。李心传从事历史研究,表面上是因为感到"渡江以来,记载未备,使明君良臣名儒猛将之行事,犹郁而未彰,至于七十年间,兵戎财赋之源流,礼乐制度之因革,有司之传,往往失坠,甚可惜也"④,但实际上是延续了南宋史学家以撰述当代史经世的精神,借修史表达自己的政治主张,与其父李舜臣"慨然有志于天下"的思想是一脉相承的。⑤ 此种积极入世的态度,在其《周易》研究中得到了进一步的贯彻。其在《学易编》中曾有一段论述:

后汉向长读损、益二卦,喟然叹曰:"吾今已知富不如贫,贵不如贱,但未知死何如生耳。"愚谓君子生顺死安,未闻以死为贵也。贫贱之人

---

① (宋)李焘:《比较图序》,《李焘学行诗文辑考》,第134页。
② (宋)李心传:《建炎以来朝野杂记》甲集序,第4页。据梁太济先生考证,李氏在玉牒所阅读藏书的时间,至少长达九个月,且很可能转录有复本,为其著述生涯准备阶段的一个关键时期。参见:《〈李心传事迹著作编年〉订补》,《梁太济文集·史事探研卷》,第235—240页。
③ (宋)李心传:《丙子学易编序》,《丙子学易编》卷首,第777页。
④ (宋)李心传:《建炎以来朝野杂记》甲集序,第4页。
⑤ 参见屈宁:《李心传与〈建炎以来系年要录〉的编纂》,《江海学刊》2013年第3期。

固寡怨咎,然得其志而大行于天下,非达而在上者能之乎？长所言非《易》之意矣①。

向长之事出《后汉书·逸民列传》,略谓向氏字子平,河内朝歌人,隐居不仕,性尚中和,通《老子》《周易》。贫无资食,好事者馈之,取足而返其余。有荐之于王莽者,固辞之。东汉初建武年间,男女嫁娶已毕,敕断家事勿相关,如其已死,即纵游名山,不知所终。对向氏因读损、益二卦而得出的"富不如贫""贵不如贱""生不如死"的观点,李氏颇不以为然,并明确表示,《易》之主旨不在于教人甘于贫贱以寡怨咎,而在于鼓励人得志而大行于天下。正是基于此种入世精神,李氏在注《易》时,尽管反对脱离卦爻象而泛论人事,乃至于批评此类现象为"近世以来,以人事言《易》,而乱于穿凿"②,但始终保持着对现实问题的足够关注。如其解《系辞下传》"理财正辞"时即谓:"理者,不相侵乱之意。且以税敛言之,什一者,天下之正理也。什而取二,如鲁之法,则上侵下矣。二十而取一,如貊之道,则下侵上矣。皆非所谓理也。后世兴利之臣,往往借此说以文奸言,故不可以不辨。"③这种因论《易》而及的对税赋的讨论,正是其入世精神的鲜明体现。而此精神与其早年间的史学研究,即有密切联系。

第二,博采诸家的研究方式。李心传史学方面的代表作《建炎以来系年要录》,乃是"以官方史书《高宗日历》构建主体框架,以私修史书《中兴小历》和《中兴遗史》作为完善这一框架的主要依傍,同时参考了大量的官私史书、私家志状、案牍奏报,百司题名等。经过胪采异同,明辨是非,将其融入到本书中,从而形成了本书详审精密而又不芜杂繁冗的鲜明特色"④。其引用材料的数量,聂乐和谓多达866种,虽然统计有些偏多,但仍能看出其广征博引的特色。在其后注释《周易》的过程中,李氏也同样沿用了这种方

---

① (宋)李心传:《丙子学易编》,第787页。
② (宋)李心传:《丙子学易编后序》,《丙子学易编》卷末,第794页。
③ (宋)李心传:《丙子学易编》,第792页。
④ (宋)李心传编,胡坤点校:《建炎以来系年要录》,中华书局,2013年,点校说明第12页。下文引聂氏统计数字见第29页。

式。在《学易编》的序言中,李氏已明确提到引用了王弼、张载、程颐、朱熹、李舜臣、周敦颐、邵雍7家,俞琰《读易举要》又补充了郭雍一家。① 此外今存《学易编》节本中,引用汉唐人有京氏、焦氏、马氏、郑氏、姚氏、孟氏、王肃、虞翻、虞喜、张轨、荀氏、褚氏、陆氏、李贤、郭京等,宋人有张弼、王安石、晁说之、欧阳修、游酢、班邑新、吕祖谦、张行成、李椿、张珍甫等。② 合计引用诸家的数量,至少在30家以上。尽管有相当一部分是从其他书转引而来,但规模仍然很可观。以此推测,《学易编》全本引书想必更多。这种广泛采集资料,以此作为研究基础的做法,也是其史学方法在易学领域的延伸。

第三,辨明材料之主次源流,提倡"褒贬自现"。尽管李心传编纂《建炎以来系年要录》时,采集了大量的资料,但在使用这些资料时,有着明确的主次之分。除了作为主体的《高宗日历》等几种书之外,大部分资料仅引用一次。与之类似,李氏在注《易》时,也是明确以王、张、程、朱四家为主,其余诸家引用虽多,但不过是补充附见。在《学易编》序言中,李氏即明确说到:"是编之作,特取王氏、张子、程子与朱文公四家之传,而间以周子、邵子及先君子之说补之。自唐以上诸儒字义之异者,亦附见焉。"③这些补充附见的材料中,李氏又特别重视汉唐诸家之说,其说多源自《经典释文》《周易举正》《周易集解》等书,也有一部分可能是从晁说之《古周易》转引。这在一定程度上,可能与南宋巴蜀地区治《易》的风气有关,《古周易》等诸书,在蜀地多有刊刻流传。但李氏在治史时"重视直接材料即第一手材料的使用"的态度,④应也有一定影响。很多情况下,李氏在注释《周易》某一文句时,都会胪列多家说法,并辨明诸家同异。例如,其注《系辞上传》"六爻之动,三极之道也"曰:

---

① 周敦颐、邵雍、郭雍三家,今传节本《学易编》似未见,但有引用郭雍之父郭忠孝者。参见金生杨:《宋代巴蜀易学研究》,第190页。
② 张珍甫不知何人,比李心传年纪稍长之南宋人李流谦《澹斋集》,有《送张珍父序》、《寄张珍甫殿院》等诗文,似张为蜀人,或即其人。
③ (宋)李心传:《丙子学易编后序》,《丙子学易编》卷末,第794页。
④ 施建雄、高慧媛:《传统学术中历史研究的方法论价值——李心传史学研究的新视角》,《史学史研究》2020年第2期。

"三极",程子训极为中。陆氏曰:极者,至也。马氏曰:三极,三统也。王肃曰:阴阳、刚柔、仁义也。郑氏、韩氏曰:三才也。《本义》从之。①

此处李氏列出了历代七家对"三极"的解释,除了程朱之外,都是源自《经典释文》,并特别指出了,朱子解"三极"为"三才",乃是沿袭自郑玄、韩康伯。这种穷原竟委的考察方式,显然也是其史学思维的体现。与广泛引录诸家之说形成鲜明对比的是,李氏自注十分有限,其在序文中说"其有得于心思,可助诸先生之说者,十一二也"②,当是实情。今传节本《学易编》中李氏自己的见解不在少数,可能是俞琰刻意抄撮的结果。无独有偶,其在编纂《建炎以来系年要录》时,对重要的史事和人物,也一般不予直接评论,而是将个人见解融汇于史文之中,后人总结其编纂特点为"寓论断于叙事""褒贬自现"③。在编纂《学易编》时,其也延续了此种思路。宋末元初的学者方回将《学易编》简单地归结为抄撮程朱与李舜臣之说而成,乃至于批评李心传易学"尤疏卤"④,并不符合实际,也未看到李氏易学中贯穿的史学方法。

需要指出的是,尽管李心传的史学研究对其易学影响较深,但另一方面,其易学研究也对史学有所反哺,这突出地体现在李氏对道学历史的研究和总结上。在早年间从事史学研究时,李氏即表现出对道学的重视。《建炎以来系年要录》中,已经有"程颢、程颐以道学为天下倡"之类的记载,⑤《建炎以来朝野杂记》且列有《道学兴废》《学党五十九人姓名》等专论道学的篇章。对程朱易学的一些观点,李氏当时可能也已有耳闻。《建炎以来系年要录》记载宋高宗之语曰:"近有进《易说》者,以为《易》非卜筮之书。自古以

---

① (宋)李心传:《丙子学易编》,第789页。
② (宋)李心传:《丙子学易编》,第794页。
③ 屈宁:《李心传与〈建炎以来系年要录〉的编纂》,《江海学刊》2013年第3期。
④ (宋)魏了翁著,方回续:《古今考》卷三二,明万历十二年(1584)王圻刻本,国家图书馆藏(馆藏号01523)。
⑤ (宋)李心传编,胡坤点校:《建炎以来系年要录》卷八,第228页。

《易》筮,《春秋》多载其事。《易》有圣人之道四,卜筮乃其一,岂可以《易》占为非?"①"《易》本卜筮之书"是朱子易学的代表观点之一,李氏特意记录此条高宗论《易》之语,即便不是为了表现对此观点的支持,至少也可以反映出其知道有此学说。但直至其开始易学研究后,李氏可能才开始认真阅读程颐《伊川易传》、朱熹《易本义》等道学家的代表性著作,并由衷地赞叹云:"寥寥千载,有程夫子出,乃始以人事之实理明之。其有功于《易》,则已宏矣……晦庵先生出,又专以圣人立卦生爻之大旨明之。自程朱二子之书成,而四圣人之道始大彰明较著,而无所蔽矣。"②二家之中,又以朱子之说最受李氏推崇,其曾驳斥疑朱子之说者曰:"晦庵书最后出,世之学者往往未究其蕴,而反以象占之说为疑。同志者于此傥有取焉,然后知程朱二传不可相无,而晦庵之为书,其条理愈密,其意味愈长,诚未可以骤窥而轻议也。"③在《学易编》成书三年后的嘉定十二年(1219),李氏还曾拟作注释朱子《易本义》的《本义笺》。④ 尽管不知最后成书与否,但李氏尊崇朱子之意仍灼然可见。其后李氏约在嘉熙三年(1239)撰成记载"百四十年之间道学废兴之故"的《道命录》,⑤对程朱理学备加赞扬,这与其在治《易》时阅读程朱易学著作的经历,也应有一定关联。

四、结　语

总体而言,尽管李焘和李心传都对《周易》进行过研究,但史学家仍是其主要身份,易学在其学术体系中并不占主要地位。但尽管如此,易学与蜀中二李的史学,仍有着密不可分的关系。具体而言,李焘二十余岁即有能力作《巽岩记》,可见其很早就对易学有比较深入的理解。其后虽然在史学方面用力较勤,但至少在绍兴十几年至二十几年间,还有易学论著问世,并没有

---

① (宋)李心传编,胡坤点校:《建炎以来系年要录》卷一六二,第3074页。
② (宋)李心传:《丙子学易编后序》,《丙子学易编》卷末,第795页。
③ (宋)李心传:《丙子学易编序》,《丙子学易编》卷首,第777页。
④ (宋)李心传:《丙子学易编》卷首,《通志堂经解》第2册,第196页。致信之时间原作"嘉定二十年",然嘉定无二十年,当作十二年为是。
⑤ (宋)李心传辑,朱军点校:《道命录》,上海古籍出版社,2016年,序言第1页。

废《易》不讲，因此其易学与史学呈现出交融互通的态势。其对《易传》中所载三皇五帝与后世一些易学家生平的考证，是在易学研究中融入史学。其在论述史事时引《易》为证，则是在史学研究中融入易学。其治《易》强调应物之用，而治史也重视史学的现实关怀。无论是治史还是治《易》，都主张要有自己的心得，不满足于简单的步趋前人。史学与易学研究过程中，都既要将可相互印证的材料合而观之，汇诸说于一，又要将不同来源的材料分而观之，明其歧异。而李心传的治学路径为先史后经，其在史学研究中形成的一系列思想和方法，如以治史经世的立场，广泛搜集资料以建构研究基础的做法，利用资料时主张有主有次，重视早出的材料和一手资料，注重考察资料的源流关系，以及提倡以叙事明褒贬、尽量少加入个人点评的态度，都延续到了其易学研究之中，以史法治《易》的特色更加明显一些。但通过易学研究，李心传对程朱易学有了更加深入的认识，这也对其后来研究道学历史有所助益。二家的研究思路或不尽相同，但对《周易》的关注则是一致的。这在一定程度上反映出理学背景下的宋代易学的巨大影响力，也与宋代史学的义理化倾向有关。宋代义理化史学基于天人一理的观念，将探明"天理"、贯通天人作为历史研究的重要任务。而《周易》作为兼备天地人三才之道的圣人之书，自然会引起史学家的兴趣。蜀中二李的治史而兼治易，也代表了宋代易学与史学关系的另一种形式。

"宋人选宋诗"中的理学与诗学

——从《南岳倡酬集》到《濂洛风雅》

李旭阳

(中国社会科学院文学研究所)

内容摘要:"宋人选宋诗",即宋人编选宋代诗歌所形成的诗集文本。作为宋代重要的哲学思想,理学对"宋人选宋诗"产生直接影响,而这些宋代流传的诗集,从一个侧面为宋代理学思想保留了原初文本。理学强调"道"与"诗"之争,一些宋代诗集的编纂标准便受到这样的影响。此外,作为诗人的理学家在交游唱酬的活动与理学思想的规束间存在着矛盾,这在朱熹、张栻、林用中三人的《南岳倡酬集》中尤其得以呈现。而在宋末元初,一部专收理学家的诗集《濂洛风雅》被浙人金履祥编辑完成,它是理学与"宋人选宋诗"最为直接的关联,并彻底区分了"道学之诗"与"诗人之诗"。理学与诗学的碰撞,在宋代思想与宋韵文化发展中呈现一种奇妙的张力,理学的一个侧面亦在诗集中得以展开。

关键词:理学;诗学;宋人选宋诗;宋韵

就宋代思想史而言,新的儒学思想有了深入发展,尤其是南宋之后,理学占据了主导地位。而在"宋人选宋诗"中,我们亦能直观地感受到理学所带来的影响。发生在同一时代、同一时期的思想史与文学史,必然相互影响。虽然从不同的研究视角会关注到不同的研究内容,但每一个事件的发生都不是孤立于某一视角之下的,它必然带有其时代中方方面面的影响。这种影响或许我们能够从几个角度来认识。首先是理学对诗学的认识,包括"道"与"诗"之争,以及在理学思想下诗集编选标准亦受到影响。此外,理学的倡导者几乎均为士大夫阶层,诗歌创作事实上是他们日常生活的一部分,包括交往、交游过程中,难免需要诗歌唱和,那么作为诗歌创作者的理学家是如何认识诗与道的矛盾呢,他们是否认同自身的诗人身份？而在宋末元初,一部专收理学家的诗集《濂洛风雅》被编辑完成,这样一部理学家诗选,是理学与"宋人选宋诗"最为直接的关联,而它与其他"宋人选宋诗"的差异,亦值得探讨。

一、宋代理学的发展与对诗学的影响

如果从思想史的角度出发,我们大概也能寻出一种"一代有一代之思想"的模式,当然正如文学史不能简单地被几个范畴代表一样,思想史的发展也不是只遵循了唯一的逻辑。不过就宋代而言,理学是占据了主导地位的。

当然,理学自身也经历了一个漫长的发展过程。北宋的思想家,是不知道"理学"这一概念的。一般而言,理学是"道学",它关注的核心问题是"道统""义理""心性"以及相关问题。它继承了儒家的核心思想,同时融入了佛家与道家的思想架构,构建了一个缜密的思想体系。与玄学一样,它是一种思想的结合。贺昌群先生在论及从魏晋玄学至宋明理学的发展时曾概括到:"有不世之天才王弼出,始树立清谈之宗风,开玄学本体论之端绪,合儒道之第一义而为形上之学,降及六朝,与佛教之般若相结合,隋唐时代复为禅宗所攀连,至宋儒遂集此数者之大成而归结于经典之解释,此即宋明时代之理学。"[1]由此可见从玄学到理学的关联,亦可见理学对于佛学的吸收。理学流派纷繁复杂,北宋理学有五子及其学说:周敦颐的濂学、邵雍的象数学、张载的关学、程颐程颢的洛学,此外如司马光的朔学等思想学说亦被归入理学范畴之内。而南宋之后,则有胡安国、胡宏、张栻的湖湘学派,朱熹的闽学,陆九渊的心学,吕祖谦的婺学,叶适的永嘉学派等理学流派。至理宗朝,程朱理学被确立为官学,这其中真德秀、魏了翁起了

---

[1] 贺昌群:《魏晋清谈思想初论》,商务印书馆,2011年,第49页。

重要作用。

理学对文学,尤其是诗学有着重要影响,这主要基于理学的"心性论"问题。宋代理学的心性论所要解决的问题是性与情的问题,而诗无疑是情的一种表达。张载从气性论哲学出发,认为心统性情,天地之性源于太虚之气;程颢提出了心即天的命题,程颐则提出性即理的命题;朱熹认为心之本体即是性,心之作用便是情,性和情是体用关系。这种对心性的讨论,是借鉴了佛学思想的,同时论证了汉儒"天人合一"的思想根基。在这一过程中,理学家们普遍强调了"道"的重要性。自汉末古诗十九首之后,人们对诗歌的认识发生了较大的转变。尤其是在陆机"诗缘情而绮靡"的"缘情说"之后,诗歌的创作突出了情感的表达。理学强调对自身情感的抑制,而诗歌恰恰是情感的抒发。而理学与诗学的矛盾,则主要体现在"道"与"诗"的关系上。程颐有"作文害道"之论,他对作诗持有极大的抵制思想,说"古人诗云:'吟成五个字,用破一生心。'又谓'可惜一生心,用在五字上'"①。可见程颐对诗歌的反对态度,尤其是对以九僧晚唐体为代表的苦吟之风格的反对。程颐又说:"某素不作诗,亦非是禁止不作,但不欲为此闲言语。"②他认为作诗害道,这体现了理学与诗学之间的矛盾。而程颢借用孔子对于《诗经》的肯定,提出诗兴说:"夫子言兴于诗,观其言诗兴起人善心,汪洋浩大皆是此意"③,"兴于诗者,吟咏情性,涵畅道德之中而歆动之"④。这种观念直至南宋真德秀那里发展成为"以诗人比兴之体,发圣门理义之秘"⑤。他认为《诗经》"讽咏之间,悠然得其性情之正,即所谓义理也"⑥。理学中的心性借由诗所表达。在不同的理学家那里,他们对于诗歌的接受是不同的。同时,理学对诗学的影响也超出了理学家的范畴,而对整个宋代的诗歌创作都产生了影响。"宋代是一个人文色彩极其浓厚的时代,以学问为诗是宋人诗

---

① (宋)程颢、程颐:《二程集》,王孝鱼点校,第239页。
② (宋)程颢、程颐:《二程集》,王孝鱼点校,第239页。
③ (宋)程颢、程颐:《二程集》,王孝鱼点校,第41页。
④ (宋)程颢、程颐:《二程集》,王孝鱼点校,第366页。
⑤ (宋)真德秀:《西山文集》卷二七,四部丛刊景明正德刊本。
⑥ (宋)真德秀:《西山文集》卷二七,四部丛刊景明正德刊本。

歌创作的普遍倾向,由于时代不同等因素的影响,自然意象淡化、人文意象增强是宋诗的一个显着特征。"[1]这未尝不透露着理学对诗歌创作的影响。不仅是理学家所创作诗歌、所编诗集深受理学思想影响,宋诗重义理、重议论的特质,亦是受理学影响,尤其是江西诗派的诗风,也能看到理学的踪影。

作为江西诗派代表性的人物,黄庭坚的诗学思想与理学家的理学思想存在着许多相似之处,关于此马积高先生《江西诗派与理学》中多有探讨。[2]而江西诗派中,如吕本中、曾几等人,本身便是理学家。其中吕本中的"活法"诗论,体现了理学与诗学的融合:

> 学诗当识活法。所谓活法者,规矩备具,而能出于规矩之外;变化不测,而亦不背于规矩也。是道也,盖有定法而无定法,无定法而有定法,知是者,则可与语活法矣。谢元晖有言好诗流转圆美如弹丸,此真活法也。近世惟豫章黄公,首变前作之弊,而后学者知所趋向,毕精尽如,左规右矩,庶几至于变化不测。[3]

"活法"之论,体现了理学的心性之学,吕本中强调养气是活法的根本。这带来了江西诗派诗风的巩固,自吕本中后,曾几等人亦发扬了此种理论。这种思想对后来的江西诗派影响极大,至赵蕃时有诗云:

> 学诗如学道,先须养其气。植苗无它术,务在除荒秽。滔滔江汉流,源从滥觞至。要作千里行,无为半涂滞。

其透露着典型的理学之气与江西之风。当然理学对江西诗派而言是一个不断融合、促进的关系。自南宋之后,理学家对诗学多有批评,对江西诗

---

[1] 郑永晓:《南宋诗坛四大家与江西诗派之关系》,《南都学坛》2005年第1期,第81页。
[2] 马积高:《江西诗派与理学》,《文学遗产》1987年第2期,第67—68页。
[3] (元)马端临:《文献通考》卷二四五,上海师范大学古籍研究所、华东师范大学古籍研究所点校,中华书局,2011年,第6613页。

派亦不例外,而江西诗派的诗人亦能在这种批评中不断吸收,从而修正自身的诗风。不过,伴随着理学愈发成为南宋官学,江西诗派却似乎丢掉了它诗坛的统领地位。这种背道而驰的改变或许能从陆游的诗论上略见一二。郭绍虞先生《中国文学批评史》中,论述到陆游时曾提及:"他即循着江西派的理论做去,而再合以道学家的思想而已。江西诗人之论诗,没有不重在自得,也没有不重在自然的。自得与自然,本是江西诗人与道学家论诗之共同之点。而他则循此做去,于是别创诗格,转与江西作风不相类似了。"①"自得"与"自然",在这里发生了不同的理解。无论是师承还是诗论上,陆游都与江西派关系密切。不过在自身的经历中,陆游对诗论的理解更加偏向道学。

理学对南宋后期诗学的影响一直有所持续,这种影响超越了诗派与诗风,也体现了理学家在诗歌创作中的倾向,比如后期在理学中有所建树的叶适,便是专注于晚唐体。而理学与江湖诗派,亦多有关联。

理学对诗学的影响,就"宋人选宋诗"而言,还有很重要的一点,便在于理学家的诗文选本问题。一般而言,理学家编辑的诗歌选本注重选古诗,如真德秀所选之诗要符合《诗经》的特点,其编选的《文章正宗》代表了理学家选录诗文的特色。此外,理学家选文重于选诗,这也与理学思想中的道统观念有关。比如吕祖谦编的《古文关键》,其选文标准便是文之溯源,他们更注重文章的源流与"道统"的合法性。就专门的诗歌选本而言,我们关注到的一部由理学家所编纂的诗集是吕祖谦所编的《丽泽集》,或名《丽泽集诗》。此集现存宋刻本,为汪士锺旧藏,后入瞿氏铁琴铜剑楼,现藏于国家图书馆。其中第十六卷至三十五卷选宋人诗,分为九体,四言古诗一卷,乐府歌行附杂言二卷,五言古诗六卷,七言古诗一卷,五言律诗二卷,七言律诗三卷,五言绝句一卷,七言绝句三卷,杂体诗一卷。该书最早的著录见于明杨士奇的《文渊阁书目》。汪士锺《艺芸书舍宋元本书目》亦有著录。瞿镛《铁琴铜剑楼藏书目录》则著录曰:"《丽泽集诗》,三十五卷,宋刊本。不著编辑姓氏,

---

① 郭绍虞:《中国文学批评史》,商务印书馆,2010年,第60页。

亦无序跋。方虚谷谓吕成公所纂,盖因成公有《丽泽集说》也。"①该书无序跋,亦不著编者。对于《丽泽诗选》编者,历来有托吕祖谦之名的说法。方回《跋刘光诗》曰:"回最爱《丽泽诗选》,或云东莱吕成公所选也。"②宋叶适《习学记言序目》卷四十七云:"吕氏有《家塾读诗记》《丽泽集诗》行于世,本朝诗与今篇目不同无几,乃其素所诠次云尔。"③故而,《丽泽集诗》应为吕祖谦所编,而非托名。该诗集并不像同为吕祖谦所编《宋文鉴》或《古文关键》那样有述评,追源流,而更多是一种诗歌集合。不过据李升《南宋理学家编纂诗文选本研究》,南宋理学家多从事书院的教学,所编选本初衷也是应教学所需。由此观之,以书院命名的《丽泽集诗》,倒可能更像是教材选本。由此也决定了理学家所编选诗集不似文学家所编选诗集更多从文艺风格角度出发。在这个意义上,理学也为"宋人选宋诗"的考察提供了一种编选层面上的视角。

理学家编选"宋人选宋诗",另外还有一部比较重要的是题为朱熹编的《南岳倡酬集》,这部选集有真伪之辩,不过其所选之诗倒确实存在,关于此次的南岳酬唱之事,亦所记甚详,朱熹是理学的集大成者,而从这部诗集出发,我们也能从一个个案出发,考察理学对于理学家自身的诗歌创作与诗集编选起到怎样的影响。

二、南岳酬唱中的理学家形象

《南岳倡酬集》,旧题朱熹、张栻、林用中同撰,集朱熹、张栻、林用中三人乾道中偕游南岳衡山的唱酬诗作,张栻、朱熹为序。该集《四库全书》有收录,现存其他版本有明弘治刻本,今藏于中国国家图书馆。此外有抄本两部,一部存于南京图书馆,为丁丙旧藏,一部藏于日本静嘉堂文库,是陆心源皕宋楼旧藏。今存本并非宋时所辑,束景南先生早于20世纪90年代就曾在《朱熹南岳唱酬诗考》一文中提出该集为林用中后人据家藏散乱残缺稿本

---

① (清)瞿镛:《铁琴铜剑楼藏书目录》卷二三,清光绪常熟瞿氏家塾刻本。
② (元)方回:《桐江集》卷四,清宛委别藏本。
③ (宋)叶适:《习学记言》卷四七,清文渊阁四库全书本。

窜伪而成,盖或已为元时。祝尚书先生继其《〈南岳倡酬集〉天顺本质疑》后,在新版《宋人总集叙录》对此又详加考证,其结论转述如下:

> 要之,南岳倡酬其事不虚,诗亦多存,然而传世之《南岳倡酬集》,却绝非当日三人游山结束时"衷而录之"的原本,故舛误殊甚。舛误原因,除林果所用旧谱有残缺外,余盖由于邓淮重辑、编纂时粗疏轻率所致。是书因原始编者不可考,而后代流传之本乃明人林、邓二氏从家谱、文集中重辑,总体情况似可这样表述:林用中诗及附录,林果辑;朱熹、张栻诗,邓淮辑,而总其成者乃邓淮。①

按照祝尚书先生的考据,南京图书馆所藏版本,真正的编纂情况是林用中后人林果以家传家谱,重辑林用中诗,并集朱熹《答林择之》等附录。后邓淮辑朱熹、张栻二人诗为一集,与林果所辑合二为一,成为今之所见版本。关于辑诗一事,邓淮序曰:

> 朱晦庵、张南轩二先生,其著书传道,皆天下后世之所尊信者,南岳之游,不过一时之寄兴耳,初亦何关于世哉!然南轩《唱酬叙》云:自甲戌至庚辰,凡七日,倒囊得诗百四十有九篇。晦庵《游山后记》云:自丙辰至己未凡四日,尽录赠答诸诗于篇。夫以二先生之游如此其久也,唱酬赠答如此其多也,而衡之志未载,衡之人士未闻,岂非一阙典哉!今二先生之诗之文殆与南山争雄,山川草木光彩犹存,而可使吾衡终于不闻哉?
> 余生也后,幸读二先生之书,又幸宦游二先生所经游之地,仰止高山,愿为执鞭,邈不可得。乃者考绩赴京,舟居无事,始得旁搜二先生之文集,摘其所谓酬唱赠答诸作,共成一帙,以无忘其初,以备衡之故实,使吾衡人诵其诗、读其文,如见二先生焉,亦千古之一快也。唯同游林

---

① 祝尚书:《宋人总集叙录(增订本)》,中华书局,2019年,第114页。

先生用中之诗,则皆二籍之所不载,今不可考矣。若其游时大雪纷集,二先生决策登山,雪为之霁,其事具载集中。吾既为堂于岳庙之前,妄为之记,以诏来世。后之游者登斯堂也,睹斯集也,南山殆亦若增而高也。①

由此可知,邓淮辑二人之诗是在经南岳之时,感二人之德,又"舟居无事",故此重辑二人之诗。而林用中之诗,则用了林果所辑的本子。如此,今存《南岳倡酬集》,并非朱熹等人当年所辑,而是明人的选本了。不过酬唱之事为真,所存之诗虽有出入,但亦为真。邓淮在序中也说明他知道三人南岳酬唱之事,则可知此事为一典故,而非杜撰。并且,更为重要的是,在三人同游南岳之后,确实曾辑有一部三人诗歌酬唱的集子,只是这个本子后来是否刊刻,是存疑的。那么在这个意义上,今存本虽非宋时原本,而是明代重辑本,但亦可推出宋时所编选《南岳酬唱》之貌,并且,今存本中保留了朱熹等人的序,使得我们能够了解当日之情景,并在所存诗歌中窥得宋时理学家畅游之形象与心态。同时,通过酬唱之时所编选本子的命运,我们或许亦能看到理学家对于诗歌创作与诗集编选的矛盾心理与复杂态度。

张栻序中记载了他们酬唱之后,曾将三人之诗"裒而录之":

> 盖自甲戌至庚辰,凡七日,经行上下数百里,风物之美,不可殚叙。间亦发于吟咏,更迭倡酬,倒囊得百四十有九篇,虽一时之作,不能尽工,然亦可以见耳目所历,与夫寄兴所托,异日或有考焉。乃裒而录之。②

由此可见,当时是存在一部三人酬唱合集的。朱熹《〈东归乱稿〉序》中,亦详尽记录了此次酬唱:

---

① (宋)朱熹等:《南岳倡酬集》,卷首《邓淮序》,清抄本。
② (宋)朱熹等:《南岳倡酬集》,卷首《张栻序》,清抄本。

始,予与择之陪敬夫为南山之游,穷幽选胜,相与咏而赋之。四五日间,得凡百四十余首。既而自咎曰:"此亦足以为荒矣。"则又推数引义,更相箴戒者久之。其事见于《倡酬》前后序篇亦已详矣。

　　自与敬夫别,遂偕伯崇、择之东来。道涂次舍、舆马杖屦之间,专以讲论问辨为事,盖已不暇于为诗。而间隙之时,感事触物,又有不能无言者,则亦未免以诗发之。盖自楂州历宜春,泛清江,泊豫章,涉饶、信之境,缭绕数千百里,首尾二十八日,然后至于崇安。始尽胠其橐,掇拾乱稿,纔得二百余篇。取而读之,虽不能当义理、中音节,然视其间,则交规自警之词愈为多焉。斯亦吾人所欲朝夕见而不忘者,以故不复毁弃,姑序而存之,以见吾党直谅多闻之益,不以游谈燕乐而废。至其时或发于一偏,不能一出于正者,亦皆存而不削,庶乎后日观之,有以惕然自省而思所以改焉。

　　是则此稿之存,亦未可以为无益而略之也。若夫江山景物之奇,阴晴朝暮之变,幽深杰异,千状万态,则虽所谓二百篇犹有所不能形容其髣髴,此固不得而记云。[①]

　　不过,虽然三人都对此次悠游酬唱颇感惬意,对所做酬唱之诗亦颇为自得,并曾裒而录之,但却并未对其进行进一步的修订与刊刻出版,而是任其诗稿没落。或许这与他们理学家的身份颇有关系。正如第一节所论述的那样,宋代理学家对于诗歌创作是一种矛盾的心态。总体而言,理学家对诗歌创作持有否定观念,认为诗歌过于放任情感,远离"道"。而诗歌创作亦过于消磨心性,有"玩物丧志"之内在含义。参与此次酬唱的三位理学家,都是理学大家,自然有此顾虑。但三人同游南岳,以诗唱和,又自得其乐,这却是三人身为文人的唱酬之乐。故此,在这里,凸显了三人理学家与文人两个身份的对立,呈现了理学家游于山水之间却又禁锢于道德观念之中的矛盾形象。如朱熹一方面感慨"自癸未至丙戌凡四日,自岳宫至楂州凡百有八十里,其

[①] (宋)朱熹:《晦庵先生朱文公文集》卷七五,四部丛刊景明嘉靖本。

间山川野林,风烟景物,视向所见,无非诗者",一方面又自省乃至懊恼曰:"优游平中,而其流几至于丧志。"①这种矛盾的心态可见一斑。

在此次酬唱中,更是因出于自警自省而就作诗一事立定约束,并在约束与打破约束间反复:

> 然念夫别日之迫,而前日所讲,盖有既开其端而未竟者,方且相与思绎讲论,以毕其说,则其于诗固有所未暇者焉。丙戌之暮,熹谂于众曰:"诗之作,本非有不善也,而吾人之所以深惩而痛绝之者,惧其流而生患耳,初亦岂有咎于诗哉!然今远别之期,近在朝夕,非言则无以写难喻之怀。然则前日矫枉过甚之约,今亦可以罢矣。"皆应曰"诺"。既而敬夫以诗赠吾三人,亦各得答,赋以见意。熹又进而言曰:"前日之约已过矣,然其戒惧警省之意,则不可忘也。何则?诗本言志,则宜其宣畅湮郁,优游平中,而其流几至于丧志。群居有辅仁之益,则宜其义精理得,动中伦虑,而犹或不免于流;况乎离群索居之后,事物之变无穷,几微之间,毫忽之际,其可以荧惑耳目、感移心志者,又将何以御之哉?故前日戒惧警省之意,虽亦小过,然亦当所过也。由是扩充之,庶几乎其寡过矣。"敬夫、择之曰:"子之言善,其遂书之,以诏毋怠。"②

张栻亦记录了此事:

> 方己卯之夕,中夜凛然,拨残火相对,念吾三人是数日间,亦荒于诗矣。大抵事无大小美恶,流而不返,皆足以丧志。于是始定约束,异日当止。盖是后事虽有可歌者,亦不复见于诗矣。嗟呼!览是编者,其亦以吾三人自儆乎哉!③

---

① (宋)朱熹等:《南岳倡酬集》,卷首《朱熹序》,清抄本。
② 同上注。
③ (宋)朱熹等:《南岳倡酬集》,卷首《张栻序》,清抄本。

可见张栻亦感叹此事。并且对于张栻而言,虽沉浸于诗作之美,但更为警醒于"流而不返,皆足以丧志",这种复杂的理学家形象,在诗集中得以保留下来。

当然,理学家作诗总会带有说理的意味,虽然这是宋诗中的普遍现象,不过作为理学家,其诗歌作品所体现的更为明显。这一点在《南岳倡酬集》中同样得以呈现。诸多理学范畴蕴含在山水诗间,在此不再展开。

虽然今存本《南岳倡酬集》已不是当年张栻衰而录之的本子,但其保留的沉迷于诗歌酬唱中的理学家的形象是完整的。这也是"宋人选宋诗"中难得的一种对诗歌创作者心态与矛盾形象的呈现。

三、第一部理学家诗集《濂洛风雅》的编选

如果说《南岳倡酬集》更偏向文人酬和,那么"宋人选宋诗"中的理学,还直接体现在一部专选理学家诗歌的诗集,即金履祥所编的《濂洛风雅》。金履祥(1232—1303),字吉父,世称仁山先生,婺州兰溪(今浙江兰溪)人。该集编时已经入元,但金履祥隐居不仕,是为宋遗民。在这个意义上,亦可视为"宋人选宋诗"。《仁山先生年谱》中说"先生宋之遗民也,自德祐之难,遂高举不屈,而前编之叙,乱稿之题,箕操之广,泫然有余悲焉。斯其心可与汩汩汶汶者道哉?顾其名独以著述显,而敦行明谊之节,犹若有未白者。余是以谱而表之,俾世之学儒学者监焉。"①而就地域而言,此集亦可视为浙人所编理学家诗集,体现了浙江理学面貌的一种侧面。此书之编选,唐良瑞《〈濂洛风雅〉序》述之曰:

> 仁山金子吉翁馆我齐芳书舍,暇日相与纵言,至于诗,因见其所编萃有曰《濂洛风雅》者。……但风雅有正有变,有小有大,虽颂亦有周、鲁之异体,则今日风雅之编不可不以类分也。于是断取诗、铭、箴、诫、赞、诔四言者为风雅之正体,其楚辞、歌、操、乐府、韵语则风雅之变体,

---

① (明)徐袍:《宋仁山金先生年谱》卷首,清光绪十三年补刻本。

其五七言古风则风雅之再变,其绝句、律诗则又风雅之三变也。……因以私淑子姓,而朋友间见之,亦皆欲得之,因锓诸梓,与同志共焉。①

金履祥是理学家,故选诗以理学的观念为标准。潘府《〈弘治刊濂洛风雅〉序》评之曰:

诗冲和纯正,固皆道德英华之发见,而一编之中,师友渊源之统纪,正变大小之体例,又见金、唐二君子类萃之精,有非浅儒俗学所能到,真近古之遗音也。追视风雅之盛,其庶几乎。②

而《濂洛风雅》的主要意义在于阐明义理,裨益风化,并且划分了"道学之诗"与"诗人之诗"。《四库全书总目提要》云:

昔朱子欲分古诗为两编而不果。朱子于诗学颇邃,殆深知文质之正变,裁取为难。自真德秀《文章正宗》出,始别为谈理之诗。然其时助成其稿者为刘克庄,德秀特因而删润之,故所黜者或稍过,而所录者尚未离乎诗。自履祥是编出,而道学之诗与诗人之诗,千秋楚越矣。③

自此之后,道学之诗与诗人之诗"千秋楚越",界限分明,再不可逾越。这似乎是宋代理学家一直尝试的一件事情,直至金履祥这里得以完成。"夫邵子以诗为寄,非以诗立制。履祥乃执为定法,选《濂洛风雅》一编,欲挽千古诗人归此一辙,所谓华之学王,皆在形骸之外,去之愈远。"④

更进一步的,虽然《濂洛风雅》区分了道学之诗与诗人之诗,但是并不是所有的宋代理学诗人都能入选《濂洛风雅》。金履祥有着强烈的宗派意识,

---

① (宋)金履祥:《濂洛风雅》卷首《唐良瑞序》,商务印书馆,1939年,第1页。
② (宋)金履祥:《濂洛风雅》卷首《潘府序》,弘治刊《濂洛风雅》朝鲜活字本。
③ (清)永瑢等:《四库全书总目》卷一九一,中华书局,1965年,第1737页。
④ (清)永瑢等:《四库全书总目》卷一六五,中华书局,1965年,第1419页。

在编选《濂洛风雅》的过程中,金履祥"以师友渊源为统纪",这是《濂洛风雅》的突出特点。这一点上,倒是有释家的《江湖风月集》专收本派诗僧之诗,有相似之处。王崇炳在序中说:

> 吾婺之学,宗文公,祖二程,濂溪则其所出也,以龟山为程门嫡嗣相传,而吕、谢、尹则支,以勉斋为嫡嗣,而西山、北溪、挥堂则支,由黄而何而王,则世嫡相传,直接濂洛程门之诗以共祖收,朱门之诗以同宗收。非是族也,则皆不录,恐乱宗也。①

由此亦可见,《濂洛风雅》并非以诗歌成就或诗歌风格为编选标准,那么它的诗歌水平,则或许与其所谓之"风雅"有所偏差。当然,如果我们从理学的角度来解读风雅的话,会有不同见解。"所谓'风雅'理学诗观,是取'风雅'的教化之体,行理学的教化之用。"②金履祥自称得朱熹嫡传,以"濂洛"之诗作为风雅正统。唐良瑞在序中对此的评论"窃以为今之诗,非风雅之本,而濂洛渊源诸公之诗,则固风雅之遗也"③中,亦突出了"濂洛诸公"对于古之"风雅"的继承。在此意义上,所谓风雅,直接取了毛诗之风雅,有教化之意。而"可于风雅中见濂洛,可于自心中见周程"④,更直接点明了以诗保存并呈现圣人教化之意。故此,在入选《濂洛风雅》的理学家中,其作品的选择上,也并不是所有的诗作都能得以保留。重说理之诗而轻情感之诗,是《濂洛风雅》在诗作选取上一个普遍的现象。而在诗体上,所选之诗亦以古体诗居多。

总体而言,金履祥以濂洛为诗派正宗,以风雅为标准,难免有些走向极端。《濂洛风雅》的编辑表现了金履祥欲以理学之诗取代诗人之诗。其所选之诗而与朱熹等人的《南岳倡酬集》中的诗相比,则更为严肃,诗学色彩也更

---

① (宋)金履祥:《濂洛风雅》,卷首《王崇炳序》,商务印书馆,1939年,第1页。
② 高云萍:《〈濂洛风雅〉与理学诗观》,《江西社会科学》2008年第6期,第134页。
③ (宋)金履祥:《濂洛风雅》,卷首《唐良瑞序》,商务印书馆,1939年,第1页。
④ (宋)金履祥:《濂洛风雅》,卷首《王崇炳序》,商务印书馆,1939年,第1页。

少了。《濂洛风雅》成为"宋人选宋诗"中理学发展的极致之体现。但是从另一个方面而言,这部诗集较为完整全面的保存了濂洛一宗的理学家的诗歌创作,亦体现了其理学思想与理学发展,或可视为一种保存于诗集中的理学史。

从前述几部宋人编纂的宋诗集出发,理学的一个侧面得以展开,而理学与诗学的碰撞,在宋代思想与宋韵文化发展中呈现一种奇妙的张力。尤其是浙人金履祥所编《濂洛风雅》,更体现了宋代浙江理学思想的发展。而这些宋代流传的诗集,或许亦为今人探讨宋代理学思想留下了一些原初和宝贵的文本,有进一步探讨的空间。

唐宋文学"不迁"接受史与苏轼《前赤壁赋》药病对治新论[*]

杨本华

（安徽大学哲学学院）

内容摘要：自古至今，苏轼《前赤壁赋》旨趣之谜争议颇多，这实则与僧肇《物不迁论》争议密切相关。通过爬梳唐宋文学作品对《物不迁论》"不迁"意象的接受与运用历史，重新审视自唐代成玄英以"不迁"注《庄》，到宋代朱熹基于辟斥佛老立场而将苏轼《前赤壁赋》与僧肇《物不迁论》文义统一归为老庄"动中有静"思想，再到晚明"物不迁大论战"，这些都影响了后世对《物不迁论》《前赤壁赋》的理解与解释。苏轼《前赤壁赋》是以药病对治的方式阐发了大乘般若空宗思想，此赋以"水月法药"譬喻"不变"来破斥恐惧"迁变"的舟客之病，但旨在双遣"变"与"不变"，既不落舟客恐惧迁流之病，亦不以水月譬喻长生之药为指归，后者仅仅是方便对机舟客病症的法药，舟客病去，而"法药"当弃，于此药病对治、无羡无厌，"寄心于动静之际"，才是旨趣所在。

关键词：苏轼；《前赤壁赋》；《物不迁论》；药病对治；唐宋文学

自古以来，关于苏轼《前赤壁赋》文义便众说纷纭，朱靖华先生曾云："至于它的题旨，自北宋以来却评说差谬、议论纷然，往往令人真伪莫辨、茫然若失。"[①]学者相关研究颇多，多肯定此赋的儒佛道思想内容，限于篇幅，

---

[*] 本文为国家社会科学基金重大项目"儒佛道三教关系视域下中国特色佛教文化的传承与发展研究"（18ZDA233）阶段性成果。

[①] 朱靖华：《苏轼新论》，齐鲁书社，1983年，第97页。

兹不赘述,仅就其中一条特别的线索,即宋代著名大儒朱熹对苏轼此赋的关键判定来展开。朱熹较早地提出苏轼《前赤壁赋》文义与僧肇《物不迁论》一致,都是源自老庄"动中有静"思想。① 自此后苏轼此赋与僧肇《物不迁论》间的联系在学界也莫衷一是,解读丰富。②

苏轼《前赤壁赋》化用了僧肇《物不迁论》文句,将两者思想联系是一种解读路径,但巧妙的是,不仅苏轼此赋在历史上的解读难以统一,僧肇《物不迁论》更是因为朱熹将《物不迁论》与《前赤壁赋》文义等同老庄,从而直接造成了明末由镇澄借此观点而引发了当时思想界的"物不迁大论战",《物不迁论》是否符合大乘空义抑或如来藏思想本身成为一件争议至今的问题。正是在这样异常复杂交织的历史叙说下,本文试图从《物不迁论》在唐宋文学的接受史视域下考量苏轼《前赤壁赋》创作与这一接受史的联系,由此重新审视苏轼《前赤壁赋》思想。

一、不迁接受史与隐晦的空义

苏轼《前赤壁赋》化用《物不迁论》并非偶然,既有着儒佛交涉的个人人际交往因素,更有着《物不迁论》在唐宋文学诗赋创作中由来已久的历史。从僧肇《物不迁论》以不迁而破迁流从而双遣迁与不迁的般若实相不迁以来,其中梵志出家"非昔人"与"四不迁"譬喻颇受后世文人喜爱,在唐代时便有柳宗元、郑熏等化用而作诗歌创作,在宋代更成为诗赋文学创作的流行内容,这构成了苏轼《前赤壁赋》化用《物不迁论》的唐宋文学对此论的接受史。

但由于宋代大儒朱熹基于辟佛思想而破斥《肇论》同时殃及《前赤壁赋》,从唐代成玄英以《物不迁论》思想注《庄》,到朱熹提出《肇论》与《前赤

---

① (宋)黎靖德编:《朱子语类》,王星贤点校,中华书局,1986年,第3115页。
② 如武道房:《苏轼〈前赤壁赋〉与僧肇的"物不迁"义》,《文学评论丛刊》2011年第2期;贾峰:《"水月之喻"与"物不迁论"——谈苏轼〈赤壁赋〉的禅佛思想》,《语文建设》2015年第7期;王水照、崔铭:《苏轼传》,天津人民出版社,2013年,第211—216页;刘驰:《〈赤壁赋〉思想考辨新得——兼论中国古代文学文本解读的科学方法》,《文学评论》2019年第4期;徐晓峰:《前后〈赤壁赋〉优劣之争与苏轼思想的再认识》,《北京大学学报》2019年第2期。

壁赋》皆剽窃老庄"动中有静"而来,不仅造成了后世对《前赤壁赋》产生"动中有静"等相对运动的理解,更是直接导致了明代思想世界对《物不迁论》的大论战,《物不迁论》是否符合大乘空义的合法性遭到质疑,这些复杂的历史交织,使得两文大乘空义思想晦暗不明。

(一) 滥觞所出与唐诗化用

隋唐时期是佛教发展的高峰时期,[①]此时佛教中《肇论》的流行自然不仅囿于教内,而是广泛地流传到了儒释道的文学创作之中,在唐宋时代有很大影响力[②],僧肇《肇论》中"非昔人""四不迁"意象也逐渐进入到唐宋诗赋的文学创作之中。

这其中,梁武帝之子萧统组织编写《文选》有着开创性的功绩,此书在唐代由李善等人作注,其中大量加入了《肇论》文论内容,笔者不完全统计至少有23处,这使得在这一重要的文学作品广泛流传过程中,也带动了《肇论》的流传,使得《肇论》进入了隋唐文学创作领域。

此时佛教中《肇论》的流行随着佛教的兴盛而广泛地流传到了儒释道的文学创作之中,其中,唐宋八大家之柳宗元有《戏题石门长老东轩》诗云:

> 石门长老身如梦,旃檀成林手所种。坐来念念非昔人,万遍莲花为谁用。如今七十自忘机,贪爱都忘筋力微。莫向东轩春野望,花开日出雉皆飞。[③]

柳子厚此诗是基于《物不迁论》而阐发石门长老念佛之功效受益何人之问,因《物不迁论》中僧肇曾举例梵志出家白首而归的故事来言说性各住于一世,故论中云"吾犹昔人,非昔人也"(《肇论·物不迁论》)。柳宗元借此

[①] 洪修平:《儒佛道三教关系与隋唐佛教宗派》,《佛教文化研究》2015年第1期,第3—23页。

[②] [日]鎌田茂雄:《中国华严思想史の研究》,东京大学出版会,1965年,第335—358页。

[③] (唐)柳宗元:《柳宗元集校注》,尹占华等校注,中华书局,2013年,第3000页。

句而在诗中谓石门长老身如幻梦,行将老朽,如同梵志出家一般,昔人在昔,而今人在今,今昔不相往来,"念念非昔人"一句正是化用《物不迁论》,已有前人提及,如"子厚正用此事,而注者不知引"①。

柳子厚此问石门长老万遍莲花念佛到底为谁效用?实则触及了《物不迁论》一个非常重要的问题,后人也因此诟病此论,如晚明五台山狮子窟空印镇澄法师曾谓"愚谓若昔因不灭不化者,则众生永无成佛之理,修因永无得果之期"②,便有此意。今昔各住,昔日之因如何成就今果,在此时也成了柳子厚戏论石门长老的根据。然空印之批评与僧肇之义有别,僧肇继中观学传统,表达的是因果非有非无的性空之理,故如《百论》破因中有果、破因中无果中所说,因中有果与无果都有问题,而此时谓念佛之因果在何处,自然与中观因果思想相左。柳子厚此诗却并未追究此论问题,反而在诗中笔锋转为石门长老年事已高,贪爱诸习都已经渐渐消去,提醒其莫向东轩远眺,因春天野外,一片动植生机,难免再起贪爱。此诗以《物不迁论》调侃石门长老一生万遍莲花念佛而错过眼前美丽风景,曾经手植旃檀都已葱郁成林,七十余年弹指一挥,辜负了春光一片。

再如唐代九华山处士巩畴,其有独特"四书":《易》《老》《净》《肇》,巩畴此四书前二为三玄之一,魏晋以来便颇受士人喜爱,而《净名经》作为佛教经典也因其中维摩诘居士之在家形象而广受中国士人热爱,巩畴在此基础上更加以《肇论》,可见其偏爱《肇论》之意。唐代有郑熏赠巩畴诗序中提及二人相遇,而讲习《肇论》之事,郑熏则有感而作诗,其诗中有几句如:

> 高论展僧肇,精言资巩生。立意加玄虚,析理分纵横。万化悉在我,一物安能惊。江海何所动,丘山常自平。③

---

① 丁福保:《历代诗话续编》,中华书局,2006年,第713页。
② (明)镇澄:《物不迁正量论》,《卍新纂续藏经》,中华电子佛典协会,2018年,第54册,第914页下。
③ (宋)计有功:《唐诗纪事校笺》,王仲镛校笺,中华书局,2007年,第1682—1684页。

这几句诗歌中描述江海不动、丘山自平等便是《物不迁论》中"旋岚偃岳而常静,江河竞注而不流,野马飘鼓而不动,日月历天而不周"的"四不迁"之说。

唐代诗人柳宗元、郑熏化用《物不迁论》的"非昔人"与"四不迁"意象开启了唐宋文学创作运用《物不迁论》的现象,其中"非昔人""四不迁"被广泛地加以运用,士人多有谈及,如《祖堂集》中还记录了马祖道一法嗣归宗和尚与江州东林寺神建和尚间关于《肇论》中"触目而一"之事的公案,而归宗和尚"跷起一脚"作为回答的公案。这一公案同时记录了时任江州刺史李渤的一段判语,其文载:"师岂不见,肇有四不迁之义,生有六不空之谈?乃知触目之义不?千智慧不迁之理,永在恒沙。"①还有当时诸多碑文提及《物不迁论》文句,如"知江河奔注而不流,飙岚皱岳而常在,将虑人非郭是,桑变谷迁,克贞石于去时,传芳躅于来者"②。可以看到当时《物不迁论》在墓志碑文中多被用作表达事物迁变无常的感叹。

(二) 不迁意象与宋诗承袭

从柳宗元到郑熏,《物不迁论》的"非昔人"与"四不迁"被运用于唐代的诗歌创作之中,是《物不迁论》意象运用于的诗赋创作的开始。随着宋代佛教世俗化的不断发展,《物不迁论》意象的诗赋创作运用更为普遍。此"四书"之称呼仍然流传,且《物不迁论》"非昔人"与"四不迁"意象也广为诸如李觏、黄庭坚、苏东坡、文同、李鹰等人化用成为了文学创作的理论资源。

如自唐人郑熏为巩畴作诗而提及巩畴《易》《老》《净》《肇》之独特的"四书",这一"四书"的体例似乎为后世所沿用,在宋代也有几处提及此四书。如宋仁宗庆历七年(1047),汝州龙兴县处士孔子后裔孔旼也有此"四书"之说,史载其"晚年惟玩《易》《老》《净》《肇》四书"③。再如宋代著名文

---

① 静、筠二禅师:《祖堂集》,《大藏经补编》,中华电子佛典协会,2018 年,第 25 册,第 590 页。
② 陈尚君:《全唐文补编》,中华书局,2005 年,第 760 页。
③ 小注中提及宋本、宋撮要本将孔旼所读作:《易》《老》《净》《肇》四书。详见李焘:《续资治通鉴长编》,上海师范大学古籍整理研究所、华东师范大学古籍整理研究所点校,中华书局,2004 年,第 3898 页。

学家晁说之亦有《连日与性之王君谈邃来告别因作》一诗,"先生易老净肇乐,晚奏象系明光中",提及王铚颇爱《易》《老》《净》《肇》四书,而王铚与宋代僧人之交往颇多,宋僧如释德洪、释善权等等皆有诗词赠王铚而传世,[1]这些诗词中提及王铚的佛学造诣颇多,可见在当时儒佛之间往来下,文人骚客读三教之书颇多,而《易》《老》《净》《肇》四书或为三教"四书"的典范。

其次,自唐代柳子厚化用《物不迁论》梵志出家典故作调侃石门长老一诗后,此"非昔人"话语在宋代诗坛也广为使用,如李觏有诗云:"丹灶久已毁,井泉空独存。此地非常地,今人非昔人。"[2]此中"非昔人"便是此义,这一"非昔人"的诗词创作也为黄庭坚所大量使用,且《物不迁论》中不迁也被化用,今略录其诗如下:

> 当处出生随意,急流水上不流。[3]
> 白发苍颜重到此,问君还是昔人非。[4]
> 引镜照清骨,惊非曩时人。[5]
> 万事纷纷日日新,当时题壁是前身。寺僧物色来相访,我似昔人非昔人。[6]

从水流而不流化用《物不迁论》中"江河竞注而不流",以及"非昔人""非曩时人"等,是化用《物不迁论》中梵志出家白首而归后所云"我犹昔人,非昔人耳"。黄庭坚运用了《肇论》文句作为了其诗词创作的内容,且这些"非昔人"的运用皆如《物不迁论》而表达的性空非迁非不迁之说,旧时今日各住乃是诸法缘起无去无来的性空不迁。

---

[1] 如释善权:《山中秋夜怀王性之》、释德洪:《赠王性之》。分别详见:钱志熙:《江西诗派诗传》,吉林出版社,2002年,第273页;(宋)德洪:《石门文字禅》,《嘉兴大藏经》,中华电子佛典协会,2018年,第23册,第584页上。
[2] (宋)李觏:《李觏集》,第379页。
[3] (宋)黄庭坚:《黄庭坚诗集注》,任渊等注,刘尚荣点校,中华书局,2003年,第418页。
[4] (宋)黄庭坚:《黄庭坚诗集注》,第586—587页。
[5] (宋)黄庭坚:《黄庭坚诗集注》,第848页。
[6] (宋)黄庭坚:《黄庭坚诗集注》,第1678页。

复次,就苏轼化用《物不迁论》文句而言,也如唐人柳子厚所使用的"非昔人"意象,如《苏州姚氏三瑞堂》诗云"惟有此诗非昔人,君更往求无价手"①,《再过常山和昔年留别诗》云"那知梦幻躯,念念非昔人"②,皆化用《物不迁论》典故而表达事物缘起性空思想。

与苏轼为表兄弟的宋代画坛人物文同在《丹渊集》中有一赠送僧人敏行无演的序文《送敏行无演序》中云:"后得僧肇法师《四绝论》,因悟不迁不真之旨,与无知无名之义。渐简邪惑,直领妙慧。回视向之所嗜《逍遥》《齐物》之说,何其譊譊者哉!"③其经历了从老庄之书到《肇论》之文,进而肯定后者;还有诸如少年便为苏轼所欣赏的北宋文学家李廌也曾在其文赋中有句:"天地皆定,万物不迁。何生何死,何丧何全。观者为栗,定观自安。"④其中所说"万物不迁"之说与唐代疑伪经《万物不迁经》相似,⑤此处李廌借此阐发"何生何死,何丧何全"而不囿于动静两边,颇得肇意。

总之,入宋以来,文人骚客化用《物不迁论》而作为文学创作之资源较为常见,陆游曾跋《肇论》云:"肇公化时年三十一耳,所著书乃传百世,吾曹老而无闻可愧也。"⑥可见宋代文人对《肇论》之偏爱。

(三) 从唐宋线索到晚明论战

朱熹因辟佛而本有先入为主之见,故认为佛教乃剽窃老庄之说,其曾云:"(释氏书)大抵多是剽窃老子列子意思,变换推衍以文其说。"⑦而面对《物不迁论》与《前赤壁赋》则是在思维惯性之下得出了如下结论:

或问:"东坡言:'逝者如斯,而未尝往也;盈虚者如代,而莫消长

---

① (宋)苏轼:《苏轼诗集》,王文诰辑注、孔凡礼点校,中华书局,1982年,第616—617页。
② (宋)苏轼:《苏轼诗集》,第1381页。
③ 曾枣庄、刘琳主编:《全宋文》,第51册,第96—97页。
④ 曾枣庄、刘琳主编:《全宋文》,第132册,第117页。
⑤ 佚名:《究竟大悲经》,《大正藏》,中华电子佛典协会,2018年,第85册,第1379页下。
⑥ (宋)陆游:《陆放翁全集》(上册),中国书店,1986年,第195页。
⑦ (宋)黎靖德编:《朱子语类》,第3010页。

也。'只是老子'独立而不改,周行而不殆'之意否?"曰:"然。……东坡之说,便是肇法师'四不迁'。"①

有"四不迁"之说……此四句只是一义,只是动中有静之意,如适间所说东坡"逝者如斯而未尝往也"之意尔。②

朱熹与弟子之间的往来问答呈现了朱熹认为《前赤壁赋》《物不迁论》皆只是老子"独立而不改,周行而不殆"的"动中有静"看法,这诚然是一种误解,上文已说僧肇仅仅是以不迁来破迁流,旨在双遣迁与不迁而阐发诸法缘起性空无去无来的性空实相不迁说,并非说真有事物静止,这完全不同于老庄。

考察朱熹此说来源或可能源于隋唐道教西华法师成玄英以《物不迁论》注《庄》所致。其疏载:

夫车之运动,轮转不停,前迹已过,后涂未至,除却前后,更无躁时。是以轮虽运行,竟不跟于地也。犹《肇论》……过去已灭,未来未至,过未之外,更无飞时,唯鸟与影,凝然不动。是知世间即体皆寂,故《肇论》云……③

成玄英将车轮运动割分为前、后两种状态,前已过地而后未及地,故除了前后外,车轮为碾到地。乃至于飞鸟、箭矢只是前箭与鸟、后箭与鸟,故并无迁动,这种与西方芝诺悖论非常相似的以相对运动来割裂其中运到中前后间的连续说法,将僧肇《物不迁论》原本阐发以"不迁"破"迁流"之说而双遣迁与不迁以达诸法非迁非不迁的般若性空之说,转化为了与般若性空说无关的相对运动、前后各住的动静观。

---

① (宋)黎靖德编:《朱子语类》,第3115页。
② (宋)黎靖德编:《朱子语类》,第3009页。
③ (晋)郭象注,(唐)成玄英疏:《南华真经注疏》,曹础基等点校,中华书局,1998年,第620页。

自成玄英注《庄》引用的譬喻,以及朱熹将两文的结合,《物不迁论》也遭到思想界抨击,如晚明物不迁大论战发起者镇澄便认为僧肇此论"宗似而因非"①,是非佛教的外道说,其更以颇似成玄英注疏中的说法,创作了"鱼笋二舟"相对运动的譬喻来分析《物不迁论》不符合大乘空义。尽管镇澄晚年早已毁板谢罪,②但后世争议仍不断,其中缘由,非本文可解,兹不赘述。

总之,"相对引动"理解《物不迁论》而得出有静止、有永恒之说,实非《物不迁论》本身的般若学思想体现,而是渊源于成玄英与朱熹的个别诠释,乃至后世附会,以此认为《前赤壁赋》与《物不迁论》义同而阐发各住永恒而长生之说实待商榷,这也与上文所论《物不迁论》在唐宋文学接受史的创作中一直被用来表达般若性空义的史实也多有不同。

二、药病对治与《前赤壁赋》药病对治

宋代文学创作中最得《肇论》之《物不迁论》大乘空义者,窃以为无出于苏轼《前赤壁赋》一文,其文与《物不迁论》有异曲同工之妙:即大乘空宗般若学的破邪显正。下文以"药病对治"为线索,引出《前赤壁赋》与《物不迁论》的文义互释,进而阐发《前赤壁赋》实则有着恐惧迁流变化的舟客杨道士之"病"意象,以及作为化用《物不迁论》而破除舟客恐惧的"水月"之"药"譬喻,以及破斥两者,进而引出的"非迁非不迁"、去除两边见解,既不羡于"不迁",又不厌于"迁流","药病对治"而栖身于动静之间,不为所累的大乘般若空义。

(一) 舟客之"病"与水月之"药"

《前赤壁赋》中东坡在阐发"水月譬喻"之前与客泛舟于赤壁之下,而客人吹箫呜呜然,令人感慨万千,东坡不禁询问各种缘由,客答以曹操赤壁之战被蜀吴所破,当时曹操"酾酒临江,横槊赋诗,固一世之雄也",然而时间变

---

① (明)镇澄:《物不迁正量论》,第913页下。
② 杨本华:《〈物不迁论〉"不迁"的方便随缘前提与实相旨归》,《社会科学论坛》2022年第4期,第17—24页。

迁,"而今安在哉?"由赤壁之古人进而感慨当下人生如浮游于天地,沧海之一粟,由此产生了悲观之情,故其洞箫之声呜呜然,令人伤感不已。舟客感叹变化无常而伤感的人物意象实则并非个案,此处折射出的是人对于迁变、死亡的恐惧。

可以看到,《前赤壁赋》中舟客于赤壁古迹而感叹生死无常之说所折射出的是芸芸众生对于迁流、死亡现实的无奈,而《前赤壁赋》对此的解决之道则是虽有儒佛道三教之语言,但以《物不迁论》的比较解读来看,实可归于大乘般若学。

苏轼《前赤壁赋》文后所阐发的"水月譬喻"则正是化用了僧肇及其《物不迁论》的思想而作的随缘说法、对机舟客表达。是一种"以不迁破迁",这也是僧肇《物不迁论》文论与东坡化用僧肇此论典故之共同机缘。

就僧肇而言,其文云:"夫生死交谢,寒暑迭迁,有物流动,人之常情。余则谓之不然。"(《肇论·物不迁论》)僧肇认为生死变化、寒暑往来的事物变动迁流的认识在世人看来是常识,但僧肇正是要破除这种迁流认识变化的缘起不真实性,故其文后提出了"动而非静,以其不来;静而非动,以其不去"(《肇论·物不迁论》),来分析人之常情的迁流变化与僧肇自己提出的不迁认识两者之间是"所造未尝异,所见未尝同"(《肇论·物不迁论》)。即面对同样的事物但却得出了不同的结论,而迁流者是认为过去事物没有到现在而发生了变化,今夕不同;僧肇提出对应迁流的不迁,是过去没有到现在,过去静止在过去。由此产生了僧肇《物不迁论》演说不迁之义的背景。

而考察东坡《前赤壁赋》之文,与此如出一辙,东坡正是在同舟客人感叹迁流变化的前提下而提出"客亦知夫水与月乎"之说,化用《物不迁》之文,如下:

逝者如斯,而未尝往也;盈虚者如彼,而卒莫消长也。
仲尼之所以临川,斯皆感往者之难留,岂曰排今而可往?(《肇论·物不迁论》)

东坡水月之譬喻两句中前句便是直接引用僧肇《物不迁论》中"仲尼之所以临川,斯皆感往者之难留,岂曰排今而可往?"(《肇论·物不迁论》)以孔子所说"逝者如斯夫"乃是表达过去难以留到现在而停留于过去,并非说通常理解的事物迁流、变化,这一完全与过去不同的理解《论语》此句的诠释,乃僧肇首发。东坡则直接基于《物不迁论》而说"逝者如斯,而未尝往也";而后句所说"盈虚者如彼,而卒莫消长也",则更是进一步基于上句夜晚泛舟赤壁就月而说,月如孔子临川所说水之不迁一样而盈虚不变,这样东坡将《物不迁论》完全活用为了基于赤壁月下泛舟的新论,由此阐发不迁之说,客人也因此由悲转喜。可见东坡与僧肇都有着演说不迁的共同背景:即面对执着迁流变化之人为前提,这是《物不迁论》造论的背景,也是苏轼《前赤壁赋》由"舟客"而伤感变化而以赤壁水月譬喻破其伤感的原因,僧肇与苏轼都是以不迁而破迁流,而非旨趣在于不迁与水月永恒。

(二)病去弃药与何羡何厌

僧肇与东坡以不迁而破除二人面对特殊对象环境下众人执着迁流的现象,但不迁所谓破除两边见解之方便"法药",实不能执此药成真而认为有不迁可求,乃至于误解二人文义。从僧肇到东坡化用《物不迁论》文义是阐发不纠结踟蹰于动与静、迁流与不迁流的两边,而随缘应会万物、不为所累的圣人之境。

如就僧肇而言,其以"不迁"而破迁流,意在阐发:"近而不可知者,其唯物性乎!然不能自已,聊复寄心于动静之际,岂曰必然!"(《肇论·物不迁论》)事物难以认知,面对同样的事物得出两种不同的观点是不可靠的,僧肇以不迁破迁,岂能说僧肇立论不迁,就是认为不迁、静?显然并非如此,僧肇提出"寄心于动静之际"便是要不处在迁流、不迁之一边,而仅仅是假借不迁之说以破迁流,故其文论中云"覆寻圣言,微隐难测。若动而静,似去而留。可以神会,难以事求。是以言去不必去,闲人之常想;称住不必住,释人之所谓往耳。岂曰去而可遣、住而可留也"(《肇论·物不迁论》),强调其所说去并非是去,住也并非是住,故说去乃破住,说住乃破去,以不迁破迁,也可以迁破不迁,而并非持有其中任何一边的见解,故并非立足于不迁,而是双遣迁与不迁。

进而僧肇将此种双遣迁与不迁仍名为"不迁",强调"触物而一",即诸法法性遍在一切,即事物迁流、不迁便是能契入诸法实相,故所谓"不迁"实则与"迁流"都是通达实相之方便,此时诸法现象与实相的紧密联系,法性遍在诸法的关系下,僧肇说"不迁"实则已然"即俗而真"[①]直指诸法实相。

然而僧肇此说却常常为后世所曲引,如后世晚明物不迁大论战中镇澄所批评此论外道性住之说,便是对此文本之误读,乃至于现在也有将此论本来作为方便对机之说的内容视为僧肇立论旨趣,这种误会的产生不仅存在于对僧肇此论的理解,还进入到了东坡《前赤壁赋》的解读上。

如东坡针对同舟客人伤感于变化而借僧肇《物不迁论》阐发水月之譬喻,以表明"自其不变者而观之,则物与我皆无尽也"的不迁、常在观点。东坡从一切事物不变之体上来说一切事物皆无穷尽,正如僧肇从法性而言万物之不迁,此时东坡也是双遣迁与不迁,而并非立论不迁。原因有三:

其一,东坡文中同时举出了迁与不迁两者观点,而并非仅仅呈现出不迁之说,其文云:"盖将自其变者而观之,则天地曾不能以一瞬;自其不变者而观之,则物与我皆无尽也,而又何羡乎!"东坡认为天地变化从变者而言变化不息,而从不变处而言,天地一切万物永恒,此话两说,可以看到并非只是说后者而不说前者,而是立足于迁与不迁实则都只是人们认识上的幻想错误,都是缘起于某一视角而没有自性,并非真实。

其二,东坡在同时阐发迁与不迁两种观点后并没有再就此问题而讨论,而将问题转向人与天地之间虽然"物各有主"而人们可以看山月之色,闻江风之声,乃至于"吾与子之所共食",东坡将迁与不迁的分别两边见解转向了眼前事物,强调当下的欢乐与人生,可见东坡已然不拘泥于两边见解,此诚

[①] (明)德清:《肇论略注》,《卍新纂续藏经》,中华电子佛典协会,2018年,第54册,第332页中。

如僧肇所说:"复何惑于去留,踟蹰于动静之间哉?"对动静变化而无疑惑,不滞碍于迁与不迁、动与静两边,随缘应会万物。

其三,除以上东坡《前赤壁赋》外,东坡另有一诗可见的其对于动静变化这一认识的见解:

伛偻山前叟,迎我如迎新。那知梦幻躯,念念非昔人。①

梦幻躯体的缘起无常而生灭不断与念念非昔人而常住,可见此时东坡已然是基于诸法性空缘起之实相不迁,这与僧肇《物不迁论》一致,东坡与僧肇是对机说法,应对于执着迁流变化之人,而开解其疑虑,以不迁破迁流,双遣迁与不迁契入中道实相,此时诸法迁不迁与实相一致,说不迁、说迁都已然指向缘起性空之实相,故不再踟蹰于动静两边见解,随缘应会于当下一切诸法动静现象之中,栖身于动静之间,不为所累,既不羡于不迁常住,又不厌于迁流变化。

三、结　语

综上所述,自僧肇以迁流而破不迁,从而双遣迁与不迁的无去无来的般若性空、实相不迁的思想以来,《物不迁论》在随着僧肇的影响力逐渐扩大而进入了唐宋文学创作之中,在唐宋文学创作的《物不迁论》接受史下,经历了柳宗元、郑熏、苏东坡、黄庭坚等等颇多唐宋文人对《物不迁论》的意象运用。

降至宋代大儒朱熹辟佛,其以佛教剽窃老庄之大旨而判僧肇《物不迁论》思想剽窃老庄"动中有静"之说,同时认为苏轼《前赤壁赋》与《物不迁论》思想一致,这直接导致了后世颇多引用朱熹之说而阐发苏轼《前赤壁赋》的"动中有静",故得出苏轼此赋是阐发水月永恒、与仙无异的长生永恒之说。而基于唐宋文学创作的《物不迁论》接受史与苏轼《前赤壁赋》思想

---

① (宋)苏轼:《苏轼诗集》,第1381页。

的重新解读,可以看到苏轼此赋是对《物不迁论》义理思想进行的灵活运用,该文以"舟客意象"代表着执着迁流变化而恐惧生死,以"水月譬喻"代表永恒来破斥"舟客意象"式的恐惧迁灭变化,从而双遣两边,引导人们既不羡慕常住不变、亦不厌恶迁流消亡的两种分别见解,诚如《物不迁论》所云"寄心于动静之际"。